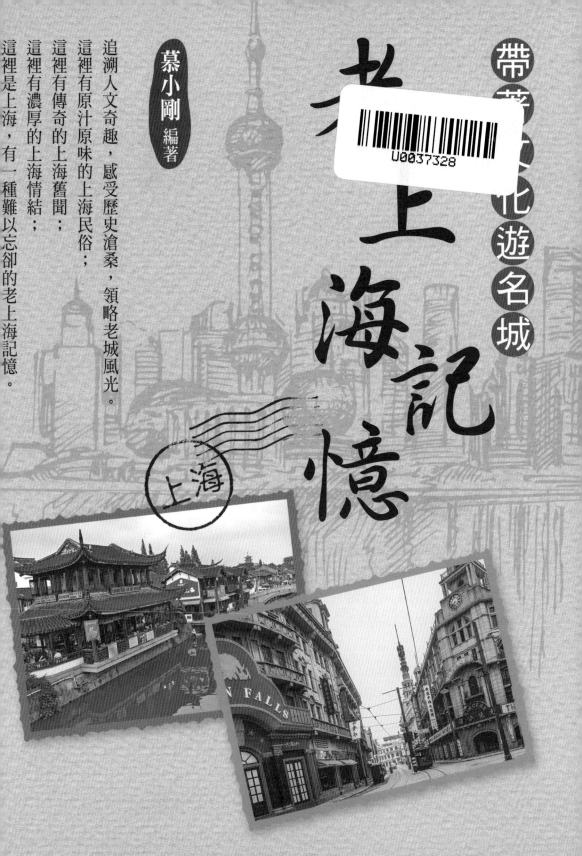

帶著文化遊名城

老上海記憶

慕小剛 編著

追溯人文奇趣，感受歷史滄桑，領略老城風光。

這裡有原汁原味的上海民俗；

這裡有傳奇的上海舊聞；

這裡有濃厚的上海情結；

這裡是上海，有一種難以忘卻的老上海記憶。

上海

前　言

　　或許好奇於法租界裡的江湖，或許迷戀於黃浦江上的波瀾，或許嚮往於淮海路邊的時尚，或許有感於外灘的滄桑，或許垂涎於鱸魚的鮮美，抑或只是想看一看這個中國第一大城市而已……其實不管什麼原因，我們都會自覺或不自覺地想像著自己心中的上海，直到這想法牽引著我們真正來到了這裡。

　　當你來到上海，走在南京路上的時候，是否知道南邊曾經是洋人的跑馬場呢？

　　當你來到上海，徜徉在外灘的「萬國博覽建築群」之間的時候，是否知道這些老舊的西洋建築便是當年上海的金融中心呢？

　　當你來到上海，遊覽於黃浦江上的時候，是否知道這條上海母親河在明朝的時候只是一條不起眼的小河呢？

　　當你來到上海，參觀聞名中外的玉佛寺的時候，是否知道那些玉石雕刻成的巨大佛像的神奇來歷呢？

　　當你來到上海，欣賞古色古香的江南水鄉的時候，是否知道那些「家門口的文物」到底指的是什麼呢？

　　當你來到上海，品味細膩精巧的江浙糕餅的時候，是否知道乾隆皇帝也曾和你一樣讚不絕口呢？

　　當你來到上海，把玩「景中有景」的海派藝術品的時候，是否知道它們在民國時期曾經也輝煌一時呢？

　　當你來到上海，仰望東方明珠或是環球金融中心的時候，是否知道它們的建成也充滿了曲折呢？

　　當你來到上海，遊玩於上海的各色場館之間的時候，是否也體味到這座城市的歷史或將來呢？

　　或許我們並不知道，但我們應該知道。因為只有我們知道了，我們才可以更深入地了解這座城市，了解我們為什麼來這座城市，了解我們為什麼喜歡這座城市……我們會知道，我們一路上的所見，就是所謂的「海派」，就是上海的文化。

　　它既有江南傳統的古典與雅致，又有國際都會的現代與時尚；它「海納百川，相容並蓄」；它的文學、建築、藝術、飲食無不中西合璧，風格獨特；它開放而又充滿創意；它多元而又有所揚棄；它，就是中國最獨特的城市──上海。

　　然而，上海就是上海。只有我們真的來到了這裡，只有我們真的知道了它的故事，我們才可能知道我們為什麼為它而著迷。

　　本書即將「帶著文化」與你一同暢遊上海，真心希望本書能夠滿足你的需要，帶給你快樂。

目錄 CONTENTS

開　篇

上海的歷史名人

上海的山水古鎮

上海的宗教廟堂

上海的場館娛樂

上海的高等院校

上海的特色民俗

上海的美食雕刻

附　錄

開 篇

出行前的準備

　　如果你想到一個地方旅行，最好先提前了解一下那個地方。為什麼呢？因為，如果你到了這個地方，看到了滿眼的風景，卻不知道它們的獨特來歷，那麼，即使你到了火星，也會覺得和地球上某處戈壁灘沒什麼兩樣——如果你不知道那是距離地球5500萬公里的火星的話。

　　火星如此，上海也是如此。

　　如果你不提前了解這座城市，你到了內涵深遠的城隍廟，只會覺得這是一座古典的街市；你到了歷史厚重的徐家匯，只會覺得這是一處不起眼的鬧市區；你到了抗日英雄奮戰過的遺址——四行倉庫，只會覺得這是一個失落的門店而已……

　　所以，為了讓自己的旅行感動而飽滿，你必須要先了解這座城市。除非，你是一個精神上的自由主義者。

上海的歷史

　　東漢建安二十四年（西元219年），東吳名將陸遜被封為華亭侯，這是正史中第一次出現「華亭」二字，也往往被視為上海地方史的開端。如今的華亭鎮位於上海市嘉定區。

　　「上海」這一名稱最早始於宋朝。當時，宋朝海外貿易發達，上海也逐漸成為沿海地區國際港口之一。

　　那時的上海有所謂「十八大浦」，其中一條名叫「上海浦」，其西岸有「上海鎮」。

　　到了元朝，上海鎮升級為上海縣。

　　1927年，上海又升級為上海特別市，直轄於當時的中央政府。

　　1949年，上海被設為直轄市，至今。

　　再說上海簡稱「滬」的由來。

　　很久以前，上海地區的漁民創造了一種竹製的捕魚工具，取名為「扈」。當時並沒有「上海」這一概念，所以日子久了，這一帶便被稱為

「滬瀆」，「瀆」是水渠的意思。後來便直接簡稱「滬」。

至於「申」的由來，春秋戰國時，上海一帶是楚國「春申君」黃歇的封地，「申」便來自「春申君」的「申」字，這成了上海的另一個名字。

近代上海市則由靜安寺周邊發展而來，這就要講到上海租界了。

1843年11月17日，首任英國駐滬領事巴富爾抵達上海赴任，上海正式開埠。

1849年4月6日，上海道台宣布將緊鄰縣城北門外、北到洋涇濱的986畝土地闢為法租界，之後又成立了公共租界。從某種意義上講，上海1860年之後近百年的繁榮，與這些租界有很大關係。

1920年，漢口、廣州、香港等幾大商埠都因為受到政治風潮的衝擊而繁華不再，所以無數中外商人紛紛轉往上海發展。

1928年，中華民國定都南京，原來聚集於北京、天津的大批政客紛紛南下，其中的很多人都選擇了上海租界作為定居之所。

政治、經濟力量的集中，使上海在20世紀30年代迎來了繁榮發達的鼎盛時期，同時出現了大規模的城市建築潮。

上海至今仍存有不少當時的經典建築，並且成為了當地的一大特色。

上海獨有的特色

每個地方都有自己的特色，比如一提到北京，人們就會想到紫禁城；一提到紐約，人們就會想到自由女神，等等。

那麼，一提到上海，你會想到什麼？

是摩天大樓雲集的外灘，還是傳統里弄中的石庫門，抑或晚清、民國時期的老洋房？

其實，這些都是老上海獨有的特色。

百年外灘

外灘無疑是上海最具標誌性的景觀。一個多世紀以前，當西方侵略者踏上上海這片陌生的土地時，一下子就看中了黃浦江的這片江灘。此後，這條曾經由船夫和苦工踏出來的縴道，經過一百多年的建設，已然高樓林立，車

水馬龍。

外灘全長約1500米，東面就是黃浦江，西面則為52幢風格各異的大樓，有哥德式、羅馬式、巴洛克式等風格。

這些建築格調統一，造型協調，不管是極目瞭望還是徜徉其中，都能感受到一種剛健、雄渾、雍容、華貴的氣勢。

石庫門

石庫門是一種磚木結構的毗連式房屋，大多成排建築在里弄中，是上海獨有建築。石庫門的外形酷似走廊，中間則縱向深入，兩旁為相互毗鄰的民居。

石庫門是私密空間與公共空間交錯結合的里弄社區。居民在社區中不僅可以享受個人空間，還可以和鄰里和睦相處，培養感情。石庫門里弄在其頂峰時期多達9000多處。

老洋房

上海的歷史遺蹟較少，最具代表性的就是建築。老洋房是老上海建築中的典範。翹美的屋頂，精巧的閣樓，斑駁的黑色鐵柵欄，這些繁華大上海中沉默的復古建築，無疑使人們能在這個國際化的都市中感受到一種歷史感與文化感。

上海老洋房一般為四面或三面臨空，裝修精緻，有獨立式、和合式、別墅式等幾種類型。

來上海旅遊的最佳季節

上海屬北亞熱帶季風性氣候，夏季高溫多雨，雨熱同期；冬季溫和少雨，日照充分。上海氣候溫和濕潤，極端最高氣溫40·2℃，極端最低氣溫-12·1℃。春秋較短，冬夏較長。

因此來上海的最佳旅遊季節應為3—5月，這時的上海風和日麗，春暖花開，最適合郊外踏青；9—11月來上海也是不錯的選擇，此時秋高氣爽，但這段時間氣溫變化較大，要注意根據情況添增衣物。

來上海需要了解的方言

廣東有粵語，河南有豫語，陝西有秦腔，江浙有吳語。而我們的大上海，有滬語。

以下是上海方言的特色，你若不想讓你的上海之旅變成一次囫圇吞棗的折騰，那就快來學習吧。

（1）上海方言基本上不翹舌。

（2）上海方言裡有一些輕聲發音。

（3）上海方言有些無法用漢字表達清楚，只能盡量看有聲調的拼音。

早上好	糟桑耗（輕聲）
再見	哉衛（輕聲）
你好	儂耗
今天	今糟（輕聲）
昨天	足踢（輕聲）
明天	明糟（輕聲）
我	吳
你	儂
他	移
我們	阿拉
你們	拿
他們	移拉
大家	打嘎
人	寧
傻瓜	瘦缺西
小意思	毛毛雨
計程車	擦頭（輕聲）
一	夜
二	兩
三	塞
四	斯

五　　　　　　　　嗯
六　　　　　　　　咯
七　　　　　　　　切
八　　　　　　　　巴
九　　　　　　　　久
十　　　　　　　　澀兒（連讀）
十一　　　　　　　澀兒夜
二十　　　　　　　嗯誒（連讀）
三十　　　　　　　塞澀兒（連讀）

上海的歷史名人

　　和西安、北京、南京這些著名古城比起來，上海的發跡史很短，它是在清朝末年才晉升為主流城市的。但是，你可別小看了上海的歷史，在迄今不到200年的風雨歷程中，無數名人大亨都曾在上海留下自己的足跡。徐光啟、周恩來、宋慶齡等大名鼎鼎的人物都曾在上海經歷過人生中的重要時刻。

上海的聞人掌故

上海第一個印記徐光啟

　　徐光啟可謂是上海的第一位廣為人知，並對今日上海影響巨大的名人。他出生於明朝嘉靖年間，字子先，號玄扈，教名 Paul（保祿），籍貫為松江府上海縣。他在數學、天文學、農學、軍事等方面均有很大的成就，譯有《幾何原本》，著有《農政全書》《崇禎曆書》和《考工記解》等。

　　在仕途方面，他官至禮部尚書、文淵閣大學士，並贈太子少保、太保，諡「文定」。除了科學家和朝廷命官外，徐光啟還有兩個身分，一是中西文化交流的先驅，二是上海地區最早的天主教徒，他甚至被稱為「聖教三柱石」之首。

　　徐光啟在上海的故居位於上海市黃浦區喬家路249號，始建於明萬曆年間，因其屋有上、下各九間，故俗稱「九間樓」。

　　「九間樓」為二層樓房，為黃浦區內僅存的一所明代宅第。原屋曾經修葺，但部分斗拱及一口古井仍為明代樣式。現為上海市市級文物保護單位。

徐家匯是因徐光啟而命名的嗎

　　上海著名街區徐家匯在以前叫做法華匯，之所以改名，是因為這裡出了個姓徐的名人，他就是徐光啟。除了去京城任職使他不得不離開上海，其餘時間他都在這裡，他生於此逝於此，而且他的後代也都紮根於此。

　　徐光啟雖然出身於一個小商人家庭，但是他在學堂念書的時候，徐家匯這裡還是一片農田，而他很留心觀察周圍的農事，對農業生產也有著濃厚的興趣。這或許可以解釋後來他為什麼對農學那麼癡迷。

徐光啟墓

徐光啟墓位於上海市徐匯區南丹路的光啟公園內，本來是佔地20畝，共有10處墓穴，其中葬有徐光啟及其夫人吳氏，左右則是四個孫子夫婦。清朝末年，江南天主教會就因為這裡是徐光啟之地，所以才將江南總會選在這裡。抗日戰爭期間，墓地被荒廢，空地變成菜畦。1978年，墓地被闢為南丹公園。1981年，重建橢圓形大墓，墓碑上「明徐光啟墓」等字為著名數學家蘇步青手書。

為什麼說徐光啟是個全才

徐光啟在科學方面確實稱得上是一位全才，他幾乎涉獵了當時所有的學科，尤其在農業、數學、天文、軍事等方面的成就突出。

徐光啟編著的《農政全書》是中國農業經濟發展過程中一部重要的著作。而他在編譯《崇禎曆書》過程中，引入了大地為球形的思想、大地經緯度的計算及球面三角法，還區別了太陽近（遠）地點和冬（夏）至點的不同；此外還製作第一個全天性星圖，成為了清代星表的基礎。軍事方面，他「求精」並「責實」，重視火器與部隊的配合，可謂是中國軍事技術史上提出火炮在戰爭中應用理論的第一人。

最值得一說的，莫過於徐光啟在數學方面的成就。他和利瑪竇合作，將《歐幾里得原本》一起譯成了中文。徐光啟創造性地將其中文名定為《幾何原本》，而且像「平行線」「三角形」「對角」「直角」「銳角」「鈍角」「相似」等中文的名詞術語，也都是他經過反覆推敲才確定下來的。對於這些名詞，熟悉中西語言的利瑪竇也覺得非常滿意。

徐光啟為什麼那麼重視數學

徐光啟決心翻譯《歐幾里得原本》是因為利瑪竇的推薦，然而在徐光啟長達一年的翻譯過程中，他發現「此書為益，能令學理者袪其浮氣，練其精心，學事者資其定法，發其巧思，故舉世無一人不當學……能精此書者，無一事不可精，好學此書者，無一事不可學」。而這正是學者們對《歐幾里得原本》的公認：它的邏輯推理方法以及科學實驗，是近代科學和發展的重要前提。

可是當刊印發行《幾何原本》的前六卷時，徐光啟亦有恨晚的感慨，不

過亡羊補牢，他認為如此好書，百年之內必成天下學子的必讀之書。然而他的預感卻被真實的歷史擊碎，現實讓他只能發出無可奈何的感歎。

因為在徐光啟翻譯出《幾何原本》後，並沒像《崇禎曆書》那樣受到明朝政府的重視，以致直到徐光啟逝世也遲遲未能翻譯出剩下的九卷，終至埋沒。改朝換代後的清朝統治者也對此書並不關注，儘管康熙帝非常重視西學，但他只是為了炫耀自己的學識而已，《幾何原本》仍然未能發揮作用。直到20世紀初，中國才開始廢科舉、興學校，而《幾何原本》之類的初等幾何學才成為中等學校的必修科目，「無一人不當學」的預言在整整300年後終於成真了。

徐光啟是「西學東漸第一人」嗎

通常意義上講，真正的「西學東漸」發生在第一次鴉片戰爭前後；但是身處明朝末年的徐光啟，也確實是「西學東漸」的第一人。

縱觀中國的科技史，作為中西科學交流先驅者的徐光啟不容忽視，這個早在17世紀初便開始引進西方先進科技的人，比洋務運動的那些人要早至少230年。

徐光啟紀念館

然而在那個尚文的時代，徐光啟所研究的先進科技，不過是同儕眼中不入流的「術數」而已，這或許是人們非議他宰相身分的緣由。但是他還是在紮紮實實地致力於引進先進的科技。他編譯《歐幾里得原本》所發明的「幾何」等新名詞，為後世留下了寶貴的遺產，而《崇禎曆法》則奠定了那之後近三百年的曆法基礎。在西學東漸的路上，徐光啟有不少值得稱道的成就，但是在兩百多年間都被清朝當局很「巧妙」地忽略了，這不僅是徐光啟個人的悲哀，更是整個中華民族的悲劇。

徐光啟對中國歷史有什麼影響

徐光啟是晚明重臣，是在農業、天文、數學等方面頗有成就的科學家，

是上海著名商業區徐家匯名字的由來，是天主教江南總會得以在徐家匯立堂的重要人物，是中國「西學東漸」的第一人，那麼他還有其他的足夠影響中國的身分嗎？

答案是肯定的。他其實是宋氏三姐妹的祖先。

徐光啟的第十六代孫是個甲士，而這個甲士有一個外孫女叫倪桂珍，她不僅是一個虔誠的基督徒，而且還是著名的民國宋氏三姐妹的母親。她養育的宋靄齡，為金融大佬孔祥熙之妻，富甲天下；宋慶齡，為民國國父孫中山之妻，國母風華；宋美齡，為「蔣委員長」蔣中正之妻，權勢遮天。

看來，徐光啟是「躺著」也影響了整個中國的發展。

老上海第一豪門盛宣懷

清末的盛宣懷家族，是上海灘的第一大豪門，亦官亦商的身分成就了他的熏天財勢。他在四十年的時間內大辦洋務，近乎傳奇地推動著中國近代工商業的發展。中國第一家銀行、第一家電報公司、第一家鋼鐵聯合企業、第一條鐵路幹線、第一所高等院校、第一家內河航運公司等十幾項「中國第一」，都是經他之手而起的。此外他還出任了中國第一任紅十字會會長，做慈善興教育，在上海灘留下了難以磨滅的印記。

盛宣懷在上海的故居位於徐匯區淮海中路1517號。這座花園式洋房為德籍猶太商人於1900年所建，當時這裡叫寶昌路，比較荒涼。此宅後為洋務派主要人物盛宣懷購得，故成為盛宣懷故居。

盛宣懷是李鴻章的門生嗎

盛宣懷不僅是李鴻章的門生，而且還是得意門生。雖然他追隨李鴻章是憑藉父輩們的關係，但他的成功卻是靠自己真材實料的本事。

1870年，隨李鴻章西征入陝剿捻的楊宗濂（後來培養了北洋政府內幾乎所有的將校軍官）不久便將奉命調往直隸。臨赴任之前，他深感老長官李鴻章身邊缺乏人手，便馳函老友盛康，說如今軍中乏人，勸他放兒子出來歷練。盛康的兒子，便是盛宣懷。鑑於老友楊宗濂的勸說，以及自己本就與李鴻章是故交，盛康就答應了。

盛宣懷舊照

盛宣懷雖然只是秀才出身，而且屢試不第，但是應付日常公牘卻得心應手，當年就曾協助他父親處理過衙署之事。而且盛宣懷辦事機靈變通，又肯吃苦耐勞，的確是個幹才，所以很快就獲得了李鴻章的好感。初來乍到的他被「派委行營內文案兼充營務處會辦，屬橐鞬，侍文忠」，所以是個秘書兼總務處副處長的角色，這個官職儘管不大，卻是直接對李鴻章負責的近僚。

不過此時正值李鴻章率軍剿捻的緊張階段，盛宣懷雖在軍中只是個「文案」，卻也是要拿著命來當的。而且戎馬倥傯，但有軍情便要日馳百里，席不暇暖，可謂吃盡苦頭，根本享不了福。

後來由於天津教案發生，盛宣懷便隨部隊立刻向天津進軍。其時正是盛暑，部隊還常常要往返奔馳，涉川過水，如果再遇到緊要的公文，足可成為一件煩心的事。但是盛宣懷卻仍舊可以「磨盾草檄，頃刻千言」，使得眾同僚無不側目仰觀。隨後他就升任至陝甘後路糧台淮軍營務處，之後又累軍功而調任知府、道台，還被賞戴二品單眼花翎頂戴。獲得如此殊榮，僅僅是盛宣懷入李鴻章戎幕後一年而已，足可見他自己的能力超群，亦能知李鴻章對這個門生的器重——說是得意門生，也不為過。

誰是「破屋」中的「新桌子」

由盛宣懷一手操辦的輪船招商局，在收購了旗昌輪船公司後，被日本人譽為「清廷風雨破屋中的一張新桌子」。這張「桌子」的總部當年便位於上海外灘9號，是一座三層小樓，在外灘諸多大樓中，顯得那麼不起眼；尤其跟隔壁的滙豐銀行大廈比起來，又是那麼的簡陋。這或可反映當時國家的積貧積弱，以及民族工商業初創時的窘境。不過到上海解放時，輪船招商局已有船舶近500艘；如今更是坐擁兩千億資產的大集團，雖然總部已經遷到香港。

如今很昌盛，但輪船招商局在初創之時卻步履維艱。它雖說是中國最早的輪船航運企業，也是中國第一家股份制公司，但是在當時的中國，大行其道的卻是外國航運公司，而且以英國怡和洋行、太古洋行，以及美國的旗昌

洋行為首，早已壟斷了沿海和長江的航運。想要在這樣的情況下站穩腳跟，並分一杯羹，可謂困難重重，更何況輪船招商局起初僅僅不過六條船而已。

不過盛宣懷是官家總辦（即總經理），他依靠承攬漕運和官貨的優勢，與洋人鬥智，大打價格戰，迫使外商三次找到他，為的是簽訂「齊價合同」。而在連續的降價商戰中，旗昌公司已經嚴重虧損，並有意以222萬兩白銀出售全部輪船和碼頭。這次盛宣懷則要鬥勇了，他決定一口吃下旗昌。但是輪船招商局在降價戰後也已獲利甚微，哪裡還拿得出200多萬兩銀子呢？盛宣懷隨即奔赴各處籌款，包括在京的大員、地方的督撫，最後還找到了老東家李鴻章。但是首批付款40萬迫在眉睫，等不到便前功盡棄，怎麼辦？盛宣懷當機立斷，自己拿出40萬兩進行墊付。

如此大地並購洋人企業，在任何時候都絕對是件了不起的大事。於是在中外輿論的驚歎聲中，輪船招商局變成了擁有二三十條船，外加十幾個碼頭和貨棧的大型企業，如此實力，終於可以與英商怡和、太古分庭抗禮了。

輪船招商局大樓

最讓盛宣懷頭疼的是漢冶萍嗎

盛宣懷大約在1896年接手漢冶萍公司，但是直到1907年才將其帶入正軌，居然用了十一年的時間；而他以往「搞定」一個企業，即實現盈利，快的不到一年，慢的最多也不過三四年。如此對比來看，漢冶萍公司絕對是一個燙手山芋。但是鋼鐵工業乃國家命脈，這是盛宣懷所深知的，所以儘管漢冶萍公司是他接管的企業中麻煩和磨難最多的一個，卻也是他傾注血汗最多的一個。

漢冶萍公司上海俱樂部是那些投資的大老闆們決策企業事務的地方，位於上海交通銀行大廈的後面。然而它的廠礦卻分布在湖北和江西，分別是漢陽鐵廠、大冶鐵礦和萍鄉煤礦。這本是張之洞的官辦廠礦，後來之所以交給盛宣懷接手，是因為當初盛宣懷曾苦勸張之洞採用官督商辦的方法，而張之洞卻因為採用完全的官辦，使得廠礦連年虧損，可以說是敗得落花流水，幾近倒閉。實在沒辦法的張之洞只好找到盛宣懷，問他是否還有意於漢陽鐵

廠。盛宣懷明知是個虧得一塌糊塗的企業，但還是接手了，並採用自己熟悉的官督商辦方法，前後募股200萬兩，自己也在十年的經營中多次注資，最後持有股票134000股，市值670萬兩銀元，可謂是竭盡所能了。

此外，他還憑藉自己朝廷大員的身分責令各地督撫必須購買國產鋼材，但是漢冶萍出產的鋼材品質很不好，動輒斷裂。大家不是不願用國產，但是鋼材一再斷裂，不僅費時費力，而且抬高了成本，甚至說可能造成危害。諸多問題，被詢問的洋技師竟然說不出個所以然來，於是盛宣懷決定派李維格出國考察，而調查到的結果卻差點讓盛老全家的眼鏡都摔在地上。

原來張之洞當年在購買設備時，所購機爐是使用酸法冶煉的；而鋼材的冶煉則需要採用去磷法，如此南轅北轍，怪不得國產鋼材脆而易斷。而且「糜去十餘年之光陰，耗盡千餘萬之成本」，鋼鐵之創業不可謂不艱難。

找到問題，馬上解決，但是等到煉出合格的鋼材，又用時5年，而距盛宣懷入湖北尋煤辦礦，卻已30餘年了。

清末大官盛宣懷也是慈善家嗎

大家或許受「三年清知府，十萬雪花銀」的影響太大，認為清朝，尤其是積弱的清末，那些官商沒一個不是貪財或怕死的，但是哪個時代都有例外，盛宣懷就是這麼一位。不僅如此，盛家的慈善是早有傳統的，而且是施之以缺，並非作秀。經常是冬天發棉衣，夏天贈涼茶，更難得的是年年如此。還有專為窮人施藥的廣仁善堂也是他們家的。此外盛宣懷在去世前曾立有遺囑，要將其遺產的一半，共記500多萬兩拿出來建立愚齋義莊，以接濟盛氏族人和從事其他慈善事業。

不僅盛宣懷熱心慈善，他的太太莊畹華夫人亦頗有善心，如今安遠路上的玉佛寺便是她捐獻的，然而過程卻多波折。

玉佛寺在辛亥革命之前本有四進七十二間精舍，是莊夫人的族人莊籛所捐，可惜十餘年後便在辛亥革命中被毀掉了。於是盛家人就把自己麥根路的房舍拿出來供奉兩尊保留下來的玉佛。盛宣懷去世三年之後，莊夫人又捐出十餘畝地以及大筆錢款，重建寶寺，十年終成。除了年年捐款之外，她還在自家請裁縫和繡工，專為玉佛寺製作繡品，據說至今仍有不少當年繡製的布幔、桌布、椅套、窗簾等留在寺中未及使用。

盛七與T. V. Song的愛情糾葛

「盛七」便是盛宣懷的七女兒盛愛頤，T. V. Song則是民國時期著名的外交家宋子文，他們，曾是彼此的初戀情人。

盛宣懷的女兒盛愛頤

盛愛頤是莊夫人親女（盛宣懷曾有好幾任夫人，莊夫人嫁給他是在其事業鼎盛之時，並育有盛恩頤和盛愛頤一男一女），在其父去世時雖然只有16歲，但她的胞兄盛老四因為整天都在外忙碌，所以莊夫人的很多事便多交給這個寶貝女兒周旋，這也就是為什麼她不到20歲就已見多識廣，伶牙俐齒，以「盛七」聞名滬上的原因了。

當時宋子文剛留美歸國，就當了盛老四的英文秘書，也便經常有機會到盛府彙報工作。宋子文舉止儒雅，加之宋靄齡曾做過五小姐盛關頤的家庭教師，所以在贏得了盛家信任後不久，便做了七小姐的英語教師。熟悉大洋彼岸風土人情的宋子文，很快便獲得了從未出國的七小姐的青睞。

但是初戀這種事，你懂的。

如果說當時的宋家算得上一匹「黑馬」的話，那麼失去了盛老太爺的盛家最差也是一頭將要瘦死的「駱駝」，於是莊夫人在調查過宋家後便堅決反對這門婚事。而宋子文很快就被盛老四支使到遠在湖北的漢陽鐵廠去當了會計。宋子文心中有數，於是在漢陽應付了幾天後，不久便重返上海。

後來孫中山先生在廣州重建革命政權，宋子文由其二姐宋慶齡引薦南下從政，臨行前曾力邀盛愛頤同赴廣州。不過七小姐考慮後始終離不開母親，於是贈給宋子文一把金葉子，讓他權當路費，並說：「還是你自己去吧，我等你回來。」

可是宋子文一去經年，重回上海時已有了張樂怡夫人。盛七不由得大病一場，又挨了四五年，才在32歲時與莊夫人的內侄莊鑄九結婚。自覺很對不住七小姐的宋子文曾想當面道歉解釋，但是心高氣傲的七小姐頗有骨氣，以一句「我丈夫在等我呢」拂袖而去。

故事到這裡還沒有結束。在抗戰勝利後，盛家幾乎沒落，而宋子文則已是民國的財政部長，偏偏此時盛老四的二兒子盛毓度被捕入獄，而且是個天

大的誤會。原來盛毓度在抗戰之時曾在日本領事館做事，不過他不是漢奸，卻是與戴笠單線聯繫的敵後特工，並成功營救過一些國民黨人士。可是戴笠飛機墜山之後，盛毓度就百口莫辯了。盛家人也無可奈何，但想到七小姐曾與當時的財政部長宋子文有舊交，便只好央告七小姐。

但是七小姐心裡鬱悶，當初不值一提的 T. V. Song，如今倒得求著他了。雖然窩囊，但盛毓度是親侄子，漢奸的罪名定了就翻不了身了，怎能不救？不過七小姐也有自己的原則，即：電話只打一次，成就成，不成就算了。可不曾想宋子文卻答應得很痛快，未及預料的七小姐有些不信，便接著說：「我想明天中午跟侄子一起吃飯。」電話那頭還是很痛快：「OK！」次日中午，人果真被放出來了。盛家上下皆喜，唯獨七小姐卻一陣心酸：宋子文心裡還是有她的。

據了解，宋子文共育有三女，其名字之末均有一個「頤」字，或許這也與七小姐有關吧。

是盛宣懷「推翻」了清政府嗎

盛宣懷確實是斷送了清朝的人，只是說起來需要繞幾個彎。

眾所周知，晚清的覆滅，是因其朝政腐朽，直接導火索則是辛亥革命的爆發，而辛亥革命是自武昌起義而始的，那麼武昌起義的原因又是什麼呢？沒錯，就是盛宣懷主導的「鐵路國有」之策，雖然他的本意是好的。

當時他提出「鐵路國有」政策，即下令收回川漢鐵路和粵漢鐵路，並將這些已經許諾給民間商辦的鐵路路權作為抵押，而向英、法、美、德四國銀行借款600萬英鎊，其說法則是「以統一全國軌道」。但是兩條鐵路所經之省份如四川、廣東、湖南、湖北等地，已經入股了不少民間資本，這條突至的「國有令」則嚴重損害了這些人的利益，而且被指賣國媚洋，很快激起民憤。

時任四川總督的王人文是個同情保路運動的老實人，曾幾度致電清廷，無非是為保路運動請願說情。不過他的結果卻是被革職了。

緊接著得到命令入川的不是下任四川總督，而是在湖北的端方和他手下的湖北新軍，而且他們得到的指令是入川「平亂」。但誰都想不到的卻是，他們自己先「亂」了起來，沒錯，這就是1911年10月的武昌起義。滿清王朝隨後便迅速瓦解。

當時的御史王寶田，曾就此上書皇帝：「此時鄂事決裂，實由川民之變；其致變之由，由於收回鐵路國有之政策。而主張此事者，則郵傳部尚書盛宣懷也。」傳達給皇帝的訊息就是，這個盛宣懷是造成這次動亂的第一號責任人。於是他馬上便被革職了，政治生命也隨之結束。

上海灘江北大亨顧竹軒

提起舊上海的大亨，大家最熟悉的就是黃金榮、杜月笙、張嘯林這「三大亨」了。但在蘇北人眼中，號稱「江北大亨」的顧竹軒的勢力才是最大的，因此有人贈他「江北皇帝」這個稱號。他因在家排行老四，亦稱「顧四」或「顧四瘸子」（上海人稱蘇北遊民為「瘸三」）。顧竹軒從一個拉黃包車的「小苦力」一躍為赫赫有名的「江北大亨」。但顧竹軒最終選擇的歸宿卻和上海灘那三個大亨完全不同，他選擇站在共產黨這邊。

幼年潦倒，上海發跡

少年時期因家境貧寒，適逢災荒，顧竹軒16歲跟著母親、兄長到上海謀生。到上海後，顧竹軒先落腳在閘北天寶里附近號稱「一百間」的地方，靠做馬路工、拉黃包車養家糊口。在這期間，公共租界招收華籍巡捕，顧竹軒因為體強力壯，報考後即獲錄取，但後因私放了一名同鄉逃犯而被開除。不久，顧竹軒與其兄一起受雇於德商「飛星黃包車公司」，隨後他又拉德國老闆的私人自備黃包車，深得老闆器重，代管該公司的出租業務。第一次世界大戰爆發後，德國老闆回國，顧竹軒乘此機會，用手中的積蓄廉價盤下了該公司。顧竹軒在上海的發跡之路就是從這時開始的。

由於顧竹軒為人豁達爽朗，很講江湖義氣，經常幫助一起拉車的鄉親，因此他的門徒中儘管有低級的文職官吏、小軍官、一般員警以及各種商販等，但人數最多的還是人力車行的行主及眾多的人力車夫。有人稱他為「舊上海最大的人力車霸主」，甚至還有人稱他為上海的「丐幫幫主」。20世紀20年代初，他與人合夥在閘北開辦同慶舞台，不久又開設德勝茶樓、天蟾舞台、天蟾玻璃廠、大

顧竹軒

生輪船公司、三星舞台、大江南飯店、百貨商店等，生意越做越大，實力也越來越雄厚，當起了閘北商團會董，成為上海灘大名鼎鼎的商界鉅子。1923年，他獨資經營天蟾舞台，聯絡京劇名角，推進京劇演出場所改良。

輕財尚義，賑濟同鄉

與「三大亨」一樣，顧竹軒在涉足工商界有了一定的社會地位和勢力之後，也極力地與官紳階層拉近距離，將自己擠進其中。之後他則請人教自己識字，在與上流社會的交往接觸中，他漸漸養成了一種上層人士「典雅持重」的風度。隨著身分地位的日益提高，顧開始潔身自愛，社會事務能做的就做，不能做的就以自己年老多病為由加以推脫。但有兩件事是他一直熱衷的，一是賑濟同鄉，二是幫助中國共產黨做一些事情。

從16歲離家到上海，顧竹軒在長達55年的歲月裡雖然沒有回鹽城居住，但其對故土的思念卻十分強烈，為鹽阜鄉親出了不少力。早在顧竹軒初露頭角的時候，他就以輕財尚義、濟急恤貧被鹽阜旅滬的鄉親稱道。

1911年，蘇北大旱，一些災民逃荒至上海，以行乞為生。顧竹軒見狀後，與同慶舞台的合夥人出面，在鹽阜旅滬同鄉與自己的門徒中籌集善款，救濟逃荒而來的鄉親。此外，他又以鹽阜兩縣的救災問題向華洋義賑會告急。他救濟有關鄉親的善舉，向來都是躬親其事，盡力解決，不掛虛銜。如在閘北創辦江淮小學時，他不僅獻出了自己在大統路的宅地，還捐贈了很大一筆錢作為創辦基金。

1929年冬天，顧竹軒返里葬母。事先聞知家鄉是年大旱失收，特地籌措了一大筆銀元乘專輪還鄉。喪事既畢，宣布放飯。凡登門求濟的，孩童銀元一枚，青壯男女兩枚，老人五枚，鰥寡孤獨者七八枚不等，最多的十枚，直至帶回銀元放完為止。鄰村有孕婦登門乞濟被擠得把孩子生在褲襠裡，顧竹軒派專人送去銀元、大米、衣被等物。

這次賑災中，顧竹軒為了多籌集善款，將自己位於閘北太陽廟路附近的天蟾玻璃廠賣掉，捐出五六萬銀元來購買糧食和棉花，用輪船和駁船運往蘇北，發給災民。這件事在鹽阜鄉親父老中有口皆碑。

此外，在國難當頭之際，他的慷慨仗義也獲得了很多人的好評。1932年，「一‧二八」淞滬戰起，住在閘北一帶的蘇北同鄉紛紛進租界避難，顧

竹軒見狀，即將英租界福州路的天蟾舞台停業，作為臨時難民收容所。1937年，「八·一三」淞滬抗戰再次爆發，在飛機轟炸下，閘北成為一片火海，難民無家可歸，又擁入租界。他又將天蟾舞台讓出，收容閘北的蘇北同鄉，同時供應衣食，直到上海戰火停熄。他除拯救災民、收容難民外，還支援發展文化教育事業，建戲館、辦學校，先後被聘任為上海市評劇聯誼會主席以及武陵中學、江淮中小學董事長。

迎接解放，終得善終

　　用顧竹軒的話說，他也做過許多壞事、蠢事。他雖然不搞綁票一類，但當時生意場上巧取豪奪、坑蒙拐騙的不法事幹得也不少。在任閘北保衛團團長時，上海發動「四·一二」事件，其手下曾參加收繳工人糾察隊的武裝。顧竹軒向來不願把事做絕，即使在當時他也在暗中救助工運骨幹。工運大隊長姜維新不幸被捕，並判處死刑。顧竹軒得知後，不畏風險，一邊疏通，一邊出面作保，並以天蟾舞台作掩護，終於將姜維新營救出來。

天蟾舞台門券

　　解放戰爭時期，組織派顧叔平到上海工作，顧竹軒全力支持侄兒從事革命活動，總是盡全力保護和幫助，顧叔平在顧竹軒的大力協助下當選榆林區副區長。在那期間，顧老先生家「座上客常滿」，開展工作的同志都在他家住宿，後來乾脆讓出天蟾舞台經理室，作為地下黨同志活動場所。地下黨和周邊進步團體還採取前來與顧竹軒拜師的形式，既蒙蔽敵人，又便於開展工作。此外，顧竹軒還利用自己的特殊身分幫助地下黨和解放軍做好接收工作，有效地維持了社會治安。

　　最難得的是，在革命關鍵時期，他將15歲的小兒子顧乃錦送去參加新四軍，表達了他對共產黨的忠誠。1947年秋，蘇北解放區某部有兩條裝運西藥和辦公用品的機帆船，在上海返回途經瀏陽河地區時，被國民黨上海市警備司令部稽查處水上大隊查封，以「資敵」罪名，將人和船扣押。地下黨找到顧竹軒，請他設法營救。顧竹軒隨即派長子顧乃賡前往稽查處找姓鄭的處長疏通。鄭見顧竹軒作保，就給了他面子，便以「老百姓的商營」之名，下令

放行。當然顧竹軒也沒少花銀子，才使這兩船緊缺物資安全返回解放區。

　　無論顧竹軒是出於何種目的協助共產黨的革命工作，客觀上都對革命事業做出了貢獻。上海解放後不久，陳毅市長即親赴天蟾舞台看望顧竹軒，並給予其很大鼓舞，這些都是對他為革命所作貢獻的一種肯定及褒獎。

　　1949年，顧竹軒作為特邀代表出席上海市第一次各界人民代表會議。1956年7月6日，在上海去世。

民國時期的上海灘名媛

　　20世紀二、三〇年代，老上海的「名媛」是專門用來形容象牙塔尖上的女人的，這樣的女人，單單一個「名門閨秀」仍不足表示她們的尊貴，她們是淑女中的淑女，名女中的名女。她們既有所謂高貴家族的純正血統，更有全面的中西文化後天調理：她們都持有著名女子學校的文憑，家庭的名師中既有前朝的遺老遺少舉人學士，也有舉止優雅的英國或俄國沒落貴族夫人；她們既講英文，又讀詩詞；既學跳舞、鋼琴，又習京崑、山水畫；她們動可以飛車、騎馬、打網球、玩女子棒球甚至開飛機，靜可以舞文弄墨、彈琴、練瑜伽……

　　但是，她們都是時代聚光燈下生活的女人。時代聚光燈不僅投射在她們的音容笑貌和言行舉止上，而且還聚焦她們的妝容、衣著、性格、愛好。因此，在那個名媛輩出的時代，看到她們的美，就能讀出那個時代的精神氣質和那個年代的審美能力。

唐瑛為什麼會成為上海灘的頭牌交際花

　　20世紀二、三〇年代的舊上海，美女明星雲集，這些人讓這個城市變得香芬。而交際場上鋒頭最足的交際花，非唐瑛莫屬了。

　　這裡所說的交際花，指的不是陳白露與賽金花一類人，而是指出身豪門的名媛。她們尊貴、高雅，經過系統的培訓才得以長成。

　　唐瑛生於1910年，父親是早年留德的名醫，兄長是宋子文的親信。她畢業於舊上海的中西女塾。唐瑛雖然接受的是西式教育，但是對中國傳統戲曲很癡迷，並且頗有造詣。她不止一次以玩票性質登台，大放異彩。1927

年，在中央大戲院舉行的上海婦女界慰勞劇藝大會上，唐瑛與陸小曼連袂登台演出崑劇《拾畫》《叫畫》，年僅17歲的唐瑛絲毫不怯場，後來報紙上大幅刊登出兩人的戲照，照片中陸小曼輕搖摺扇，唐瑛走台步，兩人相得益彰。這是唐瑛第一次給公眾留下深刻印象。

唐瑛

之後，但凡有名流大亨的重要場合，唐瑛都會出場。有一年，英國王室到上海訪問，唐瑛去表演鋼琴和崑曲，所有報紙上都登出她的照片，其光彩完全蓋過了王室。1935年秋，唐瑛還與滬江大學校長凌憲揚在卡爾登戲院用英語演京劇《王寶釧》，這也是國內首次英語版的京劇演出。唐瑛不僅扮相好，戲做得好，還有一口地道的牛津口音英語。那種鋒頭，豈是一般女明星能比得過的？

作為上海灘一流的交際花，唐瑛愛打扮自是不用多說，這與她自小嚴格的家教分不開。家境的殷實與極好的修養，都使得她在衣著上具有很好的品味，無論婚前還是婚後，她的穿著一直都是老上海時尚潮流的風向標。當時的女性雜誌《玲瓏》，就鼓勵新女性們向唐瑛看齊，把她作為榜樣，要交際，要打扮。

可惜的是這樣一個美人兒，婚姻卻不算幸福。與李祖法結婚沒幾年就離婚了，說是性格不合。離婚時才27歲。後來她又嫁給美國美亞保險公司中國方買辦的侄子，晚年移民美國，始終維持著「最後的貴族」的排場。

繼唐瑛之後，舊上海又湧現出幾個有名的交際花。如周叔蘋、陳皓明等。她們不僅擁有非凡的容貌，還有著出眾的儀表與智慧。正因為20世紀二、三〇年代的舊上海有著她們，那個香豔的城市才成為張愛玲筆下永恆的沉香。

陳雲裳是如何成為一代影后的

民國時期上海灘的女演員與上海的街道、建築、月份牌、百貨公司、舞廳、電影院一起，無爭議地成為舊上海的一部分。只是，她們更生動、跳躍，也更百變、極端、歇斯底里。她們戲裡戲外都是活的，像舊上海天空裡的鴿子，呼嘯著歷歷而過。她們穿著旗袍、高跟鞋，梳著S頭，夾著香煙，扭動著腰肢，也哭也笑，醉著生，夢著死，硬是在上海灘，踩出屬於自己的

一片天。

　　陳雲裳出生於廣州，中國早期影星。原名陳雲強，家境貧寒，曾當過舞女，後又在「健全音樂社」學習了京劇、崑曲、歌舞等。由於她天生麗質，各方面條件好，加之學藝認真、刻苦，技藝突飛猛進，在一次元宵燈會演出上，得到了觀眾的好評。

　　張善琨是新華公司製片商，其包裝女明星的能力無人能及。1938年，新華公司拍攝《木蘭從軍》的時候，張善琨專程到香港去物色女主演，看中了能說國語的陳雲裳。

　　張善琨在香港初次見到陳雲裳時，就被這個美麗開朗的女子打動，力邀她來拍自己的電影。陳雲裳雖已在香港和廣州拍過一些電影，但上海觀眾對她還是比較陌生。選擇陳雲裳演女主角，雙方都很冒險。她說不好普通話，演技平平，唯一的好處是天生麗質。陳雲裳赴滬前一個月，張善琨便開始策劃。首先就是要讓上海人知道她。於是他把陳雲裳的照片發在報紙上，並製造新聞說美國好萊塢欲請香港女星陳雲裳拍電影。實際上，這是根本沒有的事。但看報紙的人都以為陳雲裳真是個大牌影星，不由好奇。此後，幾乎每天都有報紙刊登陳雲裳的大小新聞。

　　一個月的熱度炒作，讓陳雲裳抵達上海時，就有了記者的跟蹤報導。接下來就出演張善琨參與的電影《木蘭從軍》。劇本很好，女主角陳雲裳的宣傳也好。在電影上映時，還舉辦了活動，凡來看電影的，都會得到陳雲裳的簽名照一張。很多觀眾為一睹陳雲裳的芳容而特意趕來看電影。人們對於陳雲裳的熱度一直在持續，《木蘭從軍》接連熱映三個月。隨著《木蘭從軍》的熱映，陳雲裳逐漸成為影迷崇拜的偶像。從1938年到1943年告別影壇為止，陳雲裳在上海一共拍攝了《一夜皇后》《風流大姐》《裸國風光》等20多部電影。

陳雲裳

　　1940年，上海一家雜誌舉辦電影明星的選舉活動，陳雲裳名列榜首，終於成了炙手可熱的女明星。

　　其實，張善琨也力邀過蝴蝶，卻是另一番遭遇。這時，蝴蝶已是電影皇后，與丈夫在香港過著幸福的生活。張善琨是想藉蝴蝶已有的知名度重新打造她，

蝴蝶也應了他,拍了兩部戲,但不肯回上海。蝴蝶不如陳雲裳「聽話」,原因不外有二:她比陳雲裳名氣大,是有架子的;她還是在乎與丈夫的婚姻生活,不願為了拍戲再赴上海過動盪的生活了。

張善琨隨蝴蝶想法,在香港拍了蝴蝶演出的《絕代佳人》與《孔雀東南飛》。電影雖拍得還不錯,但因為蝴蝶不肯回上海聽張善琨的安排,張善琨就不願與她合作了。覺得每次拍片都要帶著一隊人馬去香港,成本太高。因為蝴蝶的退居,張善琨也不願在蝴蝶身上多下什麼工夫了,而是全心打造陳雲裳。就這樣,一個沒有多少演技的美女,硬是讓張善琨包裝成了電影皇后。而老牌的電影皇后蝴蝶,則漸漸被人們遺忘。

1940年,在上海發行量最大的電影雜誌《青青電影》舉辦「影迷心愛的影星」選舉活動中,陳雲裳擊敗了袁美雲、顧蘭君、陳燕燕等其他紅星而名列榜首,成為新一屆「電影皇后」。上海灘隨即出現了「雲裳熱」。當時有很多商店都以「雲裳」為名:雲裳時裝公司、雲裳舞廳、雲裳咖啡館等。

1943年,當陳雲裳拍完《萬世流芳》後,在影藝事業到達巔峰時遇到了如意郎君湯于翰博士,隨即激流勇退,宣布告別影壇,和湯于翰共同營造了一個世人欽羨的幸福家庭。除此之外,多年來她一直熱衷於公益事業和慈善事業,默默地為公眾奉獻著愛心。

為什麼說王人美是上海灘的「常青樹」

1923年1月23日夜晚,上海廣東路大來洋行屋頂上的奧邦斯電台開始廣播。這是上海開埠以來的第一次無線電播音,這新奇事物帶給市民的驚喜可想而知。無線電波在空氣中穿梭往來,造就了一批家喻戶曉的紅歌星,她們中大都是影、歌兩棲明星。同時,由於職業的關係,她們的服飾打扮也是新潮的。她們是上海摩登女性中引人注目的群體。王人美就是這群人中的一個。

王人美

其實王人美並不是地道的上海人。

王人美出生在有著書香氣息的家庭,她的父親是長沙第一師範學校的數學教師,毛澤東也曾經是他的學生。在她之前,王家已經有了6個兒女。王人美從小在長沙長大,在家裡,她是絕對的中心和父母的寵兒。兄弟姐妹7人,

她最小，不過她卻從來沒有因為這樣恃寵而驕。受家庭的影響，他們兄妹7個都很有自己的看法，也不滿於世俗的紛爭。7歲時，母親因腦溢血突然逝世。她於1926年考入省立第一女子師範學校。

她那時對數學感興趣，滿以為將來會像她父親那樣當個數學教師。沒想到就在這年夏天，父親被黃蜂蜇了一下，化膿成疾，就這樣去世了。於是，沒有父母的幾個孩子遵循父親以前的教導，開始加入了時代的隊伍，也開始了人生的追求。

王人美就是在這種環境下成長起來的。不過她好像不太受家庭的影響，對那些什麼活動之類的事情不感興趣，她只對自己的事情才會關心。她從小就有個好嗓門，經常在父親面前表演一番。常年漂泊在外的兄長姐姐們也喜歡這個有些才氣的小妹妹，經常帶著她到處跑。就這樣，王人美逐漸養成了在外遊蕩學習的習慣。

1927年前後，去德國留學的大哥結識了周恩來和朱德。受到這兩位先進人士的影響，她大哥懷著一腔報國的熱情回到了國內，積極投身於各種救國救亡活動。遺憾的是，他大哥經常生病，最後終於一病不起，未能報效祖國就病故了。她二哥王人路和三個姐姐都參加過北伐軍。汪精衛在武漢叛變，屠殺革命黨，自然是不會放過這個有些革命的家庭的，幾兄妹在權衡利弊之後，決定一起到上海去避一下風頭，投奔曾經在中華書局同事的黎錦暉。此時的黎錦暉在著手興辦歌舞學校。於是，王人美跟著黎錦暉學習歌舞。她進步很快，不久就進入中華歌舞學校，也就是後來組成的明月歌舞團，開始專業訓練歌唱的技能。正是在這時候，王人美和她的姐妹們開始有了成就。

當然，真正讓王人美成為頂級上海藝人，並在此後風光無限的應該是她在電影中的傑出表現。

1932年聯華影業公司拍《野玫瑰》，孫瑜編導，孫瑜慧眼識珠，把王人美由明月歌舞團的「四大天王」之一變為聯華影業公司新片《野玫瑰》的女主角。影片獲得很大成功，因為王人美演得自然而真實。為什麼會這樣？導演說，因為她是在演自己。她飾女主角野玫瑰，一舉成名。她和黎莉莉一起拍攝歌舞片《銀河雙星》後，又與金焰合作《大路》等片，繼而拍了彩色歌舞片《芭蕉葉上詩》和故事片《都會的早晨》《春潮》等。

1933年明月歌舞團改體，她正式參加聯華影業公司，成了聯華簽約演

員。她那潑辣粗獷的性格和表演，使她獲得了「野貓」的美稱。

這之後，她真正開始了一生中的輝煌。

王人美的成功應該說是開始於當年的那部《野玫瑰》。待到《漁光曲》出現，小貓那個人物，實際是王人美自己演自己，因而又深化了一步。《漁光曲》是導演蔡楚生的成功之作，是王人美電影演技的一個高峰，也是中國電影藝術步入新階段的一個里程碑。

1934年蔡楚生籌拍《漁光曲》，其中「小貓」這個角色的挑選，費了不少的工夫。因為這個角色既要有成熟的演技，同時還應該有一點陌生的新鮮感，這種感覺是在成熟的基礎之上的。當時的上海灘演員中，成熟的有很多，可兼具那份單純陌生感的則是少之又少。

最後快到開拍的時候，有人推薦了當時已成名的王人美。導演一眼看中了她，因為她所透露出來的書香氣正好掩蓋了在上海歷練出來的成熟世故。這樣，就顯得比較折衷一點，同時，也讓人覺得更加有親近感，而不是所謂的不可接近的高貴。

她的表現證明了導演的眼光，同時也證明了她自己的實力。在片中，她飾演的漁家小姑娘小貓，清新脫俗，與當時電影中所常見的成熟世故截然不同，給人以耳目一新的感覺。該片首映後，立即轟動上海。一夜之間，王人美的清新形象超越了人們傳統觀念中上海女人的妖豔高貴，而成為平民化美人的代表。她那樸實的演技，強烈地表達出被迫害女性的堅強和反抗性格。

同時，她還演唱了這部電影的主題曲，同樣是震撼人心、廣為流傳，成為當時流行的歌曲之一。《漁光曲》曾突破放映紀錄，並於1935年獲蘇聯莫斯科國際電影展覽榮譽獎，成為中國第一部在國際上獲獎的影片。現在，人們提到《漁光曲》便會想到王人美，想到那個清新脫俗的小姑娘「小貓」。

之後的王人美，逐漸成長為一個完全意義上的藝人。她在為人處世上秉承了良好的家風，這是其他藝人羨慕不已的。由於受到家中兄長的影響，她所演繹的角色多數都是反叛的。

之後，她又先後主演了《風雲兒女》《壯志凌雲》等影片，同時錄製了《風雲兒女》等電影歌曲。此後她又主演了《回春之曲》《保衛盧溝橋》等影片，以及話劇《孔雀膽》。

直至上海淪陷，她都活躍在上海的影壇和歌壇上，成為當時為數不多的

「常青樹」。日本人攻陷上海以後，對上海的文藝事業進行了報復性的打擊，上海完全喪失了以前的繁華景象。即便還有一些文藝活動，也都被日本人所控制。

很多藝人不願意在日本人的控制下委曲求全，紛紛選擇逃亡或隱退。王人美的家人多數都是革命人士，她從小接受的思想就是愛國。她不願意在上海為日本人演戲唱歌，但是以自己的微薄之力又不能做些什麼。於是，她去了香港，暫時離開了她生活的上海，直到1950年才回來。

回到上海以後，她又積極投入自己的事業中去。在影片《兩家春》中扮演婦女主任靈巧，影片獲1957年文化部優秀影片獎。

殷明珠是民國第一位走紅的女明星嗎

民國時期第一位走紅的女影星當屬殷明珠。她十五六歲時就已是上海交際場合中頗有名氣的小皇后。憑藉中國歷史上第一部愛情長片《海誓》，殷明珠成為上海婦孺皆知的大明星、眾多少女崇拜的偶像，阮玲玉立志從影便是受了她的強烈影響。

殷明珠的美貌有一個很好的佐證：她女兒但茱迪1952年在「香港小姐」競選中折桂，隨後又在美國長堤舉行的「世界小姐」競選中榮獲殿軍，這也是當時中國少女在世界選美舞台上所贏得的最高名次。

殷明珠，原名殷尚賢，1904年生，江蘇省吳江縣人，「明珠」是其父母對她的愛稱。殷明珠的曾祖父是道光年間的翰林，祖父殷夢琴也在浙江省烏鎮做過官。父親是一名畫家，曾購買彩票一注，正好在他病故之日，幸得頭獎，畫家雖聽不到喜訊，卻留下了一筆小小家產。

父親去世後，殷明珠隨母遷居上海，就讀於上海中西英文女校。她聰

殷明珠

明伶俐，生性活潑，擅英語，學洋派，愛歌愛舞，愛騎馬，還能開汽車。同學們因她洋氣十足，就稱她為 Foreign Fashion（簡寫F.F.），意為洋派人物。有一次，她在南京路的皮鞋店裡訂做了一雙自己設計的高統皮靴，由於款式出色，店裡就多做了一雙，放在商店的櫥窗裡展出，號稱「F.F.式皮鞋」。

16歲時，殷明珠邂逅了因繪製美女月份牌而著名

的畫家但杜宇。當時，但杜宇正籌辦「上海影戲公司」，決心要從美術家的角度拍攝一部完美的故事片。當他在物色一位與影片女主角相稱的美人時，遇到了殷明珠。殷明珠也為自己能登上銀幕而興奮。於是，1922年，中國第一部愛情故事長片《海誓》誕生了。

在早期的中國電影裡，所有的女角都由男人反串扮演。第一部由女性擔任角色的影片，是香港的黎民偉拍攝於1913年的《莊子戲妻》。黎民偉讓其妻嚴珊珊在影片中擔任一個角色。不過，嚴珊珊在影片中飾的，僅為鏡頭不多的配角，而女主角仍由黎民偉自己反串扮演。1921年，王彩雲在「上海影戲研究社」拍攝的《閻瑞生》中飾演一名妓女，但她僅演此一片，就匿跡影壇。嚴珊珊和王彩雲雖分別是香港和上海的第一位電影女演員，但是，她們還算不上「女明星」。

所謂「明星」，乃是指那些為千千萬萬觀眾喜愛和崇拜的、在藝術上有一定造詣的演員，以此衡量，嚴、王二位都不夠資格，只有殷明珠才稱得上是「中國第一位電影女明星」。

由殷明珠主演的《海誓》一片，講的是一位青年畫家與純潔少女相愛，兩人立下誓言，負心者必蹈海而死。然而，好事多磨，那位少女一時恍惚，貪慕富貴榮華，決定與表哥成親，婚禮上，她記起舊日的誓言，猛然悔悟，於是奔向海邊，決定踐履毒誓。結局可想而知，畫家及時趕到，救起了少女，有情人終成眷屬。

片中，女主角美麗的面容、漂亮的洋裝、摩登的扮相和分寸感拿捏得恰到好處的表演，無不賞心悅目，令人迷醉。從《海誓》起，中國電影才改變「男扮女裝」的局面，真正開始了由女性擔任女主角的歷史。此後，殷明珠擔綱女主角，又拍攝了近30部觀眾喜愛的電影。

王漢倫為什麼被稱為銀幕第一悲旦

王漢倫原名彭劍青，是上海灘第一位電影女明星。她原籍蘇州，出生在封建家庭。王漢倫的父親在安徽招商局謀得總辦一職，後來又寓居上海。她是家中兄弟姊妹七人中最小的，被父親視為掌上明珠，被送進上海教會女校聖瑪利亞書院讀書。16歲那年父親去世，兄嫂不讓她繼續讀書，由家庭包辦與遼寧一姓張的煤礦督辦結婚，婚後夫妻感情不好，遂離婚回到上海。

　　王漢倫在上海虹口小學教過書，在英美煙草公司當過職員，後在萬國體育會任專職英文打字員。兄嫂對她離婚一事非常不滿，她只好住到乾媽家裡。由於在小學裡擔任教員的報酬很少，經常是入不敷出，為了謀得一個收入較豐的職業，她又去學英文打字。三個月後，被四明洋行錄用為打字員。當時洋行裡有一位同事是明星影片公司的股東，並且和「明星」的導演張石川認識。恰逢「明星」正在籌拍影片《孤兒救祖記》，需要物色一名女主演，洋行同事知道王漢倫對電影感興趣，就對她說，既然你長相不錯，又會說英文，應該去拍戲。她回答，既不懂得電影表演，又沒人介紹，不敢盲目行事。

　　於是洋行同事介紹她去明星公司找張石川試鏡頭。張石川讓王漢倫在攝影機前做一些喜怒哀樂的表情，發現她很上鏡頭，於是當場拍板，和她簽訂了演員合同。

　　1923年，王漢倫辭掉了洋行打字員的職務，正式加入了明星影片公司，開始從影生涯。她的兄嫂知道後大為惱火，認為她辱沒了門庭。王漢倫決定與家庭斷絕關係，做一個自食其力的新女性。當時正值端午節，她想到老虎是無所畏懼的，它的額頭上有個「王」字，於是就改姓王，取名漢倫（這是一個時髦的外國名字的音譯）。

　　王漢倫在張石川導演的故事片《孤兒救祖記》中任女主角，這是她的處女作。她在片中扮演余蔚如，當時她既不懂得表演理論，也沒有表演經驗，只是聽到導演張石川啟發她要假戲真做，化為戲中人，忘掉自己。在拍攝「聞知丈夫死去」這場戲時，張石川說：「喏，你的丈夫死了，你的唯一的親人突然死去了；可是你生活在一個奉守舊禮教的封建家庭裡，禮教是無情的。你年紀還輕，但不能改嫁，此後的日子可怎麼過喲……」王漢倫聽著，

王漢倫電影劇照

想著，傷心起來，竟然嚎咷大哭，像真死了丈夫似的。王漢倫扮演余蔚如之所以取得成功，主要是擺脫了當時文明戲的表演程序，她將自己的生活體驗，融於角色之中，因此演得真實自然。她美麗的容貌、雍容的氣質、楚楚可憐欲哭無淚的模樣，博得了無數觀眾的同情和喜愛。

余蔚如成為中國銀幕上第一個賢妻良母的典型形象，王漢倫也由此成為一位電影女明星。該片上映後賣座率很高，曾轟動一時。

1924年王漢倫繼續主演了《玉梨魂》《苦兒弱女》《一個小工人》等影片，但她的薪酬卻一直維持在合同上的價錢。不久，另一家長城影片公司許以高報酬，挖走了王漢倫。王漢倫在「長城」拍了三部影片之後，並沒有得到什麼「高報酬」。此後，她又為洋行同事主持的新人影片公司演了《空門賢媳》，在中華第一影片公司主演《好寡婦》，均獲成功。

特別是《電影女明星》，是由王漢倫、蝴蝶和吳素馨三位當紅的女影星連袂主演的；影片拍成後，王漢倫攜帶影片下南洋一帶放映，所到之處轟動一時。由於她在銀幕上扮演的大多為悲劇角色，因此有了「銀幕第一悲旦」之稱。

王漢倫在銀幕上扮演的多半是「寡婦」和「棄婦」一類的角色，在銀幕下的婚姻生活也是不幸的。

16歲那年，由兄嫂作主嫁給東北本溪煤礦一個姓張的督辦做妻子。這個煤礦是中日合營的。王漢倫嫁過去之後，發現丈夫經常和一個日本女人鬼混，屢加苦勸，收效甚微。後來，她隨丈夫又到上海一家日商洋行當買辦，不久，發現丈夫協同日本人購買中國的土地，於是婉言相勸，說這是賣國行為，遭丈夫毆打。王漢倫不能忍受這種虐待，提出了離婚，丈夫給了她三百元，算是贍養費。但她分文未收。1933年秋天，王漢倫赴杭州和「風雅文士」王季歡在天然飯店結婚，並邀請著名律師章士釗證婚，但不久又離異。

經歷了兩次婚姻的失敗之後，王漢倫再也沒有結婚，四十多年孑然一身，直到去世。

唐薇紅是上海灘最後一位名媛嗎

六十多年前的上海百樂門舞廳（Paramount），號稱「遠東第一樂府」。夢幻般的燈光，玫瑰花圖案的地板，浪漫的爵士音樂，光滑如鏡的彈性舞池，彷彿都述說著上海的絢麗與奢華。

有一個曼妙女子時常與丈夫來此跳舞、消閒、揮灑青春。那個時候她喜歡人們叫她的英文名：Rose。她出生於亂世中的舊上海。家境讓她對華麗奢侈的生活念念不忘，她經歷過舊中國無人能及的大富大貴，也經歷了戰亂時

期平民一樣的顛沛流離,更經歷了「文革」時期常人難以忍受的淒涼孤獨。然而,她的骨子裡有著人們無法探究的高貴、理想、天真、隱忍和滿足,她對生活的追求充滿著與生俱來的幽雅和韌性以及及時行樂的小女子智慧。她,就是唐薇紅,向人們展示著舊上海社交名媛的一生傳奇。

唐薇紅沒有被鎖在高齡的旗袍裡,也沒有被囚禁在塵封的老照片裡。她是一個資深女人,說她資深,一點不為過。唐薇紅的父親唐乃安是獲得庚子賠款資助後的首批留洋學生,之後成為上海灘第一個留學回來的西醫;大姐唐瑛則是當時舊上海最有名的社交名媛;大哥唐腴盧去世前是宋子文的秘書。因為顯赫的家世,唐薇紅前半生錦衣玉食,是十里洋場的金枝玉葉。同樣因為顯赫的家世,唐薇紅後半生顛沛流離,落魄為弄堂作坊女工聊以糊口。冰火兩重天的人生裡唯一沒變的是她和百樂門的不了緣。

唐薇紅近照

16歲的唐薇紅頂著一身名門望族小姐的標配行頭,第一次踏入了舊上海最火的娛樂場所——百樂門的舞池。這一腳下去,為唐薇紅拉開了十里洋場紙醉金迷、歌舞昇平的幕布,也改變了唐薇紅的一生。如今已經八十多歲高齡的她,依然保持一周去一次百樂門。只是行頭猶在朱顏改,當年陪她一起白相(上海方言,玩耍的意思)的門當戶對的小姐妹們大多都已離世。寥寥幾個健在的,也在解放前隨家人去了海外,半個多世紀無緣再見,偶爾通個越洋電話而已。去南京西路的凱司令吃起司蛋糕、在衡山路的法國梧桐下喝咖啡、去百樂門跳舞,一天光陰晃蕩而過,如斯的情景,如今只餘唐薇紅形單影隻的滄桑背影。在落寞中,她成為百樂門發展乃至大上海時尚發展的一名見證者,也成了名副其實的上海灘最後一位名媛。

年輕的上海小姐們喜歡趕時髦,當時教會學堂裡的女學生們流行穿美國畫報上的裝束:大草帽、夏威夷花襯衫和白短褲。星期六下午放學後,她們就換上這身行頭,騎著叮噹響的自行車,和要好的朋友去百樂門跳舞。

唐薇紅人生中第一場舞會是大姐唐瑛帶著她去的。當晚她穿的是姐姐的旗袍,紅色,繡滿了蝴蝶,而且很長,一直拖到地上,還有第一次穿上腳的高跟鞋,走起路來就像踩高蹺似的。那晚,一個外國人請她跳了第一支舞,

從來沒有步入過舞池的唐薇紅洋相百出，根本不知道怎麼邁步子，踩了舞伴好多次腳。

1942年，17歲的唐薇紅挽著男朋友的手，踏進了聞名已久的「遠東第一府」。短暫的社交生活之後，18歲的唐薇紅嫁給了比自己大十歲的男友，她的第一任丈夫。這場看似門當戶對的婚姻其實並未讓唐薇紅得到幸福，自己的西派作風和丈夫家的家風格格不入。

婚前，好動的唐薇紅自己騎著自行車把嫁妝一件件運到婆家，遭到了婆婆異樣的眼光。婚禮上，唐薇紅對婆婆只是鞠躬並不下跪，弄得婆婆很生氣。婚後兩年，唐薇紅一直沒懷孕，她看到一個漂亮的外國小女孩，想領回家中收養，被婆婆直罵「不像話」。寧波大戶人家的規矩實在讓唐薇紅不習慣，丈夫雖處處護著她，但兩人年齡差距過大，並沒什麼共同語言。

解放之後，聽從丈夫單位的分配，唐薇紅帶著兒子跟丈夫去了深圳。當時的深圳一片荒野。深圳的艱苦條件使正懷身孕的唐薇紅難以忍受，她連忙帶著兒子逃回了上海，回到上海的那一刻，她哭了，有如劫後餘生。

20世紀60年代，唐薇紅認識了浙江南潯「四隻大象」之一的龐家公子龐維瑾。所謂「大象」是指100年前，家產已達1000萬兩白銀的南潯富戶。龐維瑾對唐薇紅甚有好感，為了追求她，他接連邀請她去上海的「和平」「錦江」「國際」「上海大廈」等六大飯店吃飯，出入各種社交場所。之後，兩人結為連理。

「文革」時期，龐維瑾離世。那個夜晚，已是四個孩子母親的唐薇紅把丈夫生前的法蘭絨灰色長袍和褐色銅盆帽扔進火盆裡通通燒掉；她把自己最喜愛的香水也都倒進了馬桶，關上門窗，固執地在自己衡山路的老房子裡放著唱片，一個人跳起一支緩慢的華爾滋。

唐薇紅可謂福壽俱全。她的兒女現在都在國外，孫子都有孩子了，小曾孫會用英語指著她臉上的皺紋，說她「不好看了」。然而她依然塗指甲，抹 Dior 的口紅，戴 Celine 的項鍊耳環，穿 Ferragamo 的高跟鞋，穿亮麗的衣服，用 Chanel 的 No5 香水，每週去一次百樂門。她說，她喜歡別人叫她唐阿姨，不想讓人覺得自己被鎖在了高齡裡。

唐薇紅亦如一枝鏗鏘玫瑰，紅顏嬌媚卻又不棄不餒，用一世人生，活了別人兩世輪迴。

上海的舊時名流

租界裡的世界級文豪

　　中國現代文豪魯迅於1927年10月從廣州遷居上海，起先住在虯江路景雲里，1933年，搬至山陰路大陸新村9號，直至去世。「虹口區山陰路大陸新村9號」也是今日魯迅故居的地址。

魯迅為何選擇帝國主義盤踞的上海

　　魯迅先生為什麼要遷居上海呢？主要原因有三。

　　一是因為上海有外國租界。

　　什麼是租界呢，就是發生災禍時，有租界，你可以藏身，可以避難。「二戰」親歷者曾親眼看見日本兵打進上海，租界的警衛將鐵絲網打開，疏導人山人海的上海難民逃進租界。

　　二是因為上海是大世界。

　　20世紀20年代的中國，有租界的城市不僅是上海，天津、武漢都有租界，但魯迅為什麼偏偏來上海呢？

　　原因也很明顯——上海是大世界。它不僅是中國第一的新興大都市，也是遠東地區首屈一指的大都市。魯迅選擇了上海，說明先生在情感上的民族主義及生存上的現實主義之外，在文化立場上還是一個世界主義者、一個現代主義者。這樣一位視野極廣的大人物，當時的北平、天津、武漢、廣州或是福建，都無法滿足他，不能最大程度地成全他的思考和寫作。唯有上海，中國第一座與世界接軌的大都市，才是最佳選擇。用時下的話說，上海代表了當時中國的「先進文化」。

上海的魯迅故居

三是上海是大氣包容的。

歷史研究表明，上海的黃金時代是20世紀30年代；民國時代唯一短暫的安定時期，也在那時。而魯迅在上海的10年，正是30年代。

30年代的上海如果沒有魯迅，那便寂寞、失色得多了。30年代的上海文化因為有了魯迅的存在，就有了無可替代的意義。

當時上海的社會各界人士或是敬佩他、追隨他，拜他做精神領袖；或是利用他，謀取黨派的利益；抑或攻擊他、嘲弄他，藉由他抬身價；或者對他敬而遠之，吃自己的那碗飯……

然而在魯迅的文字裡，那10年除了寫作，無非帶帶孩子、見見朋友、逛逛書店、看看電影，時而參與集會，常常躲避追捕……可見，魯迅是輿論爭議的焦點，卻又置身於上海主流生活之外，他在上海時期的全部寫作，沒有說過上海幾句閒話，即便說了，也大多不好聽，在私人信件中，他對上海的社會百態多有嘲諷，對上海的文人甚是鄙夷。我們在他的這些寫作中，幾乎看不見那個「黃金時代」的上海。

然而這就是魯迅的大氣，更是上海的大氣。30年代的上海之所以是30年代的上海，就是因為上海看得起魯迅，而魯迅卻看不起上海；上海包容魯迅，魯迅卻孤傲地遠離上海的主流社會——這便是一座城市與一位作家最美妙的關係。

魯迅為何在上海買不起房

魯迅在上海的住房狀況，從魯迅的一則日記中可以略有窺見——在1930年4月8日的日記中，魯迅如是寫道：「上午廣平來。下午看定住居，頂費五百，先付以二百。」可見房子的「頂費」（房屋轉手費）是五百大洋，魯迅大概是付不起，於是先首付二百大洋。

當時，上海的房價確實非常之高，遠遠超過北平、天津、南京、漢口等主要城市，甚至高於巴黎。魯迅的收入在民國時代屬於中高水準，然而憑他的薪水在上海買房還是力不從心。因此，從1927年遷居上海，到1936年病逝，魯迅一直都在租房住。也就是說，他在上海做了將近十年的「海漂」，直至去世都沒有買上房子。

買不起房子，租房總不會太難吧？答案是否定的。在20世紀30年代的上

海，租房也不是什麼容易的事。首先，租金很貴。其次，稍微不錯點的房子都有人住，你若想租到，必須付給前房客或二房東一筆數額不菲的「頂費」，即轉手費。比如說魯迅想租虹口區拉摩斯公寓（即今天的北川公寓）的房子，就得掏五百大洋的「頂費」。

　　五百大洋可不是一筆小數目。當時上海工廠裡最嫻熟的工人，月薪也只有三四十塊大洋；綢緞莊中十年的老店員，平均月薪也只有二三十塊大洋；黃包車夫每月三十天全勤，平均月薪不到二十塊大洋；而著名的文學家茅盾在雜誌社當編輯，月薪則只有一百大洋……可見對當時的大多數階層來說，五百大洋都算得上巨款，也包括魯迅。為了把房子租到手，他也只能分期付款：「頂費」五百大洋，首付二百大洋——這是他在日記裡清楚記載的。

魯迅在上海完成了哪些著作

魯迅

　　魯迅在上海的九年，著作頗豐。有譯介作品《藝術論》《文化與批評》等，有原創作品《三閒集》《准風月談》《且介亭雜文》《而已集》《二心集》《南腔北調集》《偽自由書》《花邊文學》《且介亭雜文二編》《且介亭雜文末編》《集外集》和《集外集拾遺》等。

　　其中《且介亭雜文》名字很有意思。「且介」讀作「租界」，因為1935年時，魯迅住在上海閘北帝國主義越界修路的區域，該地區時稱「半租界」。魯迅有著極強的民族自尊心，對帝國主義十分憎恨，所以將「租界」二字各取一半，組成「且介」。不僅展示了自己的才華，也對時局巧妙地進行了批判與諷刺。

　　《南腔北調集》的名字也很有意思。當時，上海有一筆名「美子」的作者在《作家素描》中攻擊魯迅：「魯迅很喜歡演說，只是有些口吃，而且是『南腔北調』。」對此，魯迅不無戲謔地反擊道：「我不會說綿軟的蘇白，不會打響亮的京調，不入調不入流，實在是南腔北調。」表明了自己寬大的胸襟與幽默的氣質。而魯迅將1934年3月出版的這個集子命名為《南腔北調集》，實在是一種自嘲，同時更是對美子的嘲諷。

國殤中的宋慶齡

宋慶齡，孫中山的妻子，上海人。上海宋慶齡故居地址為：徐匯區淮海中路1843號（淮海中路餘慶路）。

宋慶齡為何鐵心嫁給孫中山

1894年，孫中山在宋家第一次遇見了宋慶齡。那一年，宋慶齡1歲。而當時誰都不會料到，這個可愛的幼女，竟會在21年後，不顧父母的堅決反對，遠赴日本與比她大27歲的「國父」結婚。

宋慶齡在美國完成學業後，於1913年8月29日來到日本橫濱，次日就在父親和姐姐的陪伴下拜訪了孫中山，這是宋慶齡成年後首次見到自己所仰慕的革命家。19年前，襁褓中的宋慶齡曾「見過」孫中山，但她當然記不得孫中山的模樣。宋慶齡一見孫中山，興奮不已，馬上同父親與姐姐一起，幫助孫中山處理英文郵件。1914年9月，宋慶齡的大姐宋靄齡回上海與孔祥熙完婚，宋慶齡於是接替了姐姐，做了孫中山的秘書。

孫中山是革命家，年齡的巨大差距也無法阻擋兩個人急速升溫的愛情，儘管孫中山早已有了妻子、兒女。《西行漫記》的作者——美國記者斯諾曾在20世紀30年代問宋慶齡是如何愛上孫先生的。宋慶齡的回答是：「我當時並不是愛上他，而是出於敬仰。我偷跑出去協助他工作，是發自少女浪漫的念頭——但這是一個好念頭。」

宋慶齡接連寫了好幾封信給仍在美國讀書的妹妹宋美齡，熱情地講述她在孫中山身旁工作的愉快與願景。1915年6月，宋慶齡專門為自己和孫中山的婚事回到上海請求父母的同意，但這對於宋家父母來說恍若地震。宋嘉樹夫婦破口大罵孫中山，宋母以淚洗面地規勸慶齡說：「孫中山已有妻室，兒子孫科比你還大，兩人年紀相差懸殊。」但宋慶齡心意已決，始終不為所動。宋慶齡於是被父親軟禁在家。

孫中山的朋友也大多不敢苟同。孫中山卻

宋慶齡和孫中山

說：「不，如能與她結婚，即使第二天死去亦不後悔。」

1915年6月，孫中山正式與原配妻子離婚。同年10月的一個晚上，宋慶齡在家僕的協助下，跳窗出逃，再赴日本。10月24日午時，孫中山到東京車站迎接她，次日上午便在日本律師和田家中登記結婚，這一年孫中山49歲，宋慶齡22歲。當天下午，婚禮在日本友人莊吉家舉辦，到場致賀的中國人寥寥無幾。

宋嘉樹得知女兒離家出走後，即刻與妻子乘船追至日本阻攔。宋慶齡回憶說：「我父親到了日本，對孫博士大罵一頓，我父親想要解除婚約，理由是我尚未成年，又未徵得雙親同意，但他未能如願，於是就和孫博士絕交，並與我脫離父女關係。」

而莊吉女兒的回憶是：「宋嘉樹站在大門口，氣勢洶洶地大吼：『我要見搶走我女兒的總理！』莊吉夫婦擔心會生變故，準備出門勸慰宋嘉樹。而孫中山對他們說：『這是我的事情。』不讓他們出去。然後孫中山親自來到大門口對宋嘉樹說道：『請問，找我有什麼事？』暴怒的宋嘉樹卻突然撲通一聲跪在地上說：『我這個不懂規矩的女兒，就託付給你了，請千萬多關照。』然後連磕三個頭就走了。」

宋慶齡晚年回憶起當年違背父命與孫中山成婚時說：「我愛父親，也愛孫文，今天想起來還難過，心中十分沉痛。」

而宋家夫婦雖阻婚失敗，但仍然送了一套古典家具與百子綢緞，作為宋慶齡的嫁妝。

真是可憐天下父母心。

抗戰中宋慶齡做了哪些要事

宋慶齡是孫中山的妻子。在1937—1945年偉大的抗日戰爭中，積極參加抗日救亡活動，可歌可泣，為中國人民的抗日事業做出了卓越的貢獻。

下面按照年份記述宋慶齡的抗日歷程。

1937年

7月，抗戰正式爆發。宋慶齡起初沒有和自己的妹妹宋美齡在一起，而是和共產黨人打成一片。7月7日，宋慶齡在上海與周恩來、林伯渠等會面，支

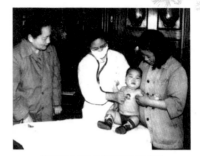

持共產黨的抗日主張。

8月，宋慶齡發表《中國是不可征服的》
一文。

11月，再發《關於國共合作的聲明》，
支持國共合作。

12月，移居當時未被日軍佔領的香港。

宋慶齡視察上海市兒童醫院

1938年

1月23日，「國際反侵略運動大會」在武漢成立。宋慶齡與蔡元培、吳玉章等當選出席倫敦反法西斯大會的中國代表。但遺憾並未成行。

6月14日，宋慶齡在香港組建「保衛中國同盟」。「同盟」的宗旨是：在現階段抗日戰爭中，鼓勵全世界所有愛好和平民主的人士進一步努力以醫藥、救濟物資供應中國；集中精力，密切配合，以加強此種努力所獲得的效果。

同年9月，宋慶齡參加保衛廣州運動，發表《華僑總動員——慶祝華僑第二屆會員代表大會》一文。

1939年

這一年，宋慶齡在香港繼續忙於「保衛中國同盟」的工作。

12月12日，宋慶齡在香港電台發表演說，堅決支持抗戰。

1940年

宋慶齡在香港繼續「保衛中國同盟」的工作。

1941年

1月，宋慶齡與何香凝等聯名通電：批判國共嚴重摩擦——「皖南事變」。

12月，日軍佔領香港。香港淪陷前，宋慶齡乘最後一班飛機從香港飛抵戰時首都重慶。

這一年宋慶齡還支持了路易‧艾黎等發起的「工業合作社運動」。

所謂「工業合作社運動」是指抗戰時期在國民黨統治區和共產黨佔領區開展的一場經濟救亡運動。該運動對組織民眾開展生產自救、克服經濟困難、支援長期抗戰發揮了積極的作用，在抗戰經濟中佔有重要地位，被譽為戰時「經濟國防線」。

1942年

這一年，宋慶齡繼續「保衛中國同盟」的工作。

是年冬季，宋慶齡在重慶與周恩來、鄧穎超等歡送董必武離開重慶返回延安。

1943年

5月，宋慶齡以「中華全國兒童福利協會主席」的名義舉辦國際足球賑災義賽，將全部收入捐贈河南災民。

9月18日，宋慶齡發表《給中國在海外的朋友們的公開信》，呼籲大家繼續支持中國抗戰。

1944年

2月8日，宋慶齡發表《致美國工人們》一文，呼籲美國工人支持中國的抗日戰爭。

3月12日，美國舉行孫中山紀念活動之前，宋慶齡發表《孫中山與中國的民主》廣播演說。

10月1日，宋慶齡在戰時首都重慶舉行「追悼鄒韜奮大會」。

1945年

9月，抗戰勝利一個月之際，宋慶齡在重慶張治中住所與毛澤東會見。

12月，宋慶齡離開重慶回到上海，將「保衛中國同盟」轉型為「中國福利基金會」，繼續支持進步組織和民主力量，支持人民解放鬥爭，並從事婦幼衛生、文化教育和社會救濟事業。

宋慶齡在抗戰中的貢獻令人敬佩。

宋慶齡如何給魯迅辦葬禮

　　魯迅去世後，魯迅的兒子周海嬰（魯迅本名周樹人）曾經回憶說：「父親去世後，墳地選在虹橋路的萬國公墓。那是孫夫人宋慶齡推薦的，因為在入口不遠處有一大塊土地是宋家墓地。」

　　而事實上，除了挑選墓地，宋慶齡還為魯迅的葬禮奔勞了很多。

　　魯迅的棺材也是宋慶齡訂的，是一種半透明式的高檔棺材，便於人民瞻仰，價格十分昂貴。可見宋慶齡對同道戰友的慷慨。據1936年10月22日《大晚報》記載：「靈柩的代價，據說是九百元，為宋慶齡女士所送。葬在萬國公墓的一個墓穴，價值五百八十元。」

　　由於魯迅的遺孀許廣平過度悲傷，悲傷得慌了手腳，不知如何辦理喪事。所以一切費用與雜務，全是宋慶齡主持辦理。魯迅的親友成立了一個「治喪委員會」，每人各有分工。宋慶齡出力、出錢很多。

宋慶齡在魯迅葬禮上演講

　　胡風曾以一個現場目擊者的身分寫道：「喪事兩三天後，我去看許廣平，看到茶几上放著包著一厚疊紙幣的信封。上面寫著孫中山式的粗筆劃『周同志』三個字，下面當有『喪禮』之類的吧。」所謂「孫中山式」的筆劃，當然指宋慶齡的筆跡，宋慶齡是孫中山的妻子，可見宋慶齡悉心為魯迅的葬禮奔勞。

　　而送葬的路線也是宋慶齡定的，從膠州路出發，沿著北京路，途經美麗園到達虹橋萬國公墓。全程長達兩個小時。如果不是因為宋慶齡，這樣的送葬多半會被政府阻攔。

　　由於路途漫長，又是途經鬧市區，所以送葬的隊伍不斷壯大，很多民眾主動加入，最初只有幾千人的隊伍，最後竟達兩萬多人，如同滾雪球。

　　浩浩蕩蕩的送葬隊伍唱著輓歌，喊著口號，昂首踏步，莊嚴又肅穆地行走在上海灘的繁華街道。

　　10月22日下午四點半，魯迅的葬禮在萬國公墓舉行。北大校長蔡元培致辭，沈鈞儒報告事蹟，宋慶齡、內山完造、章乃器等魯迅生前好友先後致辭，胡愈之宣讀悼詞，許廣平則朗讀題為「魯迅夫子」一文以致哀悼。

默哀禮完畢後，王造時、沈鈞儒等為靈柩蓋上白緞錦旗，寫有沈鈞儒親提的「民族魂」三個大字。

而宋慶齡發表了激昂的演講：「魯迅先生是革命的戰士，我們要繼承他戰士的精神，繼續他的革命任務！我們要循著他的道路，繼續打倒帝國主義，消滅一切漢奸，完成民族解放運動！」

這是魯迅與宋慶齡革命友誼的巔峰。

四明村裡的名人巷

四明村本是四明銀行董事長的私人別墅，先後入住過四明銀行的高級職員和各個行業的「大老闆」。這個時期（租界時代）的四明村，安靜而典雅，並且距離繁華的南京路和淮海路也不過百米。所以後來在這個地方聚居了眾多的文化人，是有其道理的，其中便不乏多位作家詩人。

如今的四明村已是街知巷聞的「文化名人村」。僅僅村口大門邊的「文化名人牆」上，便記錄有章太炎、徐志摩、泰戈爾、蝴蝶等十幾個名字，而他們都是曾經寓居在此的名人。

徐志摩與陸小曼的愛巢在哪裡

徐志摩是著名的詩人，而且與當時的名媛多有接觸，其中便有林徽因和陸小曼。

徐志摩與原配夫人張幼儀在德國正式離婚四年後，與京華名媛陸小曼在北京結婚了。這中間，詩人的「婚變」，不僅不為家族老父所容，甚至連外界輿論也為之一片驚呼。

徐志摩和陸小曼故居

在這樣的壓力下，詩人萌生了「歸隱」之念。而且月下舉杯、對影成雙人的隱士夢，對詩人來說無疑也是極具誘惑的。所以在1926年，他便偕新婚之妻陸小曼返回故鄉，打算在那裡開啟隱居著書的生涯。可惜未滿一月，突起的軍閥爭戰，便徹底擊毀了詩人的夢想。他不得不倉促避居上海。

於是，位於今天延安中路四明村923號的一幢上海灘老式洋房，便成了著名詩人徐志摩與陸小曼的暫居之所。不過他們起初是住在上海環龍路（今南昌路）花園別墅的一幢洋房裡，只是後來才又遷到了這個四明村。

因為陸小曼有吸煙的習慣，所以後小間被專門闢為陸小曼的吸煙室。而徐志摩的書齋則設在三樓，因此也較為安靜。在這裡，徐志摩和陸小曼兩人均有所創作，《愛眉小箚》《媚軒瑣記》和《小曼日記》等篇便是他們在這裡的一些記錄。

然而兩人浪漫的生活，在1931年11月戛然而止了——11月19日，徐志摩因空難去世，年僅36歲。

徐志摩與泰戈爾有著怎樣的友誼

徐志摩與泰戈爾的友誼其實早在1924年便開始了，那時還是泰戈爾首次來中國訪問。自從他登上黃浦江碼頭之後，便一直是徐志摩和林徽因陪伴其左右，隨後更在大江南北各處巡迴演講。

泰戈爾是說英文的，而且有他浪漫主義詩人的獨特語言，所以將他的話精準地翻譯成漢語是有難度的。不過幸好為他翻譯的是同為浪漫主義詩人的徐志摩，而且徐志摩亦精通英語，所以詩人泰戈爾的話，經過詩人徐志摩的翻譯，便成為令人享受的、從容不迫的詩。這對聽眾來講絕對是件絕妙的事，而對泰戈爾來說，也絕對是相當幸運的。

於是在不斷的工作中，在對詩歌藝術同樣的熱愛中，他們成了無話不說的忘年交。泰戈爾還為這位中國知音取了一個印度名字——蘇薩瑪。這在孟加拉語中是「雅士」的意思，所以當風流倜儻的徐志摩知道後，便覺貼切甚至得意。

當泰戈爾完成了全部的演講計畫，回到印度後，依然和徐志摩互通書信，這使得他們的友誼不斷加深。所以當1929年他再次來到上海時，便仍舊選擇住在了四明村，因為他的老朋友徐志摩也住在這裡，可以相互陪伴。只是老朋友的伴侶換成了陸小曼。

徐志摩（右）和泰戈爾（中）、林徽因（左）

泰戈爾在文學史上的確是少見的幸運兒，因為殷實的家庭環境，讓他可以完全脫離於柴米油鹽之外，在毫無憂慮的心境下造夢般地寫詩。或許正是因此，他在花甲之年前，便榮獲了諾貝爾文學獎，名震天下。

不過這年秋季的某天，泰戈爾卻拖著疲憊的身體再次來到徐志摩的家裡。他剛從美國和日本講學完，因為要回印度，所以路過上海。但是卻沒有了上次來時的高興與適意。原來泰戈爾年歲已高，在美國和日本又受了一部分新人的排斥，所以心裡十分鬱悶，以致路上生了一場重病。徐志摩從內心深處為泰戈爾感到悲哀，他也曾說這亦是孔子式的悲哀，其實，又何嘗不是徐志摩自己的悲哀。

終於要臨別了，兩位詩人互贈禮物。泰戈爾沉默了片刻，又緩緩地脫下自己身上的印度長袍，送給了徐志摩夫婦，以作紀念（印度人把自己穿過的衣服送給別人，表示的是將最珍貴的禮物送給最親愛的人）。最後兩人相約，1931年，徐志摩要專程到印度去為泰戈爾慶祝七十大壽。然而泰戈爾在自己的宴會上卻沒能見到徐志摩，因為徐志摩遭受了空難，二人均未能如願。

上海著名的綠房子

綠房子主人是一個叫做吳同文的顏料商人，他因為商業敏感而搶先推出軍裝所需的軍綠色顏料，於是在戰火一觸即發的20世紀30年代大發特發，成為滬上有名的「綠色大王」。從此，他便以綠色為其幸運色，連帶自己的寶馬座駕，也變成了綠色。所以他的宅邸外壁也取綠色面磚鋪就，便不足為怪了，也因此而被稱之為「綠房子」。另外傳說他的大門執意要開在哈同路和愛文義路路口，因為兩條路路名的第二個字合在一起，便是他吳同文的名號。

「綠房子」是當年的遠東第一豪宅嗎

綠房子是著名的匈牙利建築師鄔達克的收山之作，更被當時的《上海日報》譽為「遠東第一豪宅」。

傳說甚至有某國的外交官想用一艘萬噸郵輪，另加50萬美元的現金來交換這座綠屋，以作為該國的領事館，不過卻被房子的主人吳同文婉拒了。

之所以說它是豪宅，不僅因為其廣闊的面積，鬱鬱的花園，更因為其設

計中無處不在的巧思與高科技。

它是上海首家裝電梯的私宅，而且是鋼筋混凝土結構（在當時是很了不起的），房子的南立面各層均設有較大的露台、陽台，並設有玻璃頂棚日光室，充分考慮到了採光；而且室內的功能區間也分配得非常合理。鄔達克對這所房子有過「即使再過50年，這幢房子的現代感仍是超前的，哪怕再過100年，我相信它仍不會過時！它應該屬經典之列！」的斷言。

這座綠房子的造型彷彿就是一條行駛在城市裡的旗艦，因為房屋的結構中運用了很多造船的手法，例如玄梯、圓窗、陽台等，完全就是輪船的甲板；護欄也與輪船的護欄有著一模一樣的設計，即使在今天的上海灘也是獨一無二的建築。在臨海的上海，它就像一艘將要駛入太平洋的艦船一樣。

綠房子

這樣的綠房子，這樣一座必定為上海市所獨有的綠房子，絕對可以作為上海歷史的一個縮影。

豪宅的設計者締造了「上海風」

綠房子的設計者鄔達克，或許不是上海灘最有名氣的外國人，但卻是曝光率最高的。這個匈牙利人在1918—1947年的上海接手並建成了不下50個項目，共包含百餘座單體建築；並且這些項目中的25個入選「上海市優秀歷史建築」。以「遠東第一」冠名的各種豪宅、影院、高樓、飯店、教堂等，多出自他之手。佔他一生作品九成多的建築，都建在了上海，而且構成了如今人們津津樂道的「老上海」，可以說是他締造了「上海風」。

但是這位天才建築設計師為什麼來到了上海呢？

20世紀初的上海，是一個冒險家的樂園，而且因為它的免簽，眾多無名英雄來到這裡，打算變得「有名」。可鄔達克卻並非是懷揣這種夢想來此的其中一員，他是逃獄而來的。

鄔達克舊居

拉斯洛‧鄔達克，1893在匈牙利出生，1914年在布達佩斯工業大學畢業，1916年在匈牙利皇家建築學會取得會員身分。但是當時處於奧匈帝國時期，所以這位年輕人隨著第一次世界大戰的持續，而成為了一名奔赴俄羅斯前線的士兵。奧匈帝國在戰場上的失利使得他被俘，並且被沙俄政府流放到了遠東西伯利亞地區。鄔達克之所以可以從戰俘營成功逃脫，則是因為十月革命的爆發，俄國內部一片混亂。他搭上了一艘開往上海的日本載重船，到港的時候，鄔達克25歲，而且身無長物、語言不通。

不過上海是個包容的城市，有各國來此淘金的人。鄔達克依靠自己的建築教育背景，在一家美國建築公司做助手，並學會了漢語。或許上帝關掉了你的一扇門，但他會給你打開一扇窗——由於不斷湧入的人口，不斷增加的貿易，不斷繁榮的商業，上海正經歷著自己的建築黃金時代，而鄔達克剛好趕上了這個時期。而且來自各國的建築師和大批的「海歸派」帶著世界上最先進最時髦的建築理論、建築模式和建築材料而來，希望在上海一展拳腳。或許是這種氛圍，造就了鄔達克的展示舞台。

在美國公司7年，不能完全作主的他謹慎細微，設計了一批包括醫院、俱樂部、學校、銀行、教堂、電影院、劇院在內的建築。而只有一座沐恩堂可以算作他的代表作，哥德式塔尖、重細節的裝飾，充滿復興時期的歐洲情節。

不過鄔達克在上海真正成為大師，則從他擁有了自己的建築事務所開始，這個擁有建築天賦的流浪漢成為了打造這個城市的領軍人物。其間他設計了諸如國際飯店、大光明電影院等諸多老上海建築，如此活躍並不遺餘力地建設著上海灘，也幾乎壟斷了當時上海的經典建築設計。

124幢傳世的建築精品，不僅成就了「上海風」，也成就了拉斯洛‧鄔達克。

張愛玲的上海故居

張愛玲是著名的中國現代作家，本就是個「小布爾喬亞」的她出生在上海公共租界西區的一幢西式豪宅裡。張愛玲可以說是一個傳奇人物，她一生大量的文學作品中，不乏小說、散文、電影劇本以及文學論著，甚至她的書信，也被人們作為其著作的一部分而加以研究。

張愛玲為何非要住在公寓裡

在張愛玲看來，公寓簡直就是世外桃源。「厭倦了大都會的人們往往記掛著和平幽靜的鄉村，心心念念盼望著有一天能夠告老歸田，養蜂種菜，享點清福，殊不知在鄉下多買半斤臘肉便要引起許多閒言閒語，而在公寓房子的最上層你就是站在窗前換衣服也不妨事！」——張愛玲《公寓生活記趣》

張愛玲在上海住的常德公寓，便是這種理想中的聖地，並且充滿了女性色彩：它的牆面是肉粉色的，而且夾雜了咖啡色的線條，像極了那時候女人們用過的胭脂扣。

才女張愛玲是極會挑房子的：這公寓的名字本是愛丁堡，很符合張愛玲的要求；而且此處正鄰近鬧市街頭，生活是極方便的；雖然張愛玲不見得會常去離此不遠的靜安寺，但心裡知道在那裡有個幽靜的寺廟，或許也正是她潛意識裡的訴求吧。

另外，雖然張愛玲是和她姑姑張茂淵合住在這間公寓裡，但是兩人各居一室，分別有自己的小世界，不必合用臥室或盥洗室，只是中間的廚房是兩人共有的。她們如果要見面，開門便能見到，但若沒有這個意願，其實也可以從消防門進出，所以是絕對有自己的私人空間的。

這裡雖然這麼好，卻也不是張愛玲的最後居所，只是她在上海的最後居所。1939—1948 年，張愛玲在這裡寫下了妙趣橫生的《公寓生活記趣》，以及《傾城之戀》《第一爐香》《第二爐香》《金鎖記》《封鎖》《心經》《花凋》等驚世之作。甚至還在此結下了一段冤孽，即和漢奸胡蘭成的相識。

常德公寓

曾有人翻張愛玲的垃圾桶嗎

在周星馳電影《唐伯虎點秋香》的片頭曾有這樣的劇情：一群衣冠楚楚的員外或者商人們，聚在一棟豪宅的門外，不停地抱怨，卻依然原地等待。沉悶的氣氛直到門開後一桶垃圾的出現才得以結束，大家像一群瘋子一樣爭搶著那些主人家不要的廢品……

這恐怕並非無稽之談，在現實中的張愛玲公寓附近，便有著這麼一群類

似的人，他們都有一個名字，叫做「張愛玲迷」。

事情之所以發生，應該從胡蘭成離去說起。

或許是沒了精神寄託，張愛玲常常整日坐在舊公寓裡，任時光逝去而老卻不能自拔，正如她自己所說，在這裡，「我將只是萎謝了」。

這樣直到晚年的張愛玲，深居簡出，幾乎和外界隔絕了。於是有些「張愛玲迷」對張愛玲的癡迷無處宣洩，便翻騰起張家附近的垃圾桶，想從垃圾的內容來忖度張愛玲生活的喜好、日常的事宜，哪怕一點點線索也好。

然而張愛玲知道後，立即搬了家。這樣一來，本就鮮與世人聯絡的她，過起了更加隔世的生活。

1995年的中秋夜，一代才女張愛玲卒於洛杉磯的一間公寓內，享年75歲。據說她是一個人死在公寓裡，直到幾天後才被公寓管理員發現。

張愛玲與李鴻章是什麼關係

　　一個是民國才女，一個是清末重臣，這兩個人根本不是一個時代的，能有什麼關係呢？其實不然。張愛玲系出名門，她的祖母李菊耦便是清末中堂李鴻章的愛女。

　　雖然如此，張愛玲的童年卻並非充滿陽光和喜悅。她的生母因為流浪歐洲，所以只剩下她和弟弟追隨父親及後母一起生活，而據張愛玲《私語》中所講，那是在絕對監管之下的生活。而這也或許就是導致其後來的作品中充滿了悲觀與勢利的主要原因。

張愛玲

然而張愛玲筆下的女性：實在、自私、城府，經得起時間考驗。就像她本人一樣，都是斤斤計較的小女人：摸得到、捉得住的物質，比抽象的理想重要。

張愛玲的經典語錄

如今的青年，尤其是女性，已然愛著張愛玲式的文字，正如「人生最大的幸福，是發現自己愛的人正好也愛著自己」。其實還有更多常出於我輩之口的話，就是張愛玲曾經的經典之句。讓我們看看還有哪些吧。

（1）男人徹底懂了一個女人之後，是不會愛她的。

（2）因為愛過，所以慈悲。因為懂得，所以寬容。

（3）如果你認識從前的我，你就會原諒現在的我。

（4）也許每一個男子全都有過這樣的兩個女人，至少兩個。娶了紅玫瑰，久而久之，紅的變了牆上的一抹蚊子血，白的還是「床前明月光」；娶了白玫瑰，白的便是衣服上的一粒飯黏子，紅的卻是心口上的一顆朱砂痣。

（5）啊，出名要趁早呀，來得太晚，快樂也不那麼痛快。個人即使等得及，時代是倉促的，已經在破壞中，還有更大的破壞要來。

（6）如果你不調戲女人，她說你不是一個男人；如果你調戲她，她說你不是一個上等人。

（7）小小的憂愁與困難可以養成嚴肅的人生觀。

（8）我要你知道，在這個世界上總有一個人是等著你的,不管在什麼時候，不管在什麼地方，反正你知道，總有這麼個人。

（9）你疑心你的妻子，她就欺騙你。你不疑心你的妻子，她就疑心你。

（10）你問我愛你值不值得，其實你應該知道，愛就是不問值不值得。

（11）我喜歡錢，因為我沒吃過錢的苦，不知道錢的壞處，只知道錢的好處。

（12）能夠愛一個人愛到問他拿零用錢的程度，都是嚴格的考驗。

（13）對於不會說話的人，衣服是一種語言，隨身帶著的是袖珍戲劇。

（14）要做的事情總找得出時間和機會；不要做的事情總找得出藉口。

（15）回憶永遠是惆悵。愉快的使人覺得：可惜已經完了。不愉快的想起來還是傷心。

（16）一個知己就好像一面鏡子，反映出我們天性中最優美的部分。

（17）替別人做點事，又有點怨，活著才有意思，否則太空虛了。

（18）書是最好的朋友。唯一的缺點是使我近視加深，但還是值得的。

（19）一個人在戀愛時最能表現出天性中崇高的品質。這就是為什麼愛情小說永遠受人歡迎——不論古今中外都一樣。

（20）外表上看上去世界各國婦女的地位高低不等，實際上女人總是低的，氣憤也無用，人生不是賭氣的事。

（21）人因為心裡不快樂，才浪費，是一種補償作用。

（22）一個女人驀地想到戀人的任何一個小動作，使他顯得異常稚氣，可愛又可憐。她突然充滿了寬容無限制地生長到自身之外去，蔭蔽了他的過去與將來，眼睛裡就許有這樣蒼茫的微笑。

（23）抄襲是最隆重的讚美。

（24）生命是一襲華美的袍，爬滿了蝨子。

（25）女人真是幸運──外科醫生無法解剖她們的良心。

（26）女人一輩子想的是男人，念的是男人，怨的也是男人。

（27）於千萬人之中遇見你所要遇見的人，於千萬年之中，時間的無涯的荒野裡，沒有早一步，也沒有晚一步，剛巧趕上了，那也沒有別的話可以說，唯有輕輕地問一聲：「噢，你也在這裡嗎？」

上海的山水古鎮

　　世人提起上海，恐怕大多數都會首先想到它的高樓大廈、車水馬龍、風情外灘抑或萬噸巨輪。然而，上海不僅是一個近現代歷史名城、當今的國際大都會，它還是一個生態旅遊、歷史文化名城。

　　它雖然沒有九寨溝、雲台山這樣的著名自然風光，但它有多處規模巨大的森林公園，包括佘山國家森林公園、炮台灣濕地森林公園等，亦有上海的母親河——黃浦江，以及中國的第二大島——崇明島等。

　　它雖然沒有西安、洛陽、北京那樣豐厚的歷史遺蹟，但它亦有諸多的風情古鎮，如七寶鎮、朱家角、楓涇鎮等。

上海的名山勝水

佘山國家森林公園

　　佘（音同「蛇」）山國家森林公園位於上海市郊西南的松江區境內，包括東西佘山、天馬山、鳳凰山、小崑山等12座山峰。其中東佘山高達100.8公尺，是上海地區的最高峰。這些山上植被繁茂，鬱鬱成林，是大上海的後花園。改革開放後，這裡先後建成了20多處各種遊覽、娛樂景點及場所，為市民提供了休閒娛樂的好去處。

　　佘山繁盛之時，境內遍布名園別墅、亭榭樓閣；至於清泉古井、明岫暗穴也是隨處可見；而寺院道觀更是遍及諸山，在明洪武年間，單昭慶禪寺的樓閣殿舍便多達一千餘間，可見當時佛事之盛。

　　如今的佘山國家森林公園內古樹修竹漫山遍野，濃郁而深秀，絕對是一處不錯的遊覽勝地。

「九峰十二山」只有九座山峰嗎

　　佘山歷來有「九峰十二山」的名頭，但是其中「九峰」不過是個概數，而且上海全境多為平坦之地，「十二山」其實是松江境內十二座小山丘的總稱罷了。不過根據松江的傳統，九峰指的是佘山、天馬山、橫山、小崑山、鳳凰山、厙（音同「射」）公山、辰山、薛山和機山九座山峰，然而實際上還有鍾賈山、北竿山、盧山等。或許是因為前面的九座比較有名吧。古時曾以「九朵芙蓉墮淼茫」的美譽，來形容這形成於7000萬年前的九座山峰。

「九峰十二山」風光

　　九峰的說法何時形成已無從查考，但是九峰作為長江三角洲的成陸中心，大約在6000年前便開始有人群居住，可以說是上海文化的開端。

　　雖然九峰中最高的不過百米，而最低的

厙公山僅10公尺來高，但是在平坦的長江三角洲沖積小平原上，還是格外引人注目的。而且這些山峰雖稱不上雄偉、壯觀，卻也不失玲瓏、秀麗。

或因奇石名泉，或因風光秀美，又或是歷代名人的遺蹤故跡，使得佘山各山均有自己獨特的景觀，而且非「八」即「十」，只是如今大多已湮滅閉塞。現在僅有天馬山的護珠塔、木魚石、留雲壁、仙人床；鳳凰山的「高數十仞青壁」；小崑山的石山貓、白駒泉；橫山的白龍洞、祭龍潭、麗秋壁；東佘山的木魚石、洗心泉、沸香泉、乾隆古道；西佘山的秀道者塔、虎樹亭等留存。但是這些名勝多與歷史上著名的人物，諸如陸機、陸雲、陶宗儀、楊維楨、陳繼儒等有所聯繫，所以為九峰增添了不少的人文光彩。

《明齋小識》說：「九峰為雲間勝地，春秋佳日，足供眺賞。」

佘山之名是因王母斬蛇而來的嗎

佘山雖然不高，卻是座古山。至於其名字的由來，也是眾說紛紜。

一說是王母斬蛇造「佘山」。相傳在上古之時，上海這一帶本是一片汪洋。當時峨眉山上有青、黃兩條巨蟒，經過千年修煉而同時得道升天。有一年的八月十五，它們偷飲瑤池仙水，遂變成了天龍。可是貪念之下，不知止為何物，它們終於被王母發現，並放逐東海。然而這兩條蛇一路上互相埋怨、纏鬥，變成龍形，攪得天昏地暗，導致人間連降了三個月的暴雨，百姓頓遭大難。東海龍王知道後便急忙稟明玉帝。天庭震怒，派出雷公雷婆前去擊殺妖怪。於是兩條假龍在雷電的轟擊之下現出蛇形，墜地而亡，化成了兩座小山。青蛇墜落在西邊，成了西蛇山；黃蛇墜落在東邊，便成了東蛇山。後來人因為「蛇」字聽之不吉，於是都改稱為「佘山」。

二說是宋朝的佘老太君曾到過此地，人們敬仰楊家將的英雄們，於是便以太君之姓作為山名。

三說則是東漢的一個佘姓將軍曾在此隱居，人們感戴這位有功名將，便把將軍之姓命為山名。現在東佘山上還有一座佘將軍廟。

其實早在宋代的《雲間志》便有對其山名由來的記載，稱：古代有佘姓者居此，故名。這樣看來，似乎佘山因佘姓而得名的可能性最大，而且最早在漢代，最晚在宋代便已有佘山之名。畢竟王母蛇精的傳說，過於玄幻了。

此外佘山還有「蘭筍山」之名。這個名字又是從何而來的呢？原來佘山

之地多產竹，有竹便有筍。而清康熙帝南巡至此時，曾嘗過本地的鮮美佘山筍，並曾為佘山題「蘭筍山」之匾，懸在了佘山宣妙佛殿之上。從此佘山也被稱為「蘭筍山」。只是如今康熙的題匾，甚至宣妙講寺都已無存，所以「蘭筍山」這個名字也就鮮為人知了。

東西佘山園各自有什麼特色

東佘山園的特色便是歷史文人彙集，而且因為環境優美，所以景點眾多。山上原有的木魚石、騎龍堰、沸香泉、眉公釣魚磯、白石山亭等歷史景點均已整修；並且新建了觀光塔、森林浴場、仙人洞、騎龍亭、龍潭、滴水觀音等景點，此外還修造了竹樓、竹迷宮、竹牌樓、竹徑、竹橋、竹亭、竹筒街等可以體現佘山地區竹文化的建築。

其中「眉公釣魚磯」位於南大門內的東山麓臨河處，因為明末文學家陳繼儒（號眉公）晚年在南麓築東佘山居，隱居於此，所以常常會在閒暇之時來這裡垂釣，深以為樂。如今首都故宮博物院和日本東京國立博物館都收藏有他的詩畫。

西佘山園

西佘山園的特點則是，它是佘山九峰中環境最好，面積最大並且最具特色的森林公園。園內建有中國目前最大的一個集科普、觀賞為一體的鳥類觀賞點：百鳥苑。百鳥苑內有五十多種鳥類，近萬羽，其中不乏十餘種國家一、二級保護鳥類。

而且西佘山還是著名的天主教聖母大教堂和天主教中堂的所在地，且山頂配有佘山天文台，本亦是教堂附屬，如今則是中國科學院上海天文台佘山工作站。

歷史上曾有書作評論說，環境優美的西佘山是中國最耐賞覽的地方之一。

小崑山便是西晉「二陸」的故鄉嗎

小崑山是西晉著名文學家陸機、陸雲二兄弟的故鄉。因為前人曾將「二陸」比作美玉，並以「玉出崑岡」來讚譽他們，所以有人認為崑山之名便源

於此。但是根據陸機詩「彷彿谷水陽，婉孌崑山陰」的詩句，可以推斷出，崑山的命名應該是在「二陸」之前的。後來人們因為知道江蘇省崑山市內的馬鞍山又名「崑山」，所以稱這座山為「小崑山」。

小崑山呈東南向西北微斜走向。有南、北兩峰，北低南高，並呈「8」字狀，圓潤秀麗，遠望山如臥牛，而北峰因為形似臥牛之首，所以稱為「牛頭山」，甚至可以依次找出牛眼、牛鼻、牛鼻孔等五官面形。後來因為開山取石，「牛鼻」被炸毀，實為可惜。

「二陸」的故居在小崑山之陰，那裡的山腰上曾有二陸讀書台、婉孌草堂、白駒泉，山巔之上則是泗洲塔院和三聖閣，山麓間有紅菱渡、楊柳橋、乞花場、玉光亭、揖山樓、七賢堂等。不過如今，這些古蹟中的很多景點已湮沒無存。

小崑山其實有5000多年的人類文明史，曾發現有兩處新石器時代的古文化遺址，被證明是上海歷史文化的重要發源地。所以人們說，「先有小崑山，後有松江城，再有上海灘」。天靈地秀的小崑山歷代多出名人，自古便有「玉出崑岡」的讚譽，比如三國東吳大都督陸遜，晉代文學鉅子陸機、陸雲二兄弟，明末抗清英雄夏允彝、夏完淳父子，都是從這片山林走出去的。如今山上尚存的「夕陽在山」石刻，據考證是宋代大文豪蘇軾的書跡。蘇軾是四川眉山人，來到這裡完全是被這片古已有之的風景名勝所吸引。

徐霞客為什麼五次前來佘山

徐霞客是了不起的地理學家和探險家，據其撰寫的《徐霞客遊記》所載，他在西元1624─1636年的12年中，曾5度來到佘山，而其中4次都是拜訪陳繼儒。不管出於何因，在徐霞客的遊歷中，多次到達同一地方是很少見的。

明天啟四年（西元1624年）初，徐霞客在友人的引薦下結識了陳繼儒。陳繼儒能文善畫，起初隱居在小崑山，後來則選擇了東佘山。「霞客」這個別號便是陳為徐所起，從此「徐霞客」名聲大噪，頻繁出現在上流社會之中。這是徐霞客第一次來佘山。

同年晚些時候，徐霞客的母親因疾亡故。徐霞客此時再次拜訪陳繼儒，約請他為父母寫合傳。故第二次來佘山。

　　徐霞客第三次來此是在崇禎元年（西元1627年）中秋，當時43歲的徐霞客自福建探遊歸來，並到陳繼儒結廬隱居的東佘山拜訪。

　　第四次應該是沒有去拜訪陳繼儒，因為《遊記》中寫他於崇禎九年（西元1636年）第五次來到佘山，見了陳繼儒後，繼續向西旅行。

　　據推測，當年徐霞客走過的古道上，如今遍布有佘山國家森林公園、上海辰山植物園、太陽島旅遊度假區和陳雲紀念館等著名景點。

園智教寺裡也有一座「比薩斜塔」嗎

　　圓智教寺位於天馬山境內。本寺作為天台宗大寺，始建於唐大中十三年（西元859年），並依天台宗將寺分為教寺和講寺。圓智教寺本在今松江的西南方，在五代後晉天福年間（西元936—943年）因遭水禍，才遷於干山陸機草堂遺址。干山即松江天馬山，傳說春秋時期吳國著名的鑄劍天才干將曾久居於此，故而得名。

　　當時有著名的「三泖九峰」之說，而干山便是「松郡九峰」中的第八峰，亦為最高峰。後因山勢陡峭，形如飛天駿馬，所以稱為天馬山。而本山之中梵宮眾多，是遠近著名的佛教聖地，初一、十五來此進香朝拜的信眾無數，故而此山因香火旺，又有「燒香山」的別稱。

　　遷建的圓智教寺於宋太平興國元年（西元976年）擴建，並於北宋治平年間（西元1064—1067年）得賜匾額「圓智教寺」，並於寺後建護珠塔，此塔如今尚存。

　　關於此塔還有一段往事：據清人諸嗣郘所著的《明齋小織》記載，護珠塔

護珠塔

於乾隆五十三年（西元1788年）曾因燃放煙火而致火災，塔內的木質塔心及外廊、扶梯、樓板等焚燒殆盡，而且腰簷和平座也都燒壞，僅有磚砌的塔身得以倖存。但是護珠塔劫數未盡，當後人在護珠塔的磚縫中發現宋代元豐錢幣之後，由於貪欲熏心，便有人開始挖磚尋寶，使得塔底層西北角的磚身漸漸毀壞，並最終形成了一個直徑約2公尺的大洞。

　　後來管理方雖用毛石加以墊補，但塔基四周的土質由於受力不一，所以塔身開始向異位傾斜，

並日趨嚴重。因為護珠塔存有無色佛舍利，所以常顯寶光，故又稱護珠寶光塔；而傾斜後的護珠寶光塔，比義大利比薩斜塔還傾斜1度多，可謂世界第一斜塔。

而圓智教寺之所以成為當時的名山巨剎，其實是因為全寺依山而建，並根據山體的高低而分為三部分，即上峰寺、中峰寺和下峰寺。

上峰寺建於上海地理的最高點，海拔99.8公尺。是明成化年間（西元1465—1487年）所建，寺內本供有飾金銅鑄觀音像一尊，重3600斤。如今寺院與佛像雖然均已無存，但此間的鄉民還流傳著「天馬窮，天馬窮，尚有三千六百斤銅」的民諺。

中峰寺院內則有江南名泉之一的上清泉，曾作為中峰寺僧人和香客的飲用水源，所以井台上有因汲水而磨出的一道道深痕。雖然中峰寺已無，但上清泉卻仍得以留存，與同在本處的護珠塔，以及塔邊700餘歲的古銀杏，成為這裡最受歡迎的景點。

下峰寺如今亦已無存。

不過護珠塔仍作為上海市正式的佛教上香點，接受著遠近香民的朝拜。

九峰禪寺是因塔建寺嗎

九峰禪寺位於小崑山北峰，因為先有塔而後建寺，所以又名泗洲塔院，建於南宋乾道元年（西元1165年）。作為著名的江南名剎，其山門處便有四大金剛，寺內更有18羅漢，又有暮鼓晨鐘，盡顯宏大氣派。

九峰寺已歷千餘年，古已為靈山勝蹟；並且是上海唯一建於山峰的開放寺院；又因為清順治帝南巡時，提出寺院大殿應當面朝

九峰禪寺

北京，所以本寺的大雄寶殿便有了坐南朝北的坐向，而這在上海也是絕無僅有的。

九峰禪寺是座塔院，其寺內的慈雨塔始建於唐龍朔初年（西元661年）。至南宋乾道元年（西元1165年），才由僧心古依塔建院，但為什麼建成後卻叫做「泗洲塔院」呢？因為僧心古特別尊崇一位唐代自西域而來江南宣教的

僧伽，而他晚年定居泗洲城，他的號便叫做「泗洲和尚」。雖然因寺建塔，但塔亦為寺，故而又名「泗洲塔」。不過到了明萬曆年間（西元1573—1620年），慈雨塔卻傾圮了。即便如此，據史料記載，寺院亦多有建設：明弘治四年（西元1491年）增建觀音殿，八年（西元1495年）建轉輪閣，嘉靖二十年（西元1541年）修真武殿，二十六年（西元1547年）重建西方殿、起僧寮，隆慶元年（西元1567—1575年）重建藏經閣。寺院至明末而至全盛，所修殿閣齊全，錯落有致。

到了清朝，順治皇帝觀寺後，便特意御筆親書「樂天知名」的匾額，以及「一池荷葉衣無盡，數畝松花食有餘」和「天上無雙月，人間本一僧」兩副對聯加以讚賞。康熙元年（西元1662年），增建寶奎閣。康熙四年（西元1665年），前明王室朱若極，因慕原北京皇家善果寺高僧本月和尚，也因復國無望，看破紅塵，故而上九峰寺剃度，法名原濟（元濟），號苦瓜和尚，又號大滌子、清湘陳人。其實原濟這個法名，始於松江證道之後。

原濟和尚後來還曾兩度上九峰寺探望本月師父，並在本月圓寂後，為他追福、起塔守望。成為九峰寺一段尊師重道的歷史佳話。所以後來康熙皇帝南巡時，便贈予「奎光燭泖」之匾額。從此，泗洲塔院便成江南一大名刹。

然而鴉片戰爭期間，塔院逐漸毀圮；抗日戰爭爆發後，又為侵略軍所佔；到20世紀50年代，全寺已為平地。1998年5月，該寺恢復宗教活動，並因所處小崑山為「松郡九峰」之第九峰，所以定名為「九峰禪寺」。如今重建的大雄寶殿，仍如清朝舊例坐南朝北。院內還有一株500年樹齡的古銀杏。

上海母親河黃浦江

黃浦江的水主要來自青浦區澱山湖以及更上游的太湖，也有人認為黃浦江的水源於浙江安吉龍王山，但是澱山湖以上的河流並不能稱之為黃浦江。

黃浦江全長約113公里，河寬300～700公尺，終年不凍（只在清朝時期有過冰凍記錄），是上海地區重要的水道。它在吳淞口注入長江，是長江的最後一條支流，此後便很快匯入東海。

它在上海市中心流過，並將整個上海分成了浦西和浦東。黃浦江上游也被稱為「攔路港」，下游則曾經被稱為「黃歇浦」，還有「春申江」。之所

以這樣叫，是因為上海曾是楚國春申君黃歇的封地。

黃浦江有哪些用途

黃浦江是一條多功能的河流，兼有飲用水源、航運、排洪排澇、納汙、漁業生產、旅遊等多種利用價值。

黃浦江是上海的母親河，近年來已將自來水取水口移至上游，為的便是保護其水質不受污染。此外上海市還將閔行西界以上的江段及澱山湖等劃為水源保護區，把龍華港至閔行西界江段劃為準水源保護區——黃浦江至此成為市民的重要水源，上海人可缺不了它。

黃浦江西自女兒涇口起，向東至閘港折，北至近徐浦大橋出境，都是江闊水深，可通行3000～10000噸級的船隻，屬國家一級航道。萬噸輪甚至可直接上溯至吳涇。而且在黃浦江穿越市區的60公里江段內，平均水寬達到260公尺，深度皆在8公尺以上，是上海港客貨碼頭的所在地；沿黃浦江兩岸先後建有100多個大小碼頭，其中萬噸級的深水泊位便有五六十個；碼頭岸線長度已超過10公里；此外黃浦江雖然是一個河港，卻又兼有海港的性質；這些都使上海港成為中國輸送量最大的進出口港。

黃浦江之所以在清朝擴建，是為了疏導上游的來水，所以排洪排澇可以說是其看家本領。至於漁業生產，黃浦江上游水域是魚類生長繁殖的良好場所，更是上海市重要的內陸漁業水域。此外黃浦江沿岸的景點也是不計其數，我們在下節詳細介紹。

黃浦江有哪些沿岸景點

黃浦江如今已經成為上海旅遊的一個重要目的地，因為沿江而下或上，薈萃著上海城市美景的精華，不僅有古老的租借時期建築，還有新時代的摩天大樓，它是上海的象徵與縮影。所以每年接待的遊江旅客超過400萬人次。

黃浦江

黃浦江遊覽的線路一般是從外灘出發，先逆流而上，向南至南浦大橋後，再調頭向北，過楊浦大橋直至吳淞

口，最後從吳淞口返回至外灘。

　　遊覽過程中可以看到「二龍戲珠」的巨幅畫卷，「二龍」指的是橫跨浦江兩岸的楊浦大橋和南浦大橋，「珠」自然是指上海東方明珠電視塔了。此外浦江西岸還有風格迥異、充滿濃郁異國色彩的萬國建築群，與浦江東岸一幢幢拔地而起、高聳入雲的現代建築相映成趣，如果不是船隨水走，真的是讓人流連忘返、目不暇接。如果是夜間遊覽，盞盞華燈俱上，更是絢爛奪目。

　　遊船從外灘浦江遊覽碼頭到吳淞江口的航程約為30公里，所以在許多遊覽碼頭都設有「水上飯店」，大約是在船上開的各式餐館。而當船過了蘇州河後，便可看到上海港國際客運站，那裡有來自世界各國的客輪鳴笛，起航或進港的大船與你擦肩而過，看著那些來來往往的各色人等，甚是有趣。

　　沿途而下還能看到共青森林公園、閘北發電廠的寶塔形水塔、吳淞口西炮台遺址等景點，吳淞口是黃浦江與長江的入海口，也是黃浦江、長江和東海之水交會的地方。如果你來的時候正值漲潮，便可看到著名的「三夾水」奇觀：黃浦江是青灰色的水，長江則是夾有泥沙的黃色水，東海水卻是綠顏色的，三種水顏色不同，可說是涇渭分明，它們形成的「三夾水」顏色鮮明，實為一大奇景。

　　如今有些乘船遊覽路線往返一程大約需80分鐘，而且與上述不同的是，它途經浦東陸家嘴金融貿易區，沿岸觀賞東方明珠、環球金融中心、國際會議中心、濱江大道等景點，至公平路眺望楊浦大橋後便折返，途經國際客運中心、外白渡橋、外灘萬國建築博覽群等景點。

什麼是「黃浦奪淞」

　　黃浦奪淞，其實是講黃浦江取代吳淞江的意思，這個說來話長，甚至要講到一些明朝的事情。

　　上海在開埠前，蘇州河其實一直叫做吳淞江。只是開埠之後，來這裡的外國人發現可以乘船從這條河到達蘇州，所以便叫它蘇州河。當時的本地人卻仍然稱之為吳淞江。如今也只是在上海市區內的河段被大家叫做蘇州河。

　　有人或許會誤以為吳淞江（蘇州河）是黃浦江的支流，也是上海的第二大河。其實這根本就是本末倒置了。因為吳淞江的長度比黃浦江還要長，曾經是上海名副其實的第一大河。而黃浦江原先只是吳淞江的一條小小支流，

在明朝之前，這條河道不過30來丈寬而已，遠沒那時的吳淞江寬闊。雖然現在的吳淞江是匯入黃浦江的，但是認真講起來，它並不是黃浦江的支流。

黃浦江灣道

在元朝，甚至更前的時候，吳淞江是太湖的主要出海通道，承擔了大量的洩洪和航運職責。但是到明初時，吳淞江卻淤淺嚴重，致使黃浦口（如今嘉興路橋附近，是當時黃浦江匯入吳淞江的地方）淤塞不通，而吳淞江也已無法排出太湖大量的積水，又加上當時連年水災，使得上海乃至浙江嘉興一帶的低地全都被湖水淹沒，以致莊稼顆粒無收，民生自然凋敝。

但是自南宋以來，到元明之時，「江南重賦」早成慣例。而「衣被天下」的蘇松地區更是「稅賦半天下」，正是各朝各代的「錢庫」所在。這裡出現災患，不能不救，而且要急救。於是，明成祖馬上便派了戶部尚書夏原吉到松江府治水。

當時的戶部尚書夏原吉採取疏浚吳淞江兩岸支流的方法，引太湖水入瀏河、白茆直注長江（「掣淞入瀏」），並疏浚上海縣城東北的范家濱（即今黃浦江外白渡橋至復興島段），使黃浦江得以從今復興島向西北流至吳淞口注入長江，於是吳淞口實際上變成了黃浦口，因此有「黃浦奪淞」之說。並且隨著黃浦江的不斷擴大，吳淞江的地位便逐漸退居次席。

無名的書生，水利的專家

上節所述，雖然是戶部尚書夏原吉主治河道，但是他也要廣泛聽取當地官吏的意見，因為他畢竟並不熟悉當地的情況。

而當時主張先治理黃浦江的正確觀點，起初並非主流意見。同僚們都認為黃浦江這條「小河」，哪裡能夠承擔起洩水入海的重擔呢？心存懷疑，在所難免。

所以當時夏原吉聽到最多的意見，是從治理吳淞江著手，這也是歷代所遵循的方法。但是主張治理輔河的人卻認為，年年治淞年年治，屢治無效幹嘛還要治？所以他們認為治淞不能從根本上解決問題，堅持要以「治浦」為

先。這樣便可以一面將太湖水疏導入長江，減輕吳淞江的壓力；一面還可以加強黃浦的排水能力，通過黃浦來排洩太湖之水。也就是說，其實是要改變僅讓吳淞江一條江排水的局面。

而當時松江府的一個名不見經傳的生員葉宗行，便是「治浦為先」意見最堅定的擁護者。他雖然籍籍無名，卻飽受水災之苦。所以經常自己遍查典籍，研究水利，並到實地勘察，最終形成了一套他自己的「治水大略」：「棄吳淞江故道，浚范家濱引水歸海」。具體說來便是疏浚、拓寬吳淞和黃浦兩江之間的范家濱，使兩江的下游相互貫通，然後直接將它們導向東北，並由當時嘉定縣濱海地區的南蹌浦出海。

葉宗行勸使並全力輔佐了夏原吉實施這一工程。

這項工程在永樂二年（西元1404年）基本完成，共開掘大黃浦、范家濱12000丈。形成了一條由大黃浦、范家濱、南蹌浦組成的新河道，即現在的黃浦江。於是80%的太湖水便通過這條新河排洩入海，浙西諸水也都經由黃浦江而東匯。而且如此寬大的黃浦江是足以敵潮而不致淤塞的。它的貫通，成為上海地區農業生產和港口航運的歷史轉捩點，也成為上海經濟發展的最基本保證。

葉宗行則因治水有功，經夏原吉尚書推薦，擢升為浙江省錢塘縣知縣，並且在任多有建樹，成為造福一方的好官。

各種森林公園

所謂「森林公園」，顧名思義，就是以森林為主要內容的公園。森林可以是人工林，也可以是原始森林。

中國幅員遼闊，有很多森林公園。那麼到底有多少呢？保守資料如下。看看有沒有你的家鄉？

北京（12處）、天津（1處）、河北（23處）、山西（18處）、內蒙古（16處）、遼寧（23處）、吉林（16處）、黑龍江（30處）、上海（4處）、江蘇（14處）、浙江（22處）、安徽（25處）、福建（9處）、江西（16處）、山東（37處）、河南（19處）、湖北（20處）、湖南（25處）、廣東（14處）、廣西（12處）、海南（5處）、重慶（10處）、四川

（20處）、貴州（6處）、雲南（26處）、西藏（1處）、陝西（15處）、甘肅（11處）、青海（4處）、寧夏（3處）、新疆（7處）。

你能用最快的心算算出全國一共多少森林公園嗎？

答案是457。

下面介紹上海的幾個森林公園。佘山國家森林公園前文已經介紹完畢，下面是其他的，也非常精彩哦。

古戰場變身旅遊休閒度假地——炮台灣濕地森林公園

你知道這簡簡單單的幾個字——炮台灣濕地森林公園——意味著什麼嗎？

是歷史的血雨腥風，還有中華民族反抗侵略的壯烈史詩。

西元1644年，清兵已佔領全國大部分地區，但明朝舊臣堅決抗擊入侵者，所以吳淞地區作為長江的門戶，仍長期處於激烈的爭奪中。

從西元1651年開始，明朝將領張名振、張煌言的海軍曾4次攻破吳淞，3次攻入長江。

西元1659年，鄭成功率大軍越過長江，劍指南京，清廷恐慌。

不過最後還是清人贏了。

次年，清朝官員郎廷佐奉召，在黃浦江西岸吳淞楊家嘴口修築炮台。

60年後，即1718年，清廷又在楊家嘴對岸修築炮台，兩座炮台隔江相望，東岸的炮台叫做「東炮台」，西岸的老炮台改稱「西炮台」。

砲台灣濕地森林公園

西元1842年，清英鴉片戰爭進入第三年，五月初八凌晨，英軍大舉進攻吳淞炮台。清朝將領陳化成在此與英軍展開殊死戰鬥。西炮台是吳淞口的主陣地，配有175門大炮，東炮台則只有20餘門，是輔助陣地。

由於兩江總督牛鑑臨陣脫逃，陳化成只能孤軍作戰，最終使西炮台落入敵手。吳淞失守，長江門戶洞開，英軍得以長驅直入，逼迫清政府簽訂了不平等條約。

鴉片戰爭後，局勢發生變化，西炮台受到重視，東炮台從此失落。

西元1883年，清朝和法國大戰，吳淞地區亦成為戰場。清法戰爭結束後，清廷於西元1885年在吳淞南石塘北部增建「北炮台」，與西炮台互為犄角。

西元1887年，又築獅子林炮台。

1900年，西炮台被清軍炸毀。後來，又在南石塘南端新築一座炮台，名為「南炮台」，與北炮台首尾相連，長750公尺，總稱為「吳淞炮台」。

清末至民國初年，吳淞炮台由駐滬軍隊重兵駐防。

民國21年，即西元1932年，在「一‧二八淞滬抗戰」中，國軍第十九路軍將士在炮台英勇作戰，多次擊退日軍進攻。為炮台灣增加了一段無奈、傷感卻又可歌可泣的歷史。

進入21世紀以後，在中國強勢崛起的大背景下，以「吳淞炮台」為主題的「吳淞炮台灣濕地森林公園」悄然興建，已成為集歷史、生態、旅遊、人文為一體的大型旅遊勝地。

胡耀邦奮鬥過的地方——共青國家森林公園

如果你知道共青國家森林公園的歷史，那下面這一段你就熟悉了。

公園所在地原本是黃浦江邊的無人沼澤。1956年上海市政府進行了疏浚河道開墾荒地的工程，此地搖身變成了苗圃！

1958年春，團中央書記胡耀邦帶領在上海開會的全國青年積極份子，在此栽植果樹，在苗圃內創建了青春實驗果園，起名「共青苗圃」。

1982年春，政府將共青苗圃北區改建為「共青森林公園」。

1986年3月，公園正式對外開放；1995年年底，公園內「萬竹園」建成，相繼對外開放。

1986年全園更名為「共青森林公園」。

整整三十年後，即2006年1月，公園被國家林業局正式批准為「國家級森林公園」，並定名為「上海共青國家森林公園」。

可見，是人民共和國孕育了共青

共青國家森林公園

國家森林公園。是胡耀邦及全國知識青年發展了共青國家森林公園。是新時代的春風成就了共青國家森林公園。

上海海灣國家森林公園

說了那麼多森林公園，但你知道上海空氣最好的地方是哪裡嗎？

或許就是——海灣國家森林公園。

上海海灣國家森林公園

為什麼說「或許」呢？因為，作者沒有一一測量過上述所有公園的空氣。

但為什麼又說是海灣國家森林公園呢？因為，有專家測量過這個公園啦！

請看《新民晚報》2015年3月20日的報導——

有一天，空氣品質測量小組來到正在舉辦「梅林2015上海梅花節」，位於奉賢區的上海海灣國家森林公園。

公園毗鄰杭州灣北岸，面積達16000畝，園內種有大片混交林，樹木400多萬株，種類則有79科342種，其中以喬木為主。還包括沉水樟、舟山新木姜子、黃檗等國家珍稀瀕危樹種。總的來看，園內松樹高聳，茂林修竹，綠色漫漫。

空氣專家隨機挑選了6個地點，依次為1號門河邊、梅林餐廳碼頭、玉蘭橋上、「鳥島」林下、梅園南嶺以及楚梅閣梅花坡上。當天溫度偏低，時有微風，且天氣預報為「空氣輕度污染」。

不過，在玉蘭橋上，空氣中的負氧離子濃度卻出現了最大值，為「2627個／立方公分」。而全部測量完成後，結果令人振奮：在空氣品質「輕度污染」的情況下，園內6個採樣點負氧離子濃度的平均值，達到了「1641個／立方公分」，這一資料，是人民廣場的近2倍、辦公樓內的15倍。

從空氣阻滯的辦公樓，到青翠欲滴的綠地，到開闊的休閒廣場，再到全市最大的「人工綠肺」，空氣負氧離子的濃度一路飆升。可見，茂密的森林植被的確可以製造「有營養」的清新空氣。

看到了吧。

這就是上海空氣最好的地方。趕快來吧。

第二大島崇明島

　　崇明島位於長江入海口，雖然是因為河灘淤積而成的沙島，卻是中國第
二大島，被譽為「長江門戶、東海瀛洲」，更是中國最大的河口沖積島。

　　崇明島從開始成陸至今已有1300多年的歷史，形成了面積達1000多平方
公里的沃土。因為是河水沖積島，所以全島地勢平坦，植被繁茂，物產豐
饒，亦是有名的魚米之鄉。

崇明島是怎麼形成的

　　1300多年前，今日上海浦東的許多地方還都是水面，而崇明島也還沒有
形成。但是現在，崇明島已經成為中國河口沙洲中面積最大的一個沙島，並
且崇明島的東、西兩端，每年還在以143公尺的速度擴張。

　　為什麼會有這樣的變化呢？原來在新長江三角洲發育的過程中，長江江
水奔流東下，而且攜帶了上游的大量泥沙；於是在進入河口地區後，因為
江水流速變緩等諸多原因，使得這些泥沙都慢慢堆積起來。不僅造就了眾多

崇明島

崇明島的前身——各種河口沙洲，還
使長江南、北兩岸形成了濱海沖積平
原。雖然崇明島在以後的形成過程中
不斷地向典型的河口沙島發展，但從
它露出水面到終成大島，其實也經歷
了千餘年的漲坍變化。

歷朝歷代的崇明島都是什麼樣子

　　據史料記載，唐武德年間（西元618—626年），在東布洲（今呂四一
帶）南邊的水面上有兩個沙洲。當時兩洲相隔70餘里，一上一下，所以被稱
為東沙、西沙（又名顧俊沙），這便是崇明島的最早前身。七十多年之後
（約唐朝萬歲通天年間），便開始有人在島上居住了。

　　到了宋朝的時候（西元1025年左右），東沙的西北方向陸續出現姚劉沙
（因為姚、劉兩姓先居於此而得名）等小沙洲，其後紛紛與東沙連接。宋建中
靖國年間，姚劉沙西北約50里處的水域上，漲出一洲，因為是三次疊漲而成，

所以叫做「三沙」；不過也有人說是因朱、陳、張三姓先居於此而得名。

元朝時，沙洲形成的速度加快，先後漲出營前沙、馬馱沙、張蒲沙等10餘沙。但是到了元末明初的時候，東沙坍沒，西沙也幾乎所剩無幾，三沙北漲，姚劉沙南坍北漲，漸與三沙連壤。

明建文初年直至明末，這裡又先後漲出馬鞍沙、陳恩沙、長沙、高頭沙等30餘沙。明嘉靖初年至清康熙末年，江中諸沙漲坍頻繁：姚劉沙與三沙均在此時坍沒；西沙、陳恩沙、樊瀼沙等先後陷於水下；平洋沙則先是大漲，隨後又大坍；不過長沙卻與坍存的平洋沙和周圍的袁家沙、吳家沙等諸沙漲連成片。到明末清初之時，崇明島終於在不斷漲移中，連成了一個東起高頭沙、西至平洋沙，長200里、寬40里的大島。

清朝順治、康熙年間，江面中又前後漲出日隆沙、平安沙等30餘沙。至清末，全島已有長沙、響沙、吳家沙等60多處沙洲。

歷史不息，長江亦是不息，在兩者的沖刷下，許多沙島依次北靠，或者乾脆被沖坍消失，但是時至今日，崇明島正處在自己的頂峰時期。不過崇明島仍然是不穩定的，這從它不斷前移的縣城便可得知。從開始設衙，到明萬曆十一年（西元1584年），崇明縣城已經搬了五次「大」家。後來在清朝光緒年間，因為長沙南岸迅速淤漲，使得縣城岌岌可危。後來經過當地百姓廣建石塘石壩，這才制止了其淤漲的勢頭，縣城也終得保持並穩定下來。

崇明島便是傳說中的東海瀛洲嗎

崇明島另外還有一個美麗的古稱，即「東海瀛洲」。東海瀛洲相傳是遠古東海之中的一處瀛洲美境，乃神仙居處，而且這個仙島並無定位，一直是飄忽不定的。秦始皇和漢武帝都曾先後派人到東海之上四處尋找，卻什麼都沒有找到。明朝時，崇明終成大島，於是喜歡起名字的朱元璋，便把「東海瀛洲」四個字賜給了崇明島。從此，崇明島便有了古瀛洲的美名。

其實該島也有一段關於其「崇明」名字來歷的傳說。

東晉末年，農民起義四起，孫恩的起義軍在一次作戰失敗後，乘坐竹筏順流而下，流至靠近長江口的時候，擱淺於江邊的泥沙之中。孫恩的軍隊棄筏登陸，於是這些被遺棄的竹筏便住在了原地，攔截了許多河水帶來的泥沙，並且逐漸形成了一個沙嘴。因為這片沙嘴還沒有完全露出江面，所以便

隨著江水海潮的漲落，時有時無。遠處的人不知所以，還以為是怪物，而且是「鬼鬼祟祟」的怪物，但是有時又是那麼「明明顯顯」，於是當地人便給它起了個名字叫「祟明」。

後來江沙越積越多，這片沙嘴也慢慢變得又高又大，最後終於完全露出了水面，並形成了一座小島，再不會因為潮漲潮落而時隱時現了。人們看這島的氣勢還頗為壯觀，便不再視之為怪，甚至還產生了一種崇敬之情。於是大家便把「祟明」改成了「崇明」。

崇明島衛星圖

崇明島名便由此而來。

其實，今日對「崇明」的理解，一致公認：「崇」為「高」出水面的意思、積沙成土地，江海造田；「明」為「光明」之意，江口海島，一馬平川，陽光充沛，天地日月之恩賜。崇明島是日月輝映的綠色生態島。

崇明糕是外地嫁來的媳婦發明的嗎

崇明糕，顧名思義，就是崇明島上的一種糕點，是當地著名的土特產食品之一。

關於崇明糕的來歷，據說曾是舊時農民向灶神祈福的食品：古時候，崇明島中部的一個地方，因為常年受到自然災害的侵襲而收成不好。有次將近年關，一位由江南北嫁到崇明島的年輕媳婦，按照自己娘家臘月二十四需要進行祭灶的習俗，動員四鄰的鄉親在這天用米粉加糖、紅棗和赤豆等輔料，蒸成了一種又糯又甜又香的點心，並以此來祭灶神。說也奇怪，從此以後，崇明島中部的那個地方再未受過災害的侵擾，還成了風調雨順、人壽年豐的吉祥地。於是崇明糕便這樣流傳下來。

到了20世紀七、八〇年代，即使生活再不富裕，崇明島的村民一到農曆新年家家戶戶還是會蒸上幾籠米糕，這才算過年。從臘月二十七八至大年夜，無論你走到哪戶人家，都能看到一幅熱氣騰騰的蒸糕景象：女人們圍著竹匾（一種用竹子編成、專門用於承放穀物的盛具）摻和米粉、糖、赤豆、紅棗等原料，男人們則將已經摻好的「糕料」一層層地灑在糕蒸（蒸糕的器

具）裡，一個小時左右，熱氣騰騰的年糕便可以起蒸、倒扣在飯桌上了。那股股熱氣，那陣陣糕香，瞬間便在寒冷的冬天也會瀰漫整間屋子，而且還會透過門窗一直飄向院外。

值得一提的是，過去農村裡過年蒸糕，用的主料通常不過是白米粉和高粱粉，只摻入少量的糯米粉，並用紅糖、白糖和赤豆等當輔料；如今可不同了，米糕的主要材料已經變成了糯米粉（也有黑糯米粉），輔料除了以前常用的，還加入了蜜餞、核桃仁等高級食材，所以做出來的崇明糕可謂又糯、又香、又甜。

崇明島也有一座寒山寺嗎

提到寒山寺，當然會想到姑蘇城外那個寒山寺，因為張繼的那首詩實在太有名了；在崇明島也有一座寺名叫寒山，不僅與蘇州寒山寺同名，而且供奉上也相同，甚至也流傳有「瀛洲東門寒山寺，夜半鐘聲迎客船」的佳句。

崇明寒山寺位於上海市崇明島城橋鎮，佔地近500平方公尺，建於明朝天啟四年（西元1624年），至今快400年了。

當時楊軍門夫人朱氏自蘇州駕小船來到崇明，在島上削髮做了尼姑，取法名為顛修，建寺名為寒山，內供「寒山」和「拾得」二像。其中拾得原來是一個孤兒，被豐干和尚收攜而入天台山國清寺為僧，所以有

崇明島寒山寺

名為「拾得」；他和寒山是好朋友，而且這兩位都是佛教史上著名的詩僧。

據傳，寒山、拾得都是唐貞觀年間人，二人在家時便有詩才，所以出家後不僅頗具佛法之高妙，還都行跡怪誕，言語非常。後來佛門弟子認為，此二人便是文殊菩薩、普賢菩薩的化身。此外寒山、拾得在鄉民中的形象，總是春風滿面，笑語而歌，所以被奉為「和合二仙」。甚至在舊式的婚禮上，堂上都會高掛寒山、拾得二仙的神像，寓意百年好合。他二人還被清雍正皇帝敕封「和聖」以及「合聖」。

不過十年動亂期間，寒山寺遭到破壞；直至1995年才得以恢復開放，和合二仙也因此而再享香火。

崇明島有哪些名特產

崇明有三大特產，分別是老白酒、白山羊和老毛蟹。

崇明老白酒以糯米為原料，雖曰白酒，卻又有米酒之稱，是崇明擁有數百年釀造歷史的佳品。它風味獨特，有別於一般的白酒與黃酒，而且因為酒度適中（12°～13），入口微甜，並且後勁十足，回甘有味，所以深受歡迎。而且尤以「菜花黃」和「十月白」兩個品種為最佳。後來於1987年研製成功的「清甜型」和「糯液香型」兩種米酒，是上海市酒類中第一個獲得「名牌產品」稱號的。

崇明白山羊是在崇明島特定的水土條件下孕育而成的特產。而且它們的皮、毛、肉兼可利用，雖然體型中等偏小，但是體格健壯，具有很強的適應性和較高的繁殖率，最主要的當然還是肉質特別鮮美，被國家批准為全國重點保護和發展的家畜品種。此外崇明白山羊的毛潔白而富有彈性，常被用來製作毛筆。

崇明老毛蟹

崇明老毛蟹原名中華絨螯蟹，因為它的兩隻大螯上有不少絨毛，所以崇明人便俗稱它們為「老毛蟹」。雖然世界上共有300多種螃蟹，但是可以放心食用的其實不過20多種。其中最負盛名的便是中華絨螯蟹，而中華絨螯蟹中最有聲譽的便是白洋淀的勝芳蟹、陽澄湖的清水蟹和崇明的老毛蟹。崇明老毛蟹風味獨具，雖然個小，但是殼薄，肉質細密且有香味；雌性蟹是黃足，雄性蟹則多脂，是馳名海內外的佳品。

崇明島有一特色便是蟹多，尤其在近海邊的泥灘上，到處都是毛蟹的洞穴，甚至可以用「千瘡百孔」來形容。所以，崇明島又有「蟹島」的美名。而且崇明方言裡把「啥」字易念成「蟹」字之音，所以如果你去崇明人家裡做客，尤其是當地的漁民朋友家，他們便會招待你毛蟹，而且還會客氣地對你說：「沒啥哈（蟹蟹），吃點蟹吧！」想來倒是別有趣味。

上海的古鎮老村

因寺而成七寶鎮

七寶鎮位於上海市閔行區，是一座名副其實的江南水鄉，擁有悠久的人文內涵，素有「千年上海看七寶」的美譽，因為是離上海市區最近的古鎮，所以對前來遊玩的外地人來說極為方便，而且境內還有著名的熱帶風暴水上世界、大都會高爾夫球場，以及設施先進齊備的銀七星室內滑雪場。

七寶鎮的名字其實是來自境內的七寶教寺，有志為證：「鎮無舊名，因寺得名，寺無它重，因鎮推重。」

七寶寺本是「六寶寺」嗎

七寶教寺本在松江陸寶山，大約建於五代十國的後晉天福年間（西元936—946年），然而並無確考；而最早的文字記錄則見於明萬曆十八年（西元1590年）所撰的《重修七寶寺大雄寶殿碑記》；如今則位於上海市閔行區，俗稱陸寶庵、陸寶院。

七寶寺相傳從吳淞江遷徙至此；並有一種寺廟來源的說法，便是西晉時期松江著名的文學家陸機、陸雲二兄弟的香火祠，其後裔叫它作陸寶祠，而後更名為陸寶庵，如此算來，距今已有近1700年了。

建寺之初，五代時吳越王錢鏐亦曾駐蹕其中，誤將「陸寶」認為「六寶」，遂把王妃手書的「金字蓮花經」賜予寺僧，說「此亦一寶也」，硬要將其加入本就沒有的「寺中六寶」行列，並改寺名為「七寶寺」。

後來因為吳淞江水嚙岸，潮水損壞寺基，故三度搬遷。到了宋朝初年，七寶教寺終於遷到了現址。據當地志云，如今的七寶古鎮在七寶寺遷來之前尚無名號，所以是鎮因寺名。後來七寶教寺名聲愈加顯赫，七寶

七寶琉璃玲瓏塔

鎮也隨之更加繁榮。宋初的七寶里人張澤，還舍宅拓寺，並成為七寶教寺的伽藍。宋真宗皇帝於大中祥符元年（西元1008年），敕賜「七寶教寺」匾額，從此成為正宗的禪林。

七寶教寺歷來多有名人作詩賦詞，而元代著名的畫家和書法家趙孟頫所作的「七寶寺」一詩，為現存最早。而明朝時，松江城內已告老還鄉的監察御史袁凱特，亦有名篇《送七寶寺僧敬公往金陵》，也存於本寺銅鐘殘留的銘文之中，雖已模糊，卻仍可辨析。

寺內還有一座七寶琉璃玲瓏塔，塔內每層均有供奉的神祇，此外還有上千個相應的微型神位，是準備給善信們託名供奉的。雖建於2002年，但每晚必佛音嫋嫋，幫助人們祛災避禍。

所謂的「七寶」是哪七寶

自五代吳越王賜寶後，在民間便真的流傳起寺中確有「七寶」的傳說，七件寶貝分別是飛來佛、氽來鐘、金字蓮花經、神樹、金雞、玉斧和玉筷。雖然硬湊齊了「七寶」不免牽強，卻也算一件趣事。不過也另有一說，講七寶寺最初是有八件寶貝的，後來寺廟遭竊，這才遺失了一寶。不過這個傳說只是老人們口口相傳，已無法考證，多為人接受的還是前者。

飛來佛其實是指南教寺的如來鐵佛，人們傳說它是從天外飛來之物，實際上是明朝萬曆年間本鎮徐泮募資籌鑄的；如今珍藏於七寶寺內。

氽來鐘也是明朝年間之物，是當時的七寶寺住持僧博洽於永樂年間籌建的；不過傳說中它是順江而浮，被僧人們從河裡撈上來的。

金字蓮花經乃吳越王錢鏐所贈，由其妃用金粉工楷寫就，是史料所詳載的。

神樹則是指原七寶教寺內的梓樹，那可是一株千年古木。

這四件寶貝都是實物，另外三件多是僅有傳說。

玉斧的傳說和建造蒲匯塘橋有關：當時石橋在建，卻難以合拱，於是急壞了參與施工的眾工匠。正在大家無可施為的時候，來了一位仙風道骨的白髮老者，他順手拿起橋塊店家一把尋常的斬肉斧，便朝橋下扔去。說來也怪，橋基由這柄「玉斧」一墊，塘橋便因此順利完工了。

玉筷的傳說則和小偷有關：古時皇帝將一雙玉筷賜給了當朝一位功臣，

據說是可以驅毒避邪的。這位功臣便將它藏在了鎮北蔣家橋之東的塊橋柱內，後來卻被賊人盜走了。盜走是盜走了，橋柱上面卻留下一雙筷印，就像某種化石一樣。

金雞的傳說和寶藏有關：傳說鎮北高泥墩之下藏有七缸黃金八缸白銀，而且如此巨財就由這隻金雞守護。然而這堆財物也並非無人能碰，只要你家是九子九媳之戶，那麼就可以來挖掘。金雞則會認為你們是基業永存、九九歸一之家，便不予阻撓。

華亭鶴唳的典故從何而來

華亭鶴唳的意思就是感慨生平，悔入仕途。另一種解釋則是表示對過去生活的留戀。前文所提，七寶教寺的前身是陸寶庵，陸寶庵則是供奉陸機、陸雲的香火祠。那麼這兩位究竟是什麼人，和「華亭鶴唳」的成語又有何關係呢？

大家應該都知道三國東吳破劉備連營的陸遜，他以軍功而任大都督；其後的東吳大司馬陸抗便是他的兒子；而陸機、陸雲則是陸抗的兒子，陸遜的孫子。如此望門，必然書香累世，所以兄弟倆都頗通詩賦，文采斐然；陸機被稱為「陸平原」，陸雲被稱為「陸清河」，並有「雲間二陸」的美稱。

巨名之下，常有人延請坐幕。晉朝有「八王之亂」，陸機、陸雲便未能遠禍，事件平息後僅以遇赦得免。然而成都王司馬穎愛陸機文采，於是招徠他並委以重任。後至太安二年，成都王與河間王共同舉兵討伐長沙王，司馬穎想三國舊事，陸機之祖陸遜便是書生帶兵，扭轉乾坤，於是便用陸機為前鋒都督，統兵數十萬。

陸機則知道自己兵學不精，故而請辭，成都王始終不允。後來軍中將領果然都不服這個白面書生，導致軍令之下卻無行止；加上陸機本身並無戰鬥經驗，果然損兵折將。兵敗而歸的陸機受到孟玖兄弟和盧志的誣害，被成都王秘密收治於軍中，最後被夷三族，兄弟倆同時被殺。

史料所記，陸機臨刑之時曾歎道：「欲聞華亭鶴唳，可復得乎？」時人多不明白，只有當時陸機軍中的司馬孫拯了解。

《語林》有載：機為河北都督，聞警角之聲，謂孫拯曰：「聞此不如華亭鶴唳。」華亭即如今上海松江之西小地，陸機在吳亡入洛之前，常常和弟

弟陸雲在此遊賞，所以臨刑之時才有此歎。

七寶鎮內有座免費書場嗎

聽書聽評彈，是上海人非常喜愛的娛樂項目，然而如今上海的許多書樓茶室在經營管理上都不善盈利，往往需要政府補貼，比如青浦區老年綜合活動服務中心與松江區工人文化館的兩家書場，平均每年便虧損6萬元以上。

然而在七寶鎮的九星村，卻有一家書場經營得非常好，便是公益性的九星書場。它坐落在村文化教育中心，每天都有兩個小時的專業演員表演時間，因為公益，所以是免費觀看，但是觀者如雲，所以也吸引了不少江、浙、滬一帶的著名評彈家前來表演。

書場雖然免費，但是遊客們聽書時間長了，自然要吃飯、住宿、玩樂，這樣便帶動了周邊的經濟，所以依然是不虧的。這也足可證明，書場並非沒有市場，而是沒有完全利用好市場，九星村便是開明政策下書場盈利的絕好例子。

而且同樣在七寶，位於七寶老街需要收費的古鎮書場與七寶茶館，也都是聽書者愛去的場所，幾乎每天都人滿為患。

七寶老街到底有多少美食

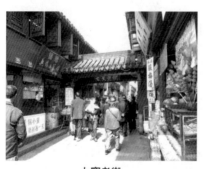
七寶老街

七寶老街是七寶古鎮的中心，並分為南、北兩條大街。

南大街以特色小吃為主，著名的有小籠湯包，吃這種湯包的時候不能心急，需要慢慢地咬開外皮，再吸其內的湯汁，最後則蘸了醋一口吞下；豆沙餡的南方名吃海棠糕也不錯；還有蘇浙名吃龍鬚酥，因為是一團一團的麥芽糖，所以吃的時候便需要用竹籤邊繞邊吃，極有趣味，小朋友都叫它錦糖；又如用糖燒製的糖藕，擁有各種餡心的糯米方糕、味道足香的扎肉，鮮美的老鴨粉絲湯，脆香的醬鵪鶉等，都是來南街的遊客們必嘗的小吃。

此外老街還有很多湯圓店，均由水磨糯米粉製成，然而與別處不同的

是，這裡做的湯圓都是很大一隻，差不多小雞蛋大小；不過卻有十來種餡料可供選擇，諸如豆沙、黑洋酥、棗泥、花生，甚至是鮮肉，上海話叫做「兜心」。

還有一種名叫老虎腳爪的傳統小吃，因為是用老麵發酵的方法製作而成，所以可以幫助消化——以前老上海得胃病的人便都在胃痛的時候買老虎腳爪來吃。「老虎腳爪」的本質其實就是一種甜烘餅，經常作為蘇、浙、滬一帶居民春遊的點心。這主要是因為老虎腳爪的體積小便於攜帶，此外還略帶一點鹹香味，脆而不硬；並且較大餅更為精緻。但是也因為老虎腳爪並不耐饑，所以一般並不作為早飯食用。

北大街則是以旅遊工藝品、古玩、字畫等為主。於是在北大街玩累了，便可以到南大街去吃飯休息，合理的布局，使得老街已成為了集「休閒、旅遊、購物」為一體的繁華街市。而老街的繁華，又使得七寶鎮成為了繼周莊、西塘、朱家角之後，人們出行水鄉的又一選擇。

老街的哪些景點讓人懷舊

地處古鎮之中的老街，店鋪林立，而且不乏值得一覽的老店場館。

「七寶大麴」一向為眾人所知，地處老街的七寶酒坊內，便將大麴的傳統釀造過程呈現於眾，讓來此的遊客們一目了然。而且店內還網集了全國各地所產的不同酒類，可謂琳琅滿目，絕對讓你大開眼界。愛酒的朋友可以陶醉其間。

明、清時期，七寶鎮隸屬於松江府，紡織業發達，被稱為「衣被天下」。地處老街的棉紡織館便以棉花的植、收、紡、織、染為展覽的主線，全方位地介紹了七寶鎮曾經輝煌的棉紡織業。而且有趣的是，館內還設有「喜堂」，不僅重現古七寶鎮明朝年間的婚俗場景，還向遊客們提供參與模擬婚禮活動的機會。

關於模擬古時的某些情境，還有一處好玩的地方，便是七寶當鋪。它在清朝道光年間曾是此處金融活動的重要場所，如今則成立了館場，專門重現了傳統當鋪的場景，並指導遊人模擬當鋪的各種經營活動。

老街的北西街有一座張充仁紀念館，雖然2003年才開館，卻分有6個展館，共展出張充仁20多件絕世的雕塑作品。

此外還有演習蟋蟀捉、養、鬥過程的蟋蟀草堂，展示有《華夏之寶》等石雕系列的周氏微雕館，供奉有斗姥元君的斗姥閣等眾多場館；當然亦不乏各種令人懷念的傳統手工藝小作坊，比如鐵匠鋪、竹器坊、園木鋪等。置身其中，便好像真的回到了過去一樣。

七寶鎮的名特產是哪三個

七寶方糕

古鎮最為有名的特產便是酒釀糟肉、七寶羊肉和七寶方糕。

糟菜在上海有很多的品種，糯米製品也不少，但同時兼具這兩種的卻要算七寶糟肉最為有名了，它的出現甚至改變了傳統浸糟鹵的製法，而採用了糯米加甜酒藥來糟製，這樣便保持了豬肉的鮮嫩，同時也維持了米酒的香醇，吃下去實在讓人回味無窮。

同為肉製品的七寶羊肉也是傳統的滬上名菜，它的紅燒製法最早是從清朝宮廷傳出的，而且據說曾是慈禧太后最為鍾愛的宮膳，所以自然講究：先要揀選精羊肉，然後用冰糖、西洋參、紅棗、上等醬油等，小火燜上4至6個小時，這樣做出的羊肉口感才會軟嫩，並且甜香如蜜。此外七寶羊肉製品中的白切羊肉雖是涼菜，卻無膻味，實為個中上品。最正宗的便屬位於南大街的阿明扎肉館。

不同於以上兩種肉製品，七寶方糕則是一款糯米製成的甜品。相傳宋朝的詩詞大家范仲淹小時候家境不好，幾乎每天都是喝粥。但是范仲淹因材制宜，每到冬天的時候，便事先把盛有粥的盤子放在室外，自己則於室內讀書。夜半之時，肚子餓了，便把外面的盤子端進來，此時盤內的粥已經凍結，范仲淹便拿刀把它割成一塊一塊的，一口一塊，既能充饑，又不誤讀書。他的同窗石海卿在知道這件事後，便命人用糯米粉製成類似於范仲淹凍粥的糯米糕，天天送去，直到范仲淹中舉。二人回首往事，便給這種糕取名為「白軟糕」，即如今七寶方糕的前身，而且因為范仲淹的緣故，所以還有了祝願高升的寓意，以致學子們都競相購買。

上海大鎮朱家角

朱家角鎮位於上海市青浦區中南部，緊鄰澱山湖風景區，而且因為1700多年的悠久歷史，在1991年便被國家列為「上海四大歷史文化名鎮」之一，素有「上海威尼斯」及「滬郊好萊塢」的美譽。

朱家角鎮在明朝萬曆年間正式形成市鎮，當時叫做珠街閣，又名珠溪，因為布業發達，所以著稱江南，遂成巨鎮。到了明末清初之時，朱家角又突起米業，再次使得鎮內的百業興旺，地方志載「長街三里，店鋪千家」，可謂南北百貨，樣樣齊全，鎮中行商遍及江浙，所以才有「三涇不如一角」之說。其中「三涇」指的是朱涇、楓涇、泗涇，「角」即朱家角。

2000年青浦區行政區劃調整，朱家角與沈巷鎮合併為新建制鎮──朱家角中心鎮，成為上海目前最大的集鎮。

為何說放生橋是關懷人的橋

「到了角里不看橋，等於角里勿曾到」。「角里」是朱家角的別稱，可見放生橋在朱家角的地位。

放生橋橫跨於漕港之上，為明萬曆年間所建，後於清嘉慶年間重建，是華東地區最長、最大、最高的五孔聯拱大橋，被稱為「滬上第一橋」。

有此美譽，不僅因為放生橋的高大長度，還因為其美：其橋長如玉帶，形如美虹，而且橋洞在河水的倒映之下，別有洞天，更添精緻，所以有「井帶長虹」之稱，位列朱家角十二景之首。所以這座承載了寶貴文化遺產的放生橋，已成為古鎮的地標。

在一些江南古鎮之中，多有走勢陡峭的石拱聯橋，這樣便使得過橋有如登山，非常吃力。放生橋卻不然，其勢平緩舒坦，雖然橋高不低，但是它的台階眾多，達120多級。所以這麼多的台階分攤了橋的高度，也使得每片台階都很薄，最薄處僅3公分厚，一般的也不超過8公分。

所以過放生橋就如過平地，足可見

放生橋

放生橋所蘊含的人文關懷。

放生橋是因仙人相助才建成的嗎

「放生橋」這個名字是因為在明、清兩代，每逢農曆初一，當地僧人便會在橋頂舉行放生活魚的隆重儀式，以示對生命的尊重。名字的由來知道了，那麼放生橋的「橋體」又是怎麼來的呢？

相傳明朝隆慶年間，駐在朱家角明遠庵內的三個和尚奉了師父的法旨，外出化緣，並準備把化來的銀子全部用在當地百姓身上。誰知其中一個叫「性潮」的和尚遠遊十年，終於化得一筆巨款，可是回來覆命之時，老師父卻已圓寂。師父不在，徒弟一時不知如何處置這筆款項，於是每日便在河港邊踱步。這天他看到人們都在漕港河岸等船擺渡，船來船去，甚是費事，便決定用化來的銀子幫鎮民修一座大橋。

有錢好辦事，工程很快便開始了，可是材料都堆在岸邊了，橋椿卻怎麼都打不下去。如此幾天，工程不進。性潮望河興歎，卻也無可施為。這日來了個乞丐，笑著對性潮說：「大師造大橋，功德大無邊，橋椿要深打，蘆生最為吉。」性潮不知所以，因為河灘之上並無一根蘆葦，難道這位乞丐兄是在故意取笑我不成？乞丐見性潮神情，便似猜中了他心思一樣，從懷裡摸出一把紅棗來，全數放往嘴裡一陣大嚼，最後把吐出的棗核盡數扔進河港之內。說也奇怪，在乞丐扔下棗核的地方剎那便長出四片蘆葦來。性潮和尚此時方知這個乞丐絕非凡人，正要躬身下拜，那人卻已無蹤。

於是性潮便讓人在蘆葦灘上打橋基，一座五孔式的聯拱大橋日具其形。可是就在快要合龍的時候，卻又一次出現問題：刻有八條盤龍的龍門石怎麼都放不下，橋面怎麼都合不攏。眼看就要完工，這可如何是好？正是好人自有天助，這時又來了一位白髮銀鬚的老人，他也笑著對性潮說：「若要龍門合攏，除非馬騎人來。」性潮又聽不懂了，世上只有人騎馬，哪裡見過馬騎人？但是很快便有一個揹著三腳木的漢子搖搖晃晃自遠而來。性潮馬上醒悟，三腳木也叫三腳馬，於是發聲喊：「馬騎人來了，快合龍門石。」於是眾人用力，把龍門石剛放到預定位置，那「馬騎人」便走到了跟前，並用「三腳馬」在龍門石上輕輕一磕，那千斤之石便不偏不倚地落準了位置。後來人們都傳說那位「馬騎人」便是八仙中的「鐵拐李」。

為了感謝造橋過程中仙人的指點，性潮和尚便將橋下方裡都許為慈門寺僧的放生之地，並在水裡立樁劃界，禁止漁人置網。「放生橋」由是而來。

北大街為什麼被稱為「一線天」

北大街有三大特色，分別為「一線天」、古建築精華，以及「長街三里，店鋪千家」。

中國有很多名為北大街的街道，然而只有朱家角的北大街被稱為「一線天」。北大街的名字裡雖然有個「大」字，然而其寬不過三四公尺，最窄處僅僅兩公尺。這使得兩邊磚木小樓的滴水簷幾乎相接，於是站在街心的人如果抬起頭來看天，只能看見一線，不禁會感慨「蒼天無邊若有邊」。因為街道不寬，所以對街的居民都可以在自家樓上推窗攀談，甚至互遞物品，構成了奇特的「一線天」景觀。

北大街的特色卻並非只在這「一線」，更在其整街保存完好的明清建築群：東起放生橋，西至美周弄，全長二里有餘，是極富代表性的明清古建築精華。起脊房鱗次櫛比，瓦楞片錯落有致，窄窄的街道配以附近的流水，真是盎然一派江南意，款款萬種風情畫。

不僅文化意味十足，北大街還因為背靠漕港，旁臨街衢，得以水陸兩運皆便，更成為商賈雲集的所在，正是「貿易甲於他鎮」：米行肉鋪、雜具百貨、酒樓茶室，應有盡有，成為經久不衰的古老商業中心，時有「長街三里，店鋪千家」的美譽。

時至今日，街上仍保存有像「涵大隆醬園」、「茂蘇館」飯店、「古鎮老茶館」等百年老店。此外，還在政府的鼓勵下開起了許多城市居民所鮮見的傳統手工作坊店，在這裡，遊客們可以一睹諸如竹籃、栲栳、籐椅、木桶等傳統器具的製作過程。而那些以古董、陶瓷、花鳥、書畫、土特產、工藝品等商品為貨的店家也越開越多，真是「長街三里，店鋪千家」。

北大街

課植園裡的浮雕和戲台很怪嗎

課植園內景

課植園後園的一處石壁上，刻有一幅馬文卿自己的小小浮雕，而且這位石頭上的老人顯出了一種謙卑，一點都不自信，眼光下視的他，嘴角卻有著討好世界的笑容——當過道台，定居異鄉的這麼一位巨富商人，把自己的肖像留在一塊石壁之上，當時心裡到底在想什麼呢？

我們不得而知，但是他在園中的另一個怪異的布置，我們或可猜測一二。那便是位於假山區的戲樓。因為在戲樓與觀戲台之間，有一塊面積不小的空曠草坪，人坐在這麼大的草坪之後，幾乎是看不清戲台的。原來馬文卿在晚年之時已經看不動戲了，所以他乾脆把戲台開放給附近的街坊，讓他們扶老攜幼地來看戲；而他則穩穩地坐在燈火深處，看著這些來看戲的人，或許是把這當成了一齣熱鬧生動的人間戲劇吧。

除了這些怪的，其實也有雅的。

課植園地處朱家角之北的西井街，是鎮上最大的莊園式園林建築，園主本是馬文卿，所以俗稱「馬家花園」。

馬文卿祖籍江西，本是一個成功的商人，後於清末捐官做了道台，便在朱家角井亭港擇地百畝，興建園林以娛後世人生。他把園名定為「課植」，乃是寓意「課讀之餘，不忘耕植」，所以園內既有書城，又有稻香村。

整個莊園建了十五年之久，然而在馬文卿去世之時仍未建好，可見其大，亦可見其用心。

比如園中有像蘇州獅子林中的倒掛獅子亭等，這在私家園林中是絕少見到的搜奇。而附近二十多公尺的碑廊內還嵌有明清著名書畫家的碑刻15塊，明代文人文徵明的「遊西山寺」十二首，祝枝山的「梅花詩」，唐寅的手札及周天球的詩句等，都是馬文卿聘請專業的雕刻高手，依照各個名家的真跡雕鑿而成的。

所有這些，可知的、不可知的事情，吸引了一批又一批遊客來到這裡，體會這位富商的野心和孤獨——他為什麼當道台？他怎麼選在異鄉終老？

然而不論怎麼看，這個人都還是一團謎。

圓津禪院為什麼是文人寺廟

朱家角鎮內的圓津禪院始建於元至正年間（西元1341—1368年），起初寺內供奉的是辰州聖母像，所以俗稱為娘娘廟。本寺於1995年修復開放，如今院內恢復有湧月井和清華閣等古蹟。

本院從第三代住持語石法師起，各住持皆通文墨，善丹青。寺院在清順治十五年（西元1658年）進行了大規模的修葺和擴建，新增諸多僧舍佛殿，其中以「清華閣」最負盛名。

因為住持之故，所以常有文人雅客來寺吟詠聚會，環境優美的清華閣便成了聚會場所的首選，以致其中珍藏了許多名人文士的書畫。諸如宋刻「妙法蓮華經」，明文徵明手書的「多心經」，董其昌等32人合寫的「金剛經」，清代梁同書的行書卷等。也因此而引得更多墨客來朝，成為明清時代著名的文人寺廟。所以本寺第九代住持覺銘，便在清嘉慶年間撰寫了《圓津禪院小志》，其中收錄了趙孟頫、董其昌的匾額；劉墉、梁同書、鄭板橋和吳梅村等人寫的對聯；亦有陸樹聲、諸嗣郢、王昶等人的翰墨。

而且古時清華閣還有著名的十二景可供賞玩，即曹溪落雁、帆收遠浦、網集澄潭、澱峰西靄、秋渚北浮、木末清波、柳蔭畫舫、井市長虹、慈門傑閣、人煙繞翠、竹林連雲、殿角鳴鐘。雖說是清華閣十二景，實際上卻是登清華閣而見的朱家角鎮十二景。其中「井市長虹」指放生橋，「慈門傑閣」則指的是同處一鎮的大剎慈門寺。

圓津禪院

所以作為一處重要的文物儲藏所，圓津禪院成為名剎是不無道理的。

報國寺裡有一座「燈塔」嗎

報國寺是朱家角鎮內的一座著名佛家寺廟，而且是聞名滬上的上海玉佛寺下院。

報國寺的前身是關王廟，建於明崇禎十三年（西元1640年），其名源於寺內專供關帝聖君之故。幾乎每座寺廟都有銀杏樹，關王廟亦然；而且本廟後的古銀杏樹圍6公尺，樹高36公尺，是一株樹齡已超千年的古樹，約為五

代時所植。作為上海地區最古老、最高大的千年古銀杏，它不但見證了關王廟的盛衰，還起到澱山湖畔航標的作用，為泖上往來的船隻提供了實在的幫助，成為附近漁民的「燈塔」。

關王廟於1985年得以重修，並保持了明代古建築風格，香火日盛。於是寺廟在1989年擴建，改為上海玉佛寺下院，定名為「報國寺」。

如今寺內的釋迦如來和觀世音菩薩兩尊玉雕像是新加坡佛教信徒於1990年所贈，佛像玉質細膩，晶瑩剔透。

小小南翔賽蘇城

南翔鎮是上海市四大歷史名鎮之一，早在千年之前便因白鶴南翔寺而得名，境內共有明、清兩代園林20多處，著名的有古漪園和檀園等，所以在歷史上曾有「小小南翔賽蘇城」的美譽。南翔不僅古建築成群，還薈萃了人文精英，諸如明嘉定四先生之一的李流芳、清代竹刻名家吳之璠、當代國畫大師陸儼少等都是南翔人的驕傲。

雲翔寺是因白鶴南翔而興建的嗎

雲翔寺位於上海市嘉定區南翔鎮，原名「白鶴南翔寺」，重建後則又名留雲禪寺。後者源於上海南市區的留雲寺；而前者的來源，則有一段有趣的傳說。

話說南北朝時，南梁天監四年（西元505年），常有兩隻白鶴飛棲在這

裡的一塊巨石上。僧人德齊和尚認定「白鶴棲息，必有仙禽佛地之兆」，於是便於此募化建寺。寺廟建成後，兩隻白鶴便向南飛走了，所以就叫做「白鶴南翔寺」。因為寺廟香火旺盛，還在寺廟附近形成了一處大鎮，亦以寺為名，故稱南翔鎮。

留雲禪寺

誰知到了唐開成年間（西元836—840年），已經三百餘年歷史的雲翔寺年

久失修，凋零破敗。這時剛好來了一個叫做行齊的和尚，同時還跟著兩隻白鶴。這件事被當地的大檀越（檀越即梵語的施主，大檀越即大施主）莫少卿所知，他曉知典故，於是馬上慨捐巨資，不僅將雲翔寺翻修如新，還將寺址拓為180餘畝，寮舍六十三間，所住僧侶多達七百多人。正是「千載南翔古道場，層樓傑閣冠諸方」。

說來也怪，寺廟修繕完畢後，白鶴便馱著行齊和尚又南飛而去。時人都說行齊和尚便是當年的德齊和尚，而這兩隻白鶴也是當年的那雙白鶴。

到了南宋紹定年間（西元1228—1233年），宋理宗欽賜「南翔寺」匾額，並令丞相鄭清之親自送給白鶴南翔寺，於是僧家便改名為「南翔寺」。到了西元1700年，當時的康熙皇帝，也給該寺題了一塊匾額「雲翔寺」，故而又更名為雲翔寺，並從此名聞遐邇。可惜1766年毀於鄰火，之後又迭經戰亂，尤其是抗日戰爭時期，遭到日本飛機的轟炸，千年古剎盡毀，只剩下古塔兩座、石經幢一對尚存。

如今重建的雲翔寺，飾以唐風，而且成為江南地區第一座完整的仿唐寺廟。本寺作為以鋼筋、水泥混凝土仿木的寺廟，在上海地區也算是頭一份，希望今後還會有白鶴南翔的佳事。

南翔小籠饅頭本叫古漪園小籠饅頭嗎

南方確實有人將內有餡料的包子稱為「饅頭」，當年身為荊州人的諸葛亮，不是也做過肉饅頭嘛。其實名字無所謂，好吃最關鍵。上海的南翔小籠饅頭，便是好吃中的精品，至今已有百餘年的歷史了。

南翔鎮因白鶴南翔寺而成鎮，到了清乾隆年間，便已成為行商坐賈的雲集之地。而南翔小籠饅頭，則是清同治年間，由黃明賢的日華軒點心店在此製作的。他起始是在古漪園旁的州城隍廟附近販賣大肉饅頭，可是競爭激烈。於是黃明賢便採取了「重餡薄皮，以大改小」的方法，更設巧形，配以滷汁濃香的肉餡，於是生意格外興隆，被人們稱為「古漪園小籠饅頭」。後來他的兒子在上海豫園老城隍廟開設了一家分店，掛名「南翔小籠饅頭」，這

小籠饅頭

才享譽上海灘，成為上海著名小吃，如今更被列為上海市非物質文化遺產。

南翔小籠饅頭的餡料很有特點，一般是用夾心腿肉作肉醬，而不用蔥蒜，只是多少撒些薑末和肉皮凍。南翔小籠饅頭的餡料還隨著季節的變化而變化：初夏便加蝦仁，中秋則加蟹黃。所以其鮮美的味道吸引著所有熱愛美食的人，甚至有人戲言：到上海則必遊豫園，遊豫園則必嘗南翔小籠包。

「檀園」是李流芳的別號嗎

檀園位於南翔老街內的混堂弄5號，在雙塔之後，其舊主是明代一位集詩文、書法、丹青、印刻於一身的大家，即「嘉定四先生」之一的李流芳。

李流芳年少時在東林庵修學，雖然三十二歲便中舉，後來卻兩度殿試不第；加上自己為人耿直，而當時的朝政卻被宦官魏忠賢把持，仕途明晦難料，於是決意放棄仕途，歸家建園，並以自己別號「檀園」為名。可惜「嘉定三屠」之時，毀於兵燹。直至2011年進行恢復性重建，使得園內尚存的寶尊堂、山雨樓、次醉廳、芙蓉沜等古建築重新成為可以讓人們遊覽的景點，體會李流芳當年的心跡。

檀園的整體布局緊湊而得體，芙蓉沜位於檀園中央，是片葫蘆形的水池，取其「福祿」諧音；周圍廳堂環立，曲廊婉轉而貫通全園，真是「廊隨橋引，步移景換」，正是江南私家園林的特色。

檀園有一座古色古香的朝北大門，進去迎面便是「次醉廳」，這是李流芳與他的文人墨客朋友們相聚飲酒的場所，酒興之餘，自然少不了詩畫縱論。廳內壁上有畫「九友圖」，即明末清初的董其昌、楊文聰、程嘉燧、張學曾、卞文瑜、邵彌、李流芳、王時敏、王鑑9位名畫家；廳前巨石刻有「崢骨」二字，正是園主人性格的寫照。穿過次醉廳，便是芙蓉沜，更有橋下多魚的九曲橋；水上石舫的步蘅舸；岸邊品茗的茗塢等景點。再往裡走便是「清暉園」，它雖是民國建築，內中的「山雨樓」卻為古蹟，以「山雨欲來風滿樓」命名。園中央有假山，可以拾級而上，便見「招隱亭」，它是園內的制高點，在此可全觀檀園美景。之所以取名「招隱」，或許和園主人的人生態度不無牽連。亭下亦有假山，其旁則是全園的主廳「寶尊堂」，內中安置了李流芳的塑像，並陳列其書畫作品。主廳之後是一座徽派門樓「谷詒燕翼」，這主要是因為李流芳祖籍安徽。門樓兩邊各有一座假山，附近的水池

左側湖中有一座「寥寥亭」，寥，高飛也，園主如此安排，意在表達自己雖然仕途不濟，但志存高遠。

徜徉園內，如在畫中，唯一的欠缺或許是缺少一些名樹古木罷了。

古漪園內的樹差點害死園主嗎

南翔鎮境內的古漪園始建於明嘉靖年間，原名猗園，取詩經中「綠竹猗猗」之意。相傳是當地士紳閔士籍為了改善父母的居住條件而建。莊園建好之後，閔士籍想要突出客廳逸野堂的莊重華美，便在門前左右親植了兩株盤槐。然而就在他對這些越看越美的時候，卻不知自己已犯下大罪——盤槐又名「龍爪槐」，其形似黃蓋，據說是只有皇家才能成對種植的品種，於是被告發有謀反之心。閔士籍聞訊後馬上刨去了南邊的一株，並重金賄獻了查案的公差，這才免於治罪。

這之前，閔士籍請了明末著名的嘉定竹刻家朱三松參與了園林的設計。朱三松是明代著名的竹刻家，名稚徵，號三松，並以號行世，出身於竹刻世家。他善畫遠山淡石，叢竹枯木，畫驢也是一絕，而刻竹之技更是勝於父祖一籌。嘉定竹刻傳到朱三松這一代的時候，已經「器物愈備，技法愈精，聲名愈盛，而學之者愈眾」。所以經由朱三松精心設計的古漪園在立柱、椽子、長廊上都刻上了千姿百態的竹景，使得整座園林顯得更加生動典雅。

明萬曆末年，閔士籍壽終正寢，並把猗園轉讓給了名士李流芳之侄——貢生李宜之。

後至清乾隆年間，蘇州人葉錦購得猗園，並大加整修新建，因有別於舊園，更為顯其悠久，所以更名為古猗園。也有人說是因為園內常有綠水漣漪，所以通俗些便寫作「古漪園」。

全園劃分為逸野堂、戲鵝池、松鶴園、青清園、鴛鴦湖、南翔壁六個景區，並以綠竹猗猗、曲水幽幽、建築典雅、楹聯雋永，以及曲徑優美五大特色聞名遐邇。

逸野堂之西南有座幽賞亭，傳說是園主之子世祿與婢女紅兒私定終身的所

古漪園內景

在。後來世祿進京趕考，而紅兒母親卻在病重臨終前將女兒許配給了趙員外。紅兒徘徊無計，正要懸梁，卻被一和尚化去做了尼姑。於是當世祿高中狀元回家後，紅兒早已削髮為尼。世祿苦勸無果，於是在幽賞亭柱上寫下：「幽賞亭裡幽傷情，戲鵝池底鴛鴦夢」的「訣句」後，便投戲鵝池殉情了。不久後人們便在戲鵝池看到一對整日形影不離的白鵝，互相追逐嬉戲，大家都說是紅兒與世祿的化身。

此外本園還和明代「江南四大才子」之一的祝允明有點關聯。傳說他曾來南翔拜訪過閔士籍的父親閔尚廉，並為園內石舫草書「不繫舟」（此景在戲鵝池景區內）三字，大家用筆，自然疏放流暢而氣勢雄渾。使得老園主賞心悅目，立即制匾懸於石舫之內，從此石舫又喚作不繫舟。祝允明在題畢「不繫舟」後，又信步登上「綠竹山」，觀賞於清風中搖曳的綠竹，然而日已西斜，於是在不捨中返回蘇州。老員外為了紀念他的到來，便巧妙運用「祝」與「竹」的諧音，將「綠竹山」改名為「竹枝山」（祝允明號枝山）。

此外，古漪園還有眾多的歷史故事與神話傳說，更加上百年的廳堂千年的經幢，實在可以稱為古典園林的縮影，更顯那些園林主人隱逸為高、寄情山水的情懷。

因鹽而盛新場鎮

新場鎮位於滬南公路南匯段的中間，原是南匯區的中心地帶，如今則屬於浦東新區。新場地區原為下沙鹽場的南場，是當時鹽民用海水曬鹽的場所。看上海的灘塗變化圖便可知道，海灘在後來慢慢向外延伸，這個鹽場不再臨海，於是便漸漸成了鹽民們居住和貿易的地方。新場鎮形成之時，正是下沙鹽場的鼎盛時期，其鹽灶之多、產量之大都勝過了同期的浙西諸鹽場。

新場鎮是因鹽場而興起的嗎

新場鎮是一座靠製鹽販鹽而成並興旺的市鎮，雖然名字裡有個「新」字，卻在大約八百年前的南宋建炎年間便已形成規模。它的這個名字其實是因為下沙鹽場南遷，形成了新的鹽場而得的。

古時候不僅建城有講究，建鎮也有一定的標準，因為一個地方只有稅收

達到一定額度，才能被定為鎮。由於新場在宋代起便開始煮製海鹽，到了元初，便形成了一個大鹽場。新場鹽場的年產量居浙西27個鹽場之首，產量則約佔四成。所以有眾多鹽商往來，於是兩浙鹽運司署松江分司便入駐新場，繳收鹽商們交易所產生的豐厚稅利。當時，南匯甚至都還沒有設縣，然而新場就已經有了比縣級別更高的衙門。

相傳宋代的宰相吳潛，年少之時曾與父親一起居住在新場，所以新場有「吳潛侍父讀書處」一說。這在明弘治年間的《上海縣志》中是有介紹的：「新場鎮距下沙九里，以鹽場新遷而名。賦為兩浙之最，四時海味不絕，歌樓酒肆，賈街繁華，視下沙有加焉。而習俗澆偽又下沙所無也。延祐初里士瞿時學訪吳潛讀書處，營置義學，今無遺址可考矣。」志裡所講的「延祐初」大約在西元1314年左右，也就是700多年前，新場便已經是一個繁華的市鎮了。

後來隨著鹽業的不斷發展，更多的商人鹽販都紛紛聚集到這裡，使得新場的人口大大增加。人煙一盛，街市更華：當時鎮區內的歌樓酒肆林立，商賈買賣雲集，其繁華的程度曾一度超過上海縣城，更有「新場古鎮賽蘇州」的美譽，成為當時浦東平原上的第一大鎮。

新場鎮

電影《色戒》曾在新場鎮取景嗎

前些年有一部大熱的影片《色戒》，曾在這裡取景，使得新場古鎮再次聲名大噪，引起了又一波前來觀光的熱潮。雖然李安在拍攝的時候給小鎮的每戶都安裝了新招牌，但是劇組完全撤離後，就只留下了一塊招牌。

在電影裡其實也曾拍到過新場古鎮的一些景致，然而並未拍全十景。如今新場十景中還可考證的便只剩下石筍、書樓、寺廟、漁舟塘和古橋了，其餘的則因為年代過於久遠而幾經變遷或已不復存在了。

如今的新場十景則為：溪灣石筍、書樓秋爽、雷音曉鐘、橫塘晚棹、仙洞丹霞、海眼原泉、高閣晴雲、上方煙雨、千秋夜月以及南山雪霽。

其中石筍曾經是過去新場鎮的名字。傳說在新場受恩橋石頭灣的沙中，

曾經發現石筍，而且深不見底，所以便將這裡叫做「石筍里」。如今很多遺留的古蹟都在規劃重建，希望可以按照原貌翻新修復，然而千年古蹟實在是太珍貴了，修復工程進展緩慢。

此外，新場古鎮還有「十三牌坊九環龍，小小新場賽蘇州」的美譽。

江南第一牌坊曾遭過天譴嗎

明清年間，新場鎮曾經盛行建造各種牌坊，號稱「十三牌坊」，僅明代所記載的有名牌坊便有貢元坊、旌節坊、熙春坊、興文坊、餘慶坊、蒞政坊、中和坊、興仁坊、安里坊、清寧坊、需林坊，這些牌坊是早已被毀而連痕跡都沒留下的；現存殘跡的則有明代舉人倪甫英、倪家允父子所立的世科坊，明代朱鏜、朱泗、太常寺卿朱國盛祖孫三代所建造的三世二品坊等。

江南第一牌坊便是指的三世二品坊。它位於新場市街正中，上有題額「九列名卿」，左側書「七省理漕」，右邊則是「四乘問水」。牌坊之上甚至還精心打造了石算盤、石珠子等複雜圖形，工藝是非常高超的。雖然在1974年「文化大革命」期間拆除，但我們還是講一講關於這座牌坊的傳說吧。

明萬曆年間，新場有一戶朱姓世家，三代都在京中為官，且均位列二品大員，是當地顯赫的望族。其時當地流行樹碑立傳，於是朱家便打算在鎮上建一座「江南第一」的石牌樓。取得恩准後，朱家便購置石料，聘請工匠，

其中更有三位手藝超群的石匠，所以很得主人家青睞。日復一日，年復一年，兩度寒暑後，石牌樓終於落成。

這個「三世二品坊」橫跨中市大街，不僅高大雄偉，牌樓之上還排有精緻小巧的佛像，車馬舟轎也是生動逼真。此外三位巧匠所造更是三件稀罕絕妙之物：一件是環環相扣且扣機靈活的石鏈條；再一件是珠珠成串且上下如意的石算盤；末一件是鳥籠鏤空且昂首欲鳴的石籠鳥。往來行腳的客旅無不讚歎有加，甚至風聞的遠近鄉鄰也跑來一睹風采，都說「江南第一」是實至名歸。

三世二品牌坊

主人家心花怒放、洋洋得意之時，一旁的師爺卻說那三位巧匠手藝驚人，以後自然還會為別人建造更加巧奪天工的牌樓，暗示主人如果要永得「江南第一牌樓」之名，便要……

於是在慶祝牌樓落成的典禮上，主人家便大設酒宴，席間命丫鬟從屋內又端出三杯醇香撲鼻的美酒，力邀三位巧匠共飲。三人哪知酒中放了慢性毒藥，只是覺得主人盛情難卻，便要舉杯而飲。此時本來的晴空卻突然驟變，頓時烏雲遮天，天雷滾滾。最後一個悶雷驚天動地，居然使得巧匠們手中的酒杯都震掉於地。

一會兒天氣又轉如前，但是家中下人卻急急來報，說門外牌樓上的三件精品都被雷擊而碎，那排佛像也是個個無頭。主人、師爺聞之失色，回頭再找那三位巧匠，卻連一個人影也沒有了。後人都傳說是仙人作法，特意搭救三位巧匠，並懲邪惡。

不過從此之後便無人再提「江南第一牌樓」之名，而這個傳說也就成了人們飯後的談資而已。

所謂九環龍指的是九條龍嗎

新場素有「十三牌樓九環龍」之稱，「十三牌樓」講的是十三座牌樓，九環龍指的則是石拱聯橋。新場人習慣把古石拱橋稱為「環龍橋」，而歷史上最有名的便是「九環龍」。

古石拱橋是新場努力保存的古鎮風貌，也是這裡隨處可見的古蹟景致，蜿蜒的河水緩緩地從橋洞下流過，自有一派獨特的水鄉風情。

目前尚存或已被改建的著名石拱橋有：

白虎橋：建於元至正年間，跨越白虎廟港，現僅存古橋殘基，被工廠廠區隔斷，如今已經不能通行。

盛家橋：又名眾安橋，建於明嘉靖年間，在新場鎮南首眾安村，如今基本完好。

洪福橋：明代所建，位於新場鎮北洪橋港，不過如今成為平橋。

千秋橋：建於清康熙年間，在洪東街東端，跨東橫港，是一座單孔半圓石拱橋。1987年整修過一次，至今仍然完好。橋體上鐫刻有勸人為善的祝福詞，南側為：願天常生好人，願人常行好事；北側為：濟人即是濟己，種福

必須種德。千秋橋如今是新場鎮「十三環洞」裡僅剩的拱圈石橋了,新場筍山十景中的「千秋月夜」便是這裡了。

玉皇閣橋:不知始建於何代,但於清乾隆二十一年(西元1755年)重建,在新場鎮東南,由東橫港入大治河處,現在也變成了水泥平橋。

楊輝橋:在鎮南首跨越楊輝港,開挖大治河時被拆除,改為公路橋。

永寧橋:本來在新場鎮北山寺前,北山寺都拆了,這座橋也隨之被拆。

新昌鎮的環龍橋大多是元、明、清三朝所遺,但是久經年月,如今大多已湮沒無存。

駁岸水橋是家門口的文物嗎

上海地區把沿河地面以下,阻止河岸崩塌或遭河水沖刷的構築物稱為駁岸,也就是通俗意義上說的護坡;水橋則是石駁岸的衍生物,講究的水橋甚至還鑿有精緻的八仙圖案等。這兩者可以說是渾然一體、不分你我。

石駁岸及馬鞍水橋

新場鎮有家橋港、洪橋港、新港3條市河,它們依街環繞,而且早在元、明、清之時,兩岸便先後築起了長長的石駁岸。這些一般離河面3公尺高的建築堅實而富有江南水鄉特色,但是年久失修,在上海解放的時候,部分駁岸的基礎下沉或岸石剝落殘損,而某些泥岸更是塌方嚴重。於是1952年到1974年,人民政府在加固泥岸的同時補建了部分石駁岸。到了1982年後,政府為了改善鎮容,保持水鄉風貌,對全鎮的石駁岸進行了全面的檢修和增建,並在駁岸陡峭的地方添置水泥欄杆。現在石駁岸約有6000多公尺,其中有1500多公尺建在民國之前,最早的距今已有800多年的歷史。

而沿市河的富有人家都構築有馬鞍形的水橋,它們與石駁岸可以說是孿生兄弟,如今尚存的古代馬鞍形水橋僅剩約20座。上海市文物專家將岸橋稱為「家門口的文物」。

經過上面的介紹,或許大家還不是很清楚什麼是「駁岸」,真要解釋

的話，最好將「駁岸」的兩個字分開來，「駁」是貨物分載轉運的意思，「岸」則是河邊之地，駁岸連起來便是停靠貨船供貨物起上或放下的岸，石駁岸就是用石頭構築這種岸。為什麼用石頭？一個字：牢。凡是江南的水鄉城鎮，總少不了駁岸的。

而且新場的石駁岸有三個特點，一是古老；二是連成一片，比如自包橋港到洪橋港之間的石駁岸便幾乎沒有斷；三是駁岸上拴船用的「牛鼻」，也叫「牽牛」的石件，雕刻精美、形象鮮明。這都是其他水鄉城鎮所少有的。

新場鎮有三項國家級非物質文化遺產嗎

新場古鎮除了成片的古建築群和優美的自然風光，還有著令當地人自豪的三項國家級非物質文化遺產，分別是浦東派琵琶、鑼鼓書和江南絲竹。

琵琶這項傳統技藝早在南北朝時期便有記載，而浦東派則始於清朝乾隆或嘉慶年間，始祖便是身為浦東南匯之人的鞠士林，人稱「江南第一手」，而他的傳人陳子敬則被御封為「天下第一琵琶」。以林石城（2005年去世）為代表的浦東派琵琶已成為中國主要的琵琶藝術流派，並聲聞華夏。

鑼鼓書的起源較浦東琵琶要早，不過雖然始於漢末晉初，但是完整的表演藝術形式在明清時期才流行起來，更興盛於民國之時。鑼鼓書的前身叫做太保書，到20世紀60年代後與鈸子書合稱為「鑼鼓書」。形式多樣的鑼鼓書主要分為占卜、社書和民間曲藝三大類。

江南絲竹則是江南水鄉中的文化傑出代表，更是南匯民間文化的一朵奇葩，是首批被錄入國家級非物質文化遺產名錄的項目。江南絲竹，在原南匯地域被稱之為「清音」。主要曲目有《歡樂歌》《雲慶》《行街》《四合如意》《三六》《慢三六》《中花六板》《慢六板》「八大麴」。

古建完好楓涇鎮

楓涇古鎮作為新的「滬上八景」之一，是著名的歷史文化名鎮，素有「吳越名鎮」之稱，同時也是上海通往西南的重要門戶，在1500年前已成集市，號曰「白牛市」；元朝正式建鎮，名為「白牛鎮」。

楓涇是典型的江南水鄉古鎮，境內水網密布，河道縱橫，所以古橋便有

五十多座，而現存最古的便是建於元代的致和橋，據今將近700年的歷史。而鎮內亦有至今仍完好保存的和平街、生產街、北大街、友好街四處古建築群，是上海地區現存規模較大且保存完好的水鄉古鎮。

楓涇鎮為什麼會有兩座城隍廟

一座市鎮居然有兩座城隍廟，這在全國恐怕都不多見，然而上海的楓涇鎮便確實曾有過兩座城隍廟。這要從楓涇鎮的歷史講起。

楓涇鎮地處上海西南，是五區交界之地；在歷史上，更是一半屬於江蘇省松江府華亭縣，另一半屬於浙江省嘉興府嘉善縣；並且有兩個明顯的分界標誌：其一便是西邊的界河，其二則是東邊的牌坊。如今的牌坊是在原來分界牌坊的舊址上重建的，很好地再現了楓涇古鎮獨特的地理區域。新建的牌坊高大而復古，其上方醒目的「楓涇」二字是已故的國畫大師程十發所題。

楓涇的南鎮、北鎮分治，其實早在明代便開始了，所以一個楓涇鎮便建有兩座城隍廟，南、北各一座。位於南鎮的叫做南城隍廟，位於北鎮的卻不叫北城隍廟，而是因為地處東柵（今白牛路附近），所以稱為東城隍廟。

東城隍廟如今已被毀壞殆盡，不過橫跨市河的城隍廟橋和河邊的古戲台都已恢復重建了。

楓涇古戲台曾演假戲、死真人嗎

戲台是古代專供演戲的一種室外舞台，唐朝便有類似的建築，到宋朝則更加完善。初期的戲台多建在寺觀等宗教場所附近，主要用途是為了演戲酬神。後來隨著戲曲的發展，戲台開始大量出現在巨富人家的宅院或祠堂之內；普通的農村也會在曬場或近村的開闊地上搭建簡易的戲台。楓涇的古戲台便建在城隍廟廣場上，貼街且臨河，所以每逢演戲，不僅岸上是人，水上也都是坐在船上看戲的鄉民。

上節講過楓涇有兩處城隍廟，所以自然也有兩處戲台。而且古代窮人看戲，都是在廟會時節。據載，南城隍廟賽會始於清乾隆癸巳年（西元1773年），並逐漸發展為一年一次，會期定為農曆的四月初四，前後共計三天。據《續修楓涇小志》所載，廟會開戲之時，「舟楫雲集，河塞不通」，足可見其盛況。

　　北鎮的東城隍廟賽會開始的時間則稍遲於南鎮，會期卻比南鎮要短，它是定於每年的清明節，為期兩日。後來到清代中葉時，施王廟賽會開始，會期為每年農曆八月初二，一般維持三天左右。不過熱鬧的年份也有從農曆七月三十開始的，這樣便會一直延續七天之久。那時古戲台的台上

楓涇古戲台

台下則更為熱鬧，不過人多了事情也更多。

　　楓涇舊志中便記載有一則看戲的鄉民行刺「秦檜」演員的故事。據載，這件事發生在康熙癸丑（西元1673年）三月，當時的戲台上正演著秦檜誣害岳飛的戲，然而戲演將至尾聲，從台下觀眾群中忽然竄出一人，躍上戲台，拿著皮工專用的割皮刀，一下便將演秦檜的演員刺倒在地，須臾而死。事發之後，官府拿捕了這位行刺者，並進行審訊。這人倒也爽快，但是非但不以為錯，還傲然而有正義。據當時庭錄所記，他是傲首作答：「民與梨園從無半面，實恨秦檜耳。禮不計真假也！」最後判官也是憐其義憤，所以竟以誤殺罪而從輕發落了他。

為什麼說施王廟和岳飛有關係

　　施王廟並不是為了紀念岳飛，但是和岳飛卻有分不開的關係。

　　施王廟，俗稱施王堂，位於楓涇鎮北大街，不僅是當地重要的道教聖地，且在江南一帶都算是規模較大的道教宮觀，始建於明萬曆年間。

　　施王廟是為了紀念施王，而施王其實叫做施全，在歷史上是確有其人的，他在宋高宗時曾任殿前司軍校。在民間唱本中，施全是抗金英雄岳飛手下的護國大將軍。當年岳飛風波亭遇害後，施全為了報仇，曾喬裝潛入相府，但是卻未能成功行刺秦檜。他離京回鄉後被朝廷冊封為「定海侯」，負責掌管金山沿海一帶。戲中講，他為金山及附近地區的鄉民造福不少。不過另有一種說法則是說他在秦檜退朝時趁機行刺，也是未能成功，而且反被秦檜在集市中當眾分肢殺害。因為他是大忠臣岳飛的手下，而且是為了替岳飛報仇而犧牲的，所以百姓們都愛戴他。施全死後被加封為「靖江王」，楓涇

施王殿

百姓為了紀念他，便自發募銀，並在楓涇北柵建造了施王廟。後代重建後，施王廟前築起放生池，池上建拱形石橋，稱為施王橋。

後來人們為了紀念施全八月初二的生日，從清朝中葉開始舉行施王老爺神誕賽會。賽會時，遠近十里的鄉民都會趕來楓涇參加廟會。賽會有施老爺出巡、放焰火、演大戲等節目，一般都會延續兩三天。後來到了清朝末年，隨著城隍廟賽會的衰落，施王廟賽會成了楓涇一年中最熱鬧的唯一廟會。

施王廟賽會一直辦到1966年為止，之後的施王廟大殿被改為楓涇小學教工食堂，前殿則成了楓涇中學的三產小商店。

楓涇曾是吳越最繁榮的美食街嗎

楓涇鎮是典型的江南水鄉，所以水網密布，河道縱橫，自元代便是商業重鎮，所以行商坐賈雲集。當時臨河而建的商業長廊是吳、越兩界最繁榮的商業街，如今則成為著名的楓涇長廊小吃一條街。

其中最著名的要數楓涇丁蹄、楓涇豆腐乾和楓涇狀元糕了。

楓涇丁蹄迄今已有140多年的歷史，具有冷吃「香」，蒸熟後吃「糯」的獨特味道。曾獲得巴拿馬國際博覽會金質獎章、德國萊比錫博覽會金質獎章等眾多國際大獎。

楓涇豆腐干作為楓涇特產已有100多年的歷史，它香味撲鼻，色澤烏亮，

楓涇長廊

口感則細膩鮮軟，鹹中蘊甜，既可作菜，又可零吃，甚至還可以泡在茶裡吃，所以才會有「茶干」之名。

楓涇狀元糕原名楓涇元糕，早在明末清初，這種糕點便在鎮上小有名氣，清代蔡以台便非常喜歡吃。後來因為蔡以台高中狀元，於是當地的商家便將元糕改名為「狀

元糕」，因為既有實情，又有噱頭，還有彩頭，所以「狀元糕」一名便流傳下來了。到了清朝咸豐年間，里人戚學莊開設戚協興元糕店，憑藉獨特的製作工藝專製「狀元糕」，行銷大暢通，其法至今沿用。

此外，不得不提的楓涇美食還有黃酒。大家或許都知道紹興女兒紅（一種黃酒），卻未必知道楓涇也出黃酒，而且是上海地區唯一的優質黃酒產地。當地酒廠所採用的爆麥麴工藝所製作的「和」酒系列與石庫門上海老酒系列，都是上海高檔黃酒市場的第一品牌。

楓涇鎮怎麼會有這麼多文人彙集

楓涇古鎮，不僅民風淳厚，而且崇尚耕讀，非常注重教育和取仕。據說，本地前後共孕育出3名狀元、56名進士、125名舉人、235名文化名人。其中知縣逾百，六部大臣有三，宰相也有兩名，可謂人才輩出——自唐代以來，楓涇鎮有歷史記載的名人便不下六百多人。當朝為官者諸如唐朝的宰相陸贄；宋代的屯田員外郎陳舜俞，狀元許克昌；明代隨鄭和下西洋的太醫院御醫陳以誠；清代的狀元蔡以台，官至內閣大學士兼吏部左侍郎的謝墉等；而著名文人也有像民間詞人沈蓉城，圍棋國手顧水如、著名漫畫家丁聰，國畫大師程十發，革命前輩袁世釗、陸龍飛等；都是楓涇人的驕傲，更為楓涇留下了珍貴的文化遺產和精神食糧。下面簡單介紹其中兩人，好讓讀者了解一二。

陸贄字敬輿，楓涇人。唐建中（西元780年）進士，授翰林院學士，唐德宗甚為器重，常以輦行……朝夕晉見，議論朝政。贄有魏徵之德，敢於直言忠諫，輔政陳詞，皆懇到深切，有時規勸太過，觸忤龍顏，贄坦然而言「吾上不負天子，下不負所學，遑問他乎？」歷官中書郎，同平章事，卒後諡「宣」，故世稱陸宣公。

蔡以台字季實，號蘭圃，楓涇人。幼即好讀，性穎悟，受名儒啟蒙，學業大進，乾隆二十二年（西元1757年）赴京趕考，得中會元，廷試時被乾隆皇帝欽點為狀元，授翰林院修撰，更在皇宮內講論經史。不過他生性耿直，非常不耐與俗官為伍，所以後來便只專注於學術。他善辨鐘鼎、金石、圖書等文物的真贗，書法亦得顏真卿之三昧，詩文也是清麗而絕俗。雖然平時著作不習慣署名，但仍有存稿《三友齋遺稿》《姓名竊略》六卷等傳世。

金山農民畫為何得到洋人青睞

金山農民畫

金山農民畫來源於古老的江南民間藝術，主要以江南水鄉的風土人情為題材，技法則融合了刺繡、剪紙、藍印花布、灶頭壁畫、雕塑、漆繪等眾多民間藝術表現手法，並大膽運用藝術誇張和強烈的色彩反差，最終達到以拙勝巧的境界。楓涇古鎮便是聞名國際的金山農民畫的發源地。

楓涇人民是熱愛生活的，他們在長久的歷史發展過程中，發明創造了諸如藍印花布、家具雕刻、灶壁畫、花燈、剪紙、繡花、編織等眾多民間藝術，並在濃郁的民間文化藝術氛圍下創造了金山農民畫。而且這些淳樸的楓涇農民畫家所創作的金山農民畫極具鄉土氣息和獨特的藝術風格，在海內外都產生了廣泛的影響。南大街聖堂弄的金山農民畫展示中心，便設在清代狀元蔡以台的讀書樓內，一幅幅透著鄉土氣息的畫作，在這裡更顯得清雅了。

此外值得一提的是，金山農民畫與丁聰的漫畫、程十發的國畫以及顧水如的圍棋，都是在國內外皆具影響的藝術，然而「三畫一棋」都集中於楓涇一鎮，亦是國內罕見的一種地域文化現象。

其實不少專業人士都認為，金山農民畫看著土裡土氣，其實卻包含著很多「前衛」的因素。比如畫魚塘，如果按傳統的西洋畫法，只能畫出透視之下的邊沿。但是金山農民畫在創作的時候卻會把底也翻上來，這一「翻」，無形中暗合了西方現代畫家的創新之處，所以才會引起國外人士的興趣，這便是為什麼楓涇地區已有5萬多幅金山農民畫作品遠銷國外，並多有在國內外畫展中獲獎的緣故了。

「性覺寺」「醒覺寺」有何區別

性覺寺位於楓涇鎮白牛路附近，始建於明萬曆年間（西元1573—1620年），由一位性本和尚所建，當時叫做月明庵。

關於本寺易名，還有一個傳說。清朝的康熙皇帝很喜歡微服私訪，並藉此體察民情。偶然間心血來潮，便想遊歷江南。皇家做事，雷厲風行。於是

眾侍衛保著皇上旱路乘車，水路駕船。這日已到江南水鄉，雖然康熙一路車馬顛簸，還是要租一艘小船，想要泛舟盡興。可是因為實在太累，不久便酣然入睡。

皇帝睡覺，哪個敢吵。不覺間康熙一睡兩天，醒來後得知已經到了第三天，便問所到何處。船家熟悉山水，便說已到了楓涇，而且恰好便在月明庵之側。康熙立於船頭而望，果然好座小廟。於是吩咐登岸，並備文房四寶。因為他一覺到此，就給這座庵題名為「醒覺寺」吧。

誰知康熙上岸近寺，剛要抬手敲門，月明庵的山門便開了，裡面還跪著一個和尚，並口稱萬歲。原來這人叫做本沖和尚，頗有法力，便在剛才於內用功之際，突然有靈光，故而得知皇上駕到。康熙得知後不無驚奇，更認定本沖和尚的功力非同小可，竟能在性覺之間而知萬事。於是便打消了原本「醒覺寺」的念頭，而用文房四寶題了一個「性覺寺」，賜予本沖和尚。而本沖和尚亦把皇上之所題，用金匾精心製作，懸於寺內正殿之中。從此，月明庵就成了「性覺寺」。

該寺在清朝咸豐十年（西元1860年），於太平軍東進之時毀於兵燹，焚燒一空；後於光緒四年（西元1878年）得以募資重建。1994年，該寺遷於金山區楓灣路。

上海的宗教廟堂

　　說上海是歷史文化名城，怎麼可能只是因為它有幾個古鎮呢？古鎮是什麼？是古代人及其文化共同創造的。古代人很好理解，那麼文化又是什麼呢？

　　文化，不同的人有不同的解釋。其中有一種解釋是：人類精神文明和物質文明的總和。

　　精神文明是什麼呢？是人們在滿足自身精神需求時的產物。文學、藝術、哲學甚至科學等都是。

　　宗教也是。

　　上海有深刻的宗教印記，主要有佛教、基督教、道教、伊斯蘭教等。在此介紹這幾大宗教的道場。

上海的佛寺、道觀

沉香觀音沉香閣

沉香閣是與玉佛寺、龍華寺、靜安寺、圓明講堂等齊名的上海著名寺院，始建於明萬曆年間，在清嘉慶年間重建時改名為慈雲寺，不過香眾們仍稱之為沉香閣。

沉香閣的山門之前有四柱三門重簷翹角牌樓，上有沙孟海書題的「沈香閣」三字。之所以是「沈」，是因為古字裡並無「沉」，只以「沈」通假，所以將「沉」字寫成「沈」字，主要是為了彰顯佛寺的古老。

在早時候，上海官員都在此恭賀皇帝和皇太后的誕辰，民眾們則在此祈晴禱雨。

如今因為該寺與上海老城隍廟和豫園極相鄰近，處於交通及各方面均方便的市中心地帶，所以香火昌盛，是上海市有名的旅遊勝地。

沉香觀音像是從河裡撈來的嗎

沉香閣的沉香觀音像供奉在寺內觀音閣內，其像高約一公尺許，雖呈坐姿，但屈一足，一手搭膝，一手撐座，頤首微側，似凝思，被稱為「如意輪觀音」，其身由珍貴的沉香所雕。沉香木又稱異香仙木，被譽為植物中的鑽石，而且年代愈久，香氣愈烈。如果您在雨天拜訪沉香閣，便會嗅到其悠揚綿厚的馥郁清香。

如此奇妙的佛像，究竟是從何而來的呢？

據說它是明朝督漕潘允端從淮河裡撈上來的。清同治年間的《上海縣志》有載：「明萬曆二十八年，有沉香觀音像浮至淮口，時潘允端督漕淮上，奉歸建閣。」這個「閣」便是如今的沉香閣了，不過當時卻屬潘允端的家庵。

但是這樣也沒說清佛像來歷啊，水裡怎麼會無緣無故漂來一尊這麼珍貴的佛像呢？

原來在《隋書》上有這樣的記載，說隋
煬帝曾派大臣常駿出訪馬來諸國，並送去了
很多中國工藝品，於是有一個名為赤土國
的，便以一座沉香觀音像作為回贈。但是使
者回國後，隋煬帝卻不在帝都，而去了揚
州。於是常駿等又乘船前往揚州，哪料到行
船到了淮河的時候遭遇大風，以致翻船，沉

沉香閣

香觀音像也沉落河內。如此幾百年後，觀音像又浮了起來，更讓明代的潘允
端意外發現，不僅將之奉回了上海，還建了這麼一座佛閣。可見歷史變數，
我輩常人所無法捉摸。

不過如今寺內所供奉的佛像卻非當年那座，因為在「文革」時期，這座
沉淮河千年而未壞的寶貝，卻一說「不見了」，一說「已毀於造反派」，總
之是沒有了。如今寺內供奉的沉香觀音像，則是在老住持觀性法師的努力下
重塑的。當年已80歲高齡的觀性法師於1990年親赴泰國，募得一段價值連城
的沉香木，隨後運回上海，請專人配以上等檀香木料，依照原先樣式放大重
雕，終於得到一尊神態和工藝水準幾與原像比肩的觀音。

現在，讀者們知道沉香觀音像來歷了吧。

沉香閣中的閣位於寺內天井嗎

上節講了「沉香」的由來，現在說一說「閣」。

觀音閣之前，大雄寶殿之後，有一處寬敞的天井。天井內正中，便是由
四根立柱架起的一重飛簷，簷上設閣，便是著名的沉香閣之「閣」了。上有
中國佛教協會會長趙朴初居士所題匾額：
「南海飛渡沉香大士寶閣」。

此閣雖小，不過10平方公尺左右，卻是
真正的沉香閣，身處其中，便可聞到馥郁的
芬芳。而且內中擺設均為明式几椅，式樣簡
單，卻古樸之意盎然。

此外，天井內仍有其他閣樓。東邊閣樓
其實是配有現代化衛生設備的四套客房，

南海飛渡沉香大士寶閣

獨特之處是布置有明式的床寢家具，並有春、夏、秋、冬的季節特點，是專供海外女性賓客使用的。西邊閣樓則是本寺比丘尼們的寮房。樓下東廂為客堂、千手觀音殿和伽藍殿，伽藍殿內供有一尊明代木雕伽藍神關羽像，於側並有周倉捧刀像。西廂是祖堂，供著的都是沉香閣歷代祖師的蓮位。

沉香閣的佛像為何不同於別處

沉香閣是全國唯一供奉沉香觀音像的寺院，而且沉香閣內的佛像不僅這尊獨特，其餘佛像亦多有不同之處。

比如天王殿裡的彌勒佛像便不是一般寺院內的那種大肚彌勒造型，而是頭戴天冠的彌勒菩薩法身像，是他在兜率天內院修行時的法相。而現在大多數寺院所塑的都是笑口常開的布袋和尚像。

布袋和尚相傳是五代時候浙江奉化一位名叫「契此」的僧人，此僧手裡常年拿著一個布口袋沿街乞討，所以人們都叫他「布袋和尚」。後來的某年農曆三月三，他在圓寂之前說了一首偈子：「彌勒真彌勒，化身千百億。時時示世人，世人常不識。」於是佛教徒們便以此認為他是彌勒佛的化身。因為他的這一形象慈眉善目，且人見便喜，所以寺院一般都將彌勒塑成布袋和尚相。

彌勒像的兩側為四大天王像，均為立姿，與一般佛寺的坐姿不同。彌勒像背後則立有韋馱，他是雙手合十捧著金剛杵，亦與別家拄杵的姿勢兩樣。佛教中認為，四大天王可以護佛護法護國土護眾生，而且四大天王手中所持的不同法寶也有不同寓意，寶劍挾「風」，琵琶「調」音，寶幢喻「雨」，龍蛇喻「順」，正合百姓「風調雨順」的期望。

沉香天王殿

而大雄寶殿正中「華嚴三聖」的供式也是江南寺院中所罕見的：中為盧舍那佛，兩旁侍立著文殊、普賢；此外還有梵天、帝釋二天神左右護侍；再外側則是十八羅漢，個個翹首張目，或抬胳膊或揚掌，栩栩如生。盧舍那佛是如來三身（真身、報身、化身）中的報身像，其上藻共有348尊小佛，寓含比丘尼348戒。

沉香閣是全國最大的尼姑庵嗎

沉香閣除了沉香觀音像聞名世界外，還有上海佛教寺院，以及培養了眾多比丘尼的學院。

餐廳和學院都位於沉香閣東部的一幢綜合樓內。一樓是能供二三百人用餐的齋堂，在佛教節日和香期中，還會供應廣東風味的素齋給前來禮佛的香客。除了一樓的大齋堂，二樓則另設有一個小巧精緻的餐廳，其內裝飾有貼金的寶相花圖案，加上按河南鞏縣石刻原樣複製的一幅北魏「帝王禮佛圖」，使得整個環境古色古香，且莊重典雅。三樓便是上海佛學院尼眾班的教室和學尼們的案房，學員來自全國各地，至今已有多屆學員受過具足戒，並分配到上海市的各個尼庵或佛學院中，以充執事、教師或其他重要角色，成為新一代的比丘尼接班人。

或許可以從它的餐廳和尼眾班看出，沉香閣不僅在上海成為著名的佛教比丘尼道場，而且在全國也算得上最大的尼姑庵之一，是自有其道理的。

為什麼說應慈法師愛國愛教

沉香閣之東設有名僧應慈法師紀念堂，而且每天都有眾多的國內外信徒或遊人前來瞻禮、參觀。那麼應慈法師和沉香閣有什麼關係，又為什麼這麼受歡迎呢？

應慈法師是現代名僧，1943年應當時的沉香閣住持葦乘邀請，駐錫沉香閣，並在此首講華嚴初祖杜順所著的《華嚴法界觀門》。從此，沉香閣成為華嚴座主應慈法師在上海弘揚華嚴宗的道場。

華嚴宗認為，世界是毗盧遮那佛的顯現，一微塵即映世界，一瞬間即含永遠，宣傳「法界緣起」的世界觀和「頓入佛教」的思想。

中華人民共和國成立後，法師在1957年，當選為中國佛教協會副會長、中國佛學院副院長，1962年當選為中國佛教協會名譽會長，後於1965年八月圓寂，享壽九十三載。

次年，爆發了「文化大革命」，沉香閣在動亂中遭到劫難，鎮寺之寶沉香觀音像不知所蹤。

飽經滄桑的玉佛寺

　　玉佛寺位於上海普陀區安遠路，雖然從創建至今僅120餘年，但已成為滬上名剎，更聞名於海內外；兼之地處繁華市區，所以香客往來，有「鬧市中的一片淨土」的美譽，並成為上海十大旅遊勝地之一。

玉佛寺是因寺內兩尊玉佛而命名的嗎

　　玉佛寺聞名遐邇，不僅因為「身為靜而處於鬧」，更因為它布局嚴謹、氣勢恢宏的仿宋殿宇建築，結構極為錯落有致，使得遊客們觀之如飴，更讓每逢初一、十五或佛教傳統節日來進香的善男信女們，體會到我佛的莊重嚴謹。那時香煙繚繞的寺院，可謂福燭高照，不愧為都市風光中的叢林名剎，的確超凡脫俗、別具韻味。

　　此外，玉佛寺之所以得名，正是因為寺中供奉有兩尊玉佛。一尊是被稱作「鎮寺之寶」的釋迦牟尼坐像，是刻畫佛祖在菩提樹下靜慮入定的情景。而且就像蒙娜麗莎的微笑一樣，不論在哪個角度，你都會覺得玉佛在安詳地看著你。另外這座佛像不僅雕琢精細，而且佛像的袈裟邊緣以及右臂的臂釧上，飾有一百多顆翡翠、瑪瑙等寶石，使整個佛像閃閃發光，好像真的佛降於世一般，盡顯佛像安詳寧靜、仁厚慈愛的神態。如今這座佛像供奉在玉佛寺的玉佛樓上。而另一尊則是與北京香山臥佛寺的臥佛造型相同的臥佛像，表現的是釋迦牟尼80歲時涅槃之境。前者為整塊玉石所雕，後者亦出於整塊漢白玉，都展現了精湛的雕刻水準。

　　這兩尊玉佛皆是普陀山慧根法師所贈。當年，即清光緒八年（西元1882年），他遍歷五台、峨眉、西藏等佛法聖地，並直到天竺，在禮佛歸途而經

玉佛寺中的釋迦牟尼佛坐像

緬甸時，開山取玉，並在當地華人的幫助下，雕成五尊玉佛，想要請回普陀山。而如今本寺中的兩尊玉佛，便是當年慧根法師路經上海時所留下的坐佛和臥佛。並且因佛造寺，故稱「玉佛寺」。可惜戰亂繼發，佛寺毀於1918年的兵火，不過後來重建於現址，並易名為「玉佛禪寺」。

玉佛寺裡有多少有價值的古經佛像

　　兩尊玉佛不必再講，然而就在玉佛樓內玉佛坐像兩側的櫥櫃內，還珍藏有七千餘冊的清刻（乾隆版）《大藏經》；此外還有民國時期影印的宋代《磧砂藏》《頻伽藏》（即《頻伽精舍校刊大藏經》）、日本的《大正大藏經》和《續藏經》及《藏文大藏經》等。如《續藏經》等，都是彌足珍貴的佛教經典。

　　另外，玉佛寺內也不乏其他古佛像。

　　比如觀音殿裡供奉的青銅觀音像，以及銅佛殿裡的青銅阿彌陀佛像，便都是明朝所鑄，而且線條流暢、神態自然。其中阿彌陀佛像高約3公尺，右手施無畏印，左手作與願印，這表示發願接引佛教徒前往西方極樂淨土，極受香客推崇。

　　更早一點的佛像也有，北魏寺中的青銅佛像，據說是北魏太和十五年（西元491年）所造的釋迦佛立像。這座佛像有火焰紋背屏，上面還兼有3尊小的浮雕坐佛像，背屏後則刻有銘文。另一尊則是北朝石雕藥師佛像，雕於東魏武定元年（西元543年），小小一尊，不足一尺，然而佛像的臉部豐滿，舉止雍然；加之佛雕石質如玉，細膩而有光，正是北朝石刻藝術中的精品。

　　另一尊明代所雕的佛像是棗木觀音像，其高150公分，由整根棗木雕就，顯得佛像身材修長而婷婷。而且雕刻家依照棗木的自然之態而雕人物，依勢造型，使得觀音像極具動態，更顯飄逸之感，充分顯示了明代藝術家們的聰明智慧。

　　比較近的則是清代的木雕靈鷲山，整座木雕高近兩公尺，有山有石，有佛有菩薩，更有羅漢、天王，甚至奇獸，講的是佛經典故：古印度摩揭陀國有座靈鷲山，釋迦牟尼曾多年在這裡弘揚佛法。整座雕刻氣勢恢宏，形象眾多，也反映出了清代木雕工藝的出色成就。

玉佛寺為什麼可以自給自足

　　如今的玉佛寺早已實行僧人自我管理，儘管寺內有百餘名僧眾，但他們還是完全實現了寺院的自給自足。

　　每逢農曆初一、十五，來此燒香參觀的遊人便絡繹不絕。尤其是正月初一，因為地處鬧市，所以早在除夕夜，便有數萬的善男信女來到門前守候，

為的就是在新年伊始便進一炷香，謂之「燒頭香」，好不熱鬧。不僅如此，他們還通過做佛事、辦素齋餐廳等取得不小的經濟收入——上海三大寺（即玉佛寺、龍華寺和靜安寺）每年的素齋營業額便達500萬元——並藉此修繕寺院及廣作慈善。幾年來，熱心公益慈善的上海三大寺累計向災區、殘疾人協會、兒童基金會、教育基金會等各項社會公益事業捐款近千萬元人民幣。

在對外接待方面，玉佛寺也成為上海市對外友好交往的一個重要窗口。僅1981年到1989年，上海市三大寺便接待了2000多萬人次，而外賓就有250多萬人次。或者可以這麼說，凡是來上海參觀訪問的外賓，幾乎都會前往寺廟參觀。其中不乏一些政府要人和各界著名人士，如美國前總統雷根的夫人、巴西前總統夫人、英國瑪格麗特公主、泰國王儲瑪哈拉集拉薩先生、法國前

玉佛寺中的釋迦牟尼臥像

總理皮埃爾、印度前總理夫人、西哈努克親王夫婦、港澳前總督，以及世界各國佛教界的高僧等。

三大寺各項外匯收入逐年累加，早已超過數百萬美元，為國家創匯做出了貢獻；而且同時也證明了佛教寺廟不僅僅是佛教信徒們燒香拜佛的活動場所，也是中國傳統文化的寶地，更是開展對外交往的一個窗口。

康僧會建龍華寺

龍華寺位於上海徐匯區，黃浦江之西。其建築風格為宋代的伽藍七堂制。而且龍華寺不同於其他寺院之處，是第一進殿便是彌勒殿，而非普通的天王殿。這裡還曾是與破山禪師齊名的著名畫僧——竹禪僧的故居之地。

龍華寺是由龍宮改建而成的嗎

龍華寺是在龍宮的基礎上改建的，不過這是個傳說。

龍華寺的創始人是三國時期的西域康居國大丞相之子，單名叫會。因為他不戀財富，出脫紅塵，出家為僧。所以當他來到中華弘揚佛法的時候，人們便叫他作「康僧會」。

　　康僧會秉承佛旨，一直東遊至上海、蘇州一帶。最終在一個叫龍華蕩的地方安頓下來，因為這裡塵轍不染，是塊理想中的修行寶地。誰知廣澤龍王也相中了這塊福地，並早就在這裡建了一處龍宮。臥榻之側，廣澤龍王自然容不得一個突來的和尚安枕，於是他便想要興風起霧，把這個和尚嚇走。龍王正要施法之際，突然發現和尚搭的草廬之上，射出許多毫光，直沖霄漢，並兼五色祥雲盤繞。龍王暗吃一驚，於是靠近康僧會，細觀之下，見他正襟危坐、神色端詳，頗有佛家風範。而且正在打坐誦詠的經文佛旨，已經把龍王打動。於是他不僅打消了原來的惡念，還要把自己在這裡的龍宮相讓，好給康僧會興建梵宇。

龍華寺大殿

　　康僧會最終接受了龍王的好意，便把龍宮改建成龍華寺，之後還專程趕到南京拜會吳國君主孫權，勸他幫忙建造佛塔。

龍華寺的舍利是祈願而得的嗎

　　關於舍利也有一個傳說，而且並非是康僧會去找吳王，而是吳王傳召康僧會。

　　當時佛法初入東吳，康僧會是西域胡人，所以形貌皆異，被官員舉報。吳王孫權聞知後便傳見此人。康僧會自稱佛教沙門，於是孫權便詰問他所傳之道有何靈驗。康僧會對答如流，並言如來舍利，「忽逾千載，神曜無比」。

　　孫權認為這不過是誇誕之辭，就命康僧會祀請舍利，如得，則為之建塔興寺；不得，則處之以刑。康僧會告請七日之限，便回茅庵與門徒說：「法之興廢，在此一舉，今不至誠，後將何及？」於是大家潔齋靜室，把一支銅瓶放在几案上，燒香禮請，乞得舍利。可是七天過去了，瓶中卻寂然無獲。於是康僧會又向孫權求請七天，如此禮請，七日後仍然無獲。於是孫權便發怒了，懷疑此事八九欺誑，打算給這班沙門僧加罪。

　　康僧會誓死為期，請求孫權再給他第三個七天。孫權最後也特許了。康僧會對法門屬眾說：「宣尼（孔子）有言：文王既沒，文不在茲乎？法靈應降，而吾等無感？」只好更加用心祈禱。如此到了第三個七天的晚上，仍無

舍利出現，門徒僧眾，莫不震驚恐懼。時至五更，瓶中卻突然鏘然有聲，康僧會立即抬頭檢視，終於獲得了舍利。

翌日，康僧會把舍利獻給孫權，舉朝來觀，舍利雖小，卻發五色光芒，佛光直耀瓶外。孫權大為嘆服，隨即便為康僧會建塔。

這雖是傳說，但是龍華寺中真的就又多了13座佛塔，而且確實是三國孫權幫忙建設的，敦煌壁畫中亦有描繪。只是安放於其中的13顆佛舍利卻並非祈禱而來，而是康僧會自己帶來的。

滬生堂是龍華寺寺僧創辦的嗎

據說康僧會曾在龍華寺附近設立「滬生堂」，專門傳授從印度流傳過來的製糖之法，並成為中華第一紅糖生產人，不僅造福當地百姓，還對上海及周邊地區的飲食習慣影響深遠。

三國時候，上海及周邊都是一些不起眼的小漁村，地處偏遠，缺醫少藥，漁民的健康很難保證。康僧會對此很是疾首。然而他在一次弘法布道的過程中，偶然發現了一種很像印度古籍《吠陀經》中記載用以熬糖的植物，於是就採集了一些回到龍華寺，並按照《吠陀經》所載的方法進行製作，居然造出了紅糖。康僧會對醫學是有研究的，所以紅糖的成功製造，令他興奮不已。由於紅糖口感甘醇，且食用後對身體大有裨益，於是康僧會便在寺內熬製並發給信眾。可是漁民們的需求很大，而龍華寺寺小僧少，平時還要布道禮佛，所以很難滿足廣大信徒的要求。

不過康僧會還是找到了解決的辦法，便是在龍華寺附近建造了一個專門用於製作紅糖的作坊，由信徒們自願參與熬製紅糖，他自己則負責傳授紅糖的製作工藝，如此一來便基本滿足了當地漁民對紅糖的需要。

紅糖有益身體，作坊便大有可為，於是康僧會便取佛教「護佑眾生」的理念，為它取了一個名字「護生堂」，後來則在流傳的過程中逐漸演變為「滬生堂」。紅糖製作漸入軌道後，康僧會根據自己對醫學的研究，在紅糖的熬製過程中加入了人們日常食用的生薑、蔥白、胡椒、紅棗等配料，結果製出一些功效更為顯著的紅糖品種。男人吃了，出海就可以抵禦海上的風雨；女人吃了，活血健身；老人小孩更是愛不釋手。

後來隨著氣候和經濟的發展，上海地區不再種植甘蔗熬製紅糖了，但是

上海及周邊地區的人們卻把飲食加糖的生活習慣保持了下來，並有「不可一餐無糖」的說法，更形成了上海獨特的飲食文化。

靜安區裡靜安寺

　　靜安寺位於靜安區南京西路1686號，相傳始建於三國孫吳赤烏年間，初名滬瀆重玄寺，後名重元寺、重雲寺等，至宋大中祥符年間更名為靜安寺。南宋嘉定年間，本寺從吳淞江畔遷至現址，距今已近800年，甚至早於上海建城。清末，寺成現今規模。而如今寺廟的題額「靜安古寺」，也是在民國34年（西元1945年），由書法家鄧散木所書，並一直沿用至今。除此之外，寺內亦收藏有八大山人名畫和文徵明真跡：《琵琶行》行草長卷，以及南宋淳熙年間的「雲漢昭回之間」石刻等珍貴文物。

　　靜安寺不僅在古時聞名於遠近；近代還結合西方藝術，成為蜚聲國際的營業性園林；如今更兼備現代化的旅遊設施，可以更好地為遊客服務；再考慮到它具有如此悠久的歷史文化，稱之為滬上旅遊勝地，實在當之無愧。

　　此外靜安寺本是禪宗，不過近來趨向密教。而且1947年還由子孫叢林改為了十方選賢叢林，就是說本寺方丈不再由本寺獨承，而是在全國範圍內廣納英才，選賢者住持。

靜安寺是靜安區的發展源頭嗎

　　靜安寺作為上海最為著名的真言宗（即密宗）古剎，也是上海鬧市中難得的一處清修之地。而滬西百餘年間的城市化進程，也是以靜安寺為始的。無怪乎光緒二十七年（西元1875年）和民國34年（西元1945年）在此設置的警區和行政區，都是用「靜安」來命名的；而如今的上海，也有一個以靜安寺命名的靜安區。

　　那麼它是如何發展起來的呢？

　　靜安寺是古之名剎，經過1912年到1916年的發展，成為上海和全國佛教活動的重要寺院之一。尤其在1912年，靜安寺成為第一個全國性佛教組織——中華佛教總會的會址。

　　到1919年的時候，寺前填河修路，始有街衢，直通租界跑馬場，更名

靜安寺

為靜安寺路，即如今的南京西路。其後百餘年間，靜安寺便因地利之便，成為構成滬西交通網絡的中心，更成為滬西城市化進程的起點。從第一條大路建成以後，滬西一帶便日漸繁榮，而靜安寺也隨之香火鼎盛，禮佛遊客絡繹不絕。寺宇殿宇不敷應用。隔年，靜安寺僧常貴及滬紳姚文棟等，利用寺產的積餘資金，在大雄寶殿以東的空地上建起一座三聖殿，並把寺基擴至5畝。民國34年（西元1945年），靜安寺附近遍布商店，攤市將山門遮蔽。於是住持德悟和監院密迦便在原山門東首另建了一座新山門，並由鄧散木題額：靜安古寺。至此靜安寺主體格局基本形成。

1945年抗戰勝利，國民政府重新接管上海市，在建區時，以境內寺名「靜安」命為區名，亦實至名歸。

湮沒的靜安八景是哪八個景點

靜安寺起始基址在吳淞江北岸，但是江水潮汐，侵蝕不斷，於是在南宋年間遷至現址，並不斷擴大規模，到元代之時，已蔚成巨剎，更有8處名勝聞名當世，即三國時所立的「赤烏碑」、東晉遺存防禦海寇的「滬瀆壘」、南北朝時所植的「陳朝檜」、源於神僧智嚴異行而流傳的「蝦子潭」、南宋仲依所建的「講經台」、晝夜突沸不止的「湧泉」、詩僧壽寧所築的方丈「綠雲洞」、行人取道吳淞江必經的渡口「蘆子渡」。後人搜集歷代詩人題詠，編為《靜安八詠集》行世，靜安寺由此名聲大噪。

這些景點雖為歷代墨客所喜，而且題詠不以數計，可惜如今均已湮沒。不過仍有傳說留下。

比如蝦子潭便有一段趣話：宋代時候，本寺有一位智嚴和尚，很喜歡吃蝦子。一次甚至一下吃了一斗蝦。賣蝦的漁公找他清帳，智嚴卻無錢可付，就說：「那我吐還給你好了。」便將蝦子全部吐回到寺門前的小潭中。而那些蝦子一入潭水，居然全活了，不過已而無芒。此後，無芒蝦便成了潭中獨產，智嚴被稱為蝦子和尚，而靜安寺也被稱為蝦子道場。但1919年湧泉因修路而被填死後，這種蝦便銷聲匿跡了。

　　此外湧泉因為泉水沸騰不息，又叫沸井，俗稱海眼。如今泉外築有石池，旁邊還豎有阿育王式石柱「梵幢」，題曰「天下第六泉」。赤烏碑則是在南宋遷寺之時未及徙運，而被江水淹沒。相傳它是吳國赤烏年間創建滬瀆重玄寺時的敕記之碑，故名「赤烏碑」。

靜安寺內的玉佛是全國最大的嗎

　　靜安寺是上海名剎大廟，所供的佛像也大都高大威嚴。1991年，隨著靜安寺內重建的大雄寶殿完工，殿內迎進了一尊自緬甸而來的釋迦牟尼佛像，其像高3.87公尺，寬2.6公尺，重11000公斤，而且整座佛像均由純玉雕就。而且當時由於玉佛太過高大，所以奉安時就必須拆除門牆，如此「破門而入」的佛像也算少見了。這尊玉佛雖不是中國最大玉佛（最大的玉佛是遼寧鞍山的岫岩玉佛），卻比著名的玉佛寺中的兩尊玉佛要大得多。

　　此外供奉於靜安佛塔內的五方佛像、四面文殊菩薩像、四面普賢菩薩像、四面地藏菩薩像和四面觀音菩薩像，不僅皆為白銅鑄造，而且最低的也有4.1公尺，最高則達5公尺；其中最輕的2900公斤，最重的近5940公斤。其餘白銅佛像如彌勒佛像、韋陀菩薩像、伽藍菩薩像等，也都高二三公尺，重數千斤。

　　靜安寺內亦有其他著名的佛像。

靜安寺玉佛

　　2001年，靜安寺觀音殿內也迎來了一尊高6.2公尺、重達5噸的香樟觀音像。其像由整根千年香樟古木雕就，並且古木原料是慧明大和尚在1999年於閩中發現，後請名師精琢而成的，所呈法相莊嚴而慈祥。

　　2009年年末，靜安寺又入駐了一尊15噸重的純銀如來佛祖銀身像。這之後，據說還要在大雄寶殿上添置各菩薩、諸弟子等十餘座3噸重銀像。其未來香火之盛，可以預見。

靜安寺的祖師牌位不在寺內嗎

　　光緒二十五年（西元1899年），上海的公共租界向西擴張，涵蓋至靜安寺。因建築需要，租界當局迫令靜安寺將歷代祖師墳墓遷移至他處，並強行

拆除了寺內大雄寶殿的西側屋宇。直到光緒三十年（西元1904年），靜安寺才在上海南翔鎮建起一座「靜安南翔塔院」，並將其歷代祖師的靈骨遷葬至此，並建祖師祠，始供歷代祖師牌位。塔院擁地六十四畝，僧舍七十三間，有專人負責管理。

後來到抗日戰爭時期，靜安寺在寺廟左近創辦靜安小學；於南翔鎮建立靜安農村實驗學校，由大同法師主持教務，由靜安寺負責兩校所有經費。

此外靜安寺在1988年收羅店鎮的玉皇宮為下院，並改其名為梵王宮，由靜安寺前監院從達法師主持這座建於明朝正德年間的古寺。而且靜安寺在修復自身的同時，也撥出款項來支持梵王宮的改造，至1993年頗具規模，並改名為「寶山淨寺」。身為中國佛教協會會長的趙朴初也曾親赴禮佛，並為此處安養院題辭：「老有所終，大同理想。報眾生恩，法老為上。如奉父母，如敬師長。美哉梵宮，不殊安養。」

教弘天台法藏寺

法藏講寺始建於大上海時期，雖然整體上仍然是中國傳統建築風格，但側山門和簷柱等局部地方都糅入了不少西方元素，而且還具有獨特的塔樓式設計，使得寺廟與周圍的石庫門建築等十分合拍、協調。

法藏寺是上海唯一的天台宗嗎

法藏講寺是由當代天台宗大師——興慈法師發起創建的，時間是1924年，所以本寺是一座建立於民國時期的寺廟；不過它卻是上海佛教現存的唯一一座天台宗道場。

法藏講寺

天台宗是中國佛教史上創立最早的宗派，為六朝時的智顗法師在浙江天台山所創，其教義主要來自《妙法蓮華經》，故而又稱法華宗。該宗的高僧、學者往往兼倡淨土，慢慢形成了「教弘天台，行歸淨土」的風氣；而且他們特別重視講經弘法和研究教義，所以寺院

中的法堂都有著很重要的地位。而名為「講寺」的法藏，自然對法堂也更加重視——其可容六百餘人共同聽法。

本寺還由於傳奇法師興慈大師的主持，因而有「滬上靈光」的美譽。因為興慈法師在寺內設立了法藏學院，還建立了當時最大的講經法堂，進行了長期的天台宗教義宣講活動，終於使之成為上海的著名寺院，與當時的玉佛寺、龍華寺和靜安寺，並稱為「上海四大叢林」。

前住持興慈法師全家皆空門嗎

法藏講寺的開山住持興慈法師曾親自定下四條寺規：

（1）永為十方選賢叢林；

（2）繼任的住持應能「德學兼優，行解並茂」；

（3）法藏寺分為淨業堂（專門念佛）和學社（專門研究天台宗）；

（4）除念佛和施放蒙山（簡單地講，就是一種向餓鬼施食的法事）以外，一律不應酬其他佛事。這使得法藏講寺可以騰出時間和精力來，更專注於佛法的研究，這與其最終成為上海佛教四大叢林是有很大關係的。

那麼這個興慈法師究竟是何方神聖呢？原來他俗姓為陳，法名悟雲。但最奇的是包括他自己在內，連同祖父、父親、母親、姐姐以及三個叔父，都是先後在不同的寺廟內剃度出家，這種事情在中國的佛教史上是極罕見的。

之後飽有遊歷的興慈法師應上海富商哈同夫人之邀，赴上海愛儷園講授《天台四教儀集注》。聽講的沈映泉居士深受感動，於是捐資建立超塵精舍，延請興慈法師以此作為培育僧才的基地。然而四方學僧慕名前來，以致門庭若市，而精舍講堂終為狹小，不敷使用。於是從民國十三年（西元1924年）起，法師開始籌建法藏講寺，並終成上海天台宗一大剎。

不僅建寺有方，興慈法師還愛國愛教、熱心慈善。抗日戰爭期間被推選為「上海佛教同仁會」會長，專事賑濟，在入滬難民集中的南市等地長期施粥，長達五年之久，而受惠的難民更逾百萬之眾。抗戰勝利後在法藏寺內開設慈光補習學校，還開設免費診所，為民眾的教育和醫療做出貢獻。隨後他又開辦「興慈中學」，在生源中培養僧才。

如此慈悲人，在1950年久病後圓寂。

法藏講寺內有三身佛的全像嗎

　　如今法藏講寺大雄寶殿內的立柱和殿外四周的牆壁上，仍完整保存有諸如于右任、章太炎、李烈鈞、諦閒法師、王一亭、葉恭綽等眾多民國元老或高僧親筆的石刻楹聯，然而最難得的卻是寺內齊聚了佛祖的法身、報身和應身（又稱化身）三身佛佛像，成為非常寶貴的歷史文物。

　　「三身佛」其實是很玄妙的，其中法身，即佛家所說的無漏無為、無生

法藏講寺大殿

無滅的萬法真身，即佛子們所說的「得證法身，即為圓滿」；而報身則是以法身為因，並依佛修行而得的佛果之身，比如極樂世界的阿彌陀佛就是報身佛；末了化身則是指佛為了教化救濟眾生，而變化展示的各種形象之身，比如釋迦牟尼如來，本身就僅僅是一個人而已。

　　其實三身本是一體，只不過是佛學對人自性的一種歸納和總結罷了。

黃浦江邊城隍廟

　　上海城隍廟坐落在極為繁華的城隍廟旅遊區，它始建於明永樂年間，迄今已有約六百年的歷史。而且因為上海地區百姓的熱心支持，使得上海城隍廟在明永樂到清道光年間，廟基不斷擴大，建築不斷增多，而最為繁盛的時期，總面積達到50畝，約三萬多平方公尺。改革開放後隨著經濟的發展，到現在已形成上海小旅遊圈，包括城隍廟道觀、城隍廟小吃、豫園等縈繞四周，呈現出了上海城隍廟文化的底蘊，也使之成為上海地區重要的道教宮觀，在國內外都享有盛名。

上海城隍廟的城隍神是誰

　　根據《禮記》的記載，「水墉神」是城隍神的原形，而城隍神的稱呼則出現在南北朝時期。

　　唐代以來，郡縣普遍皆祭城隍，宋以後奉祀城隍的習俗成為國家級祭祀，因而也更為普遍。明太祖洪武初年冊封了六地城隍為王，府城城隍為

公，州者為侯，縣者為伯，各有品秩。每值月之朔望，知縣都會率官僚下屬前往禮拜，而新官到任的前一天也必須宿在城隍廟內，翌日清晨則要換常服首祭城隍。此外朱元璋還規定了各府州縣的城隍神名單。

上海城隍廟

因為城隍神是一城之神，負責保城護民、懲惡揚善、監察萬民、祛除災厄，非深得老百姓信任者不能擔任，所以城隍神一般都是公忠正直之人。

並且城隍神多人格化，以屬地的名人為主，如蘇州的城隍是春申君，廣州最後的一位城隍是清末的兩廣總督李湖，鄭州的城隍是紀信。

至於上海城隍廟中供奉的城隍老爺，則是元末明初的士大夫秦裕伯。這個人在元代當過官，所以當朱元璋取天下後，他便隱居不出。據說他還是秦少游的七世孫，所以進士及第的他很受上海一帶民眾敬仰。朱元璋非常看重他的威望和學識，便多次請他入朝，可是均被他婉拒。當他死後，明太祖便下詔說：「秦裕伯生前雖不為我臣，可死後要為我主城郭、守疆土。」於是朱元璋便封秦裕伯做了上海的城隍。

如今上海城隍廟內供奉的城隍神便是秦裕伯，其木像莊嚴而肅穆；且殿內仿明代縣衙公堂陳設，更顯森嚴威望。

廟內的楹聯匾額有什麼用

上海城隍廟內有不少楹聯匾額，而且多含深意，勸人向善。

如大殿正門之上的「城隍廟」匾額便配有「做個好人心正身安魂夢穩，行些善事天知地鑑鬼神欽」的對聯。「做個好人」是白話、實話，也應該是一個人的底線和最終目標──當你卸卻一切職務身分，「好人」便是對你最大的褒獎。

此外殿內第一對立柱所掛的「威靈顯赫護國安邦扶社稷，聖道高明降施甘露救生民」對聯，是讚揚城隍神功績的，配以「牧化黎民」匾額。第二對立柱上則是「刻薄成家難免子孫浪費，姦淫造孽焉能妻女清貞」的對聯，言語雖簡，卻足以警示世人。

殿堂楹聯是和殿內所供神祇相關的，大殿內主要供奉的便是金山神主漢代博陸侯霍光大將軍坐像，左右是文武判官，以及日巡、夜查、八皂隸。

上海臨海，居民都是漁民，所以廟內有慈航殿，懸「善惡到頭總有報，舉頭三尺有神明」對聯，配「慈航普渡」匾額。其內所供為主治眼疾的眼母娘娘、主平安的慈航大士、主出海平安的天后娘娘等。

上海人多經商，財神殿便不可或缺，懸「生財有道義為先，學海無涯苦作舟」之聯，配「福佑眾生」之匾。其內供的是主功名利祿的文昌帝君、主平安及財運的關聖帝君等。

城隍廟的最後一進殿為城隍殿，內懸「禍福分明此地難通線索，善惡立判須知天道無私」，配「威靈顯赫」匾；另有「天道無私做善降祥預知吉凶禍福，神明有應修功解厄分辨邪正忠奸」聯，配「燮理陰陽」匾，都是對城隍神公正無私的讚譽之詞。

城隍廟裡為什麼要拜太歲

中國民間有「太歲當頭坐，無喜恐有禍」的傳說，所以拜太歲便成為一種消災解煞、祈吉納福的習俗，並被中國道教文化吸收而成為傳統。

拜太歲活動早在中國元、明時期便成為國家祀典的一部分。上海城隍廟便是中國最出名的拜太歲地之一，與北京的白雲觀齊名。上海人在年初，通常是立春（因為這天是新舊太歲神交接換班的時間）之日，便要前往城隍廟燒香拜太歲，以求新的一年裡平安幸福，萬事順利。

太歲神其實有六十位，分別對應「六十甲子」中的某一年。所以每個人都有一位本命太歲，即其人出生之年的太歲；以及時年當下的值年太歲，兩者之間或有相沖、相生，從而形成道教的元辰信仰。

拜太歲場景

上海城隍廟內便有元辰殿，又稱六十甲子殿。其內供奉六十位太歲神，且都是凡間人物形象。相傳這些太歲神都曾託世人間，在不同朝代裡或是守疆護土、殺敵建功的將軍，或是廉正高潔、為民盡心的官吏，不過

每個都是倫理道德方面的楷模，並備受世人推崇。

拜太歲其實還有很多應該注意的事項：一是前一晚最好齋戒沐浴，穿潔著淨；女性則避開自己的經期。二是參拜之時要心平氣靜，並無雜念。三是最好隨執事僧行跪拜，內心更虔誠禱祝。四是心頭默念消災延壽天尊聖號。

此外祭拜的時候需要買香燭、金紙什物，不過如今都有專門販賣的「太歲包」，裡面什麼都有，很是方便。祭拜完畢，在一張紙上寫好自己的名字和八字，跟著金紙一起燒掉；本命文疏（即太歲護身符）則自己收好，不要致汙不潔，至年底則請出燒掉，以謝太歲一年來的保佑。

上海城隍廟曾被奸商把持

上海城隍廟經過無數劫難，在民國十三年（西元1924年）更為火種所侵，大殿整體為火所焚。

其間上海地區不斷湧入新增人口，城隍廟附近的商業也隨之繁榮，這使一些不法商人見利起意，希望藉大殿的重修契機，染指城隍廟，取得控制權。於是在1926年，秦硯畦、葉惠均、黃金榮等強撤主持道士管理廟宇的制度，反而自行組成邑廟董事會，進而對城隍廟加以管理。他們請公利打樣公司負責設計，久記營造廠負責建築，歷時20個月，終於1927年年底建成了鋼骨水泥的仿古大殿，其輝煌壯麗，為上海空前。不過幫派勢力難以有效管理寺廟，所以在1930年，又恢復了道士主持，但是須由董事會雇傭任命。而廟內各殿也公然採用「投標」的方式交給個人承包經營。於是，在那個特殊的歷史時期中，上海城隍廟在管理體制上一時失去了道觀的特點。

上海的基督、天主教堂

佘山天主教堂

佘山分東、西兩山，在西山之上共有兩座天主教堂。一座在山頂，全稱佘山進教之佑聖母大殿；一座位於山腰，名為佘山中山聖母堂，不僅規模

上較前者為小，而且名聲上亦處於劣勢，所以我們通常講的著名聖母朝聖地「佘山天主教堂」，一般指前者。

佘山天主教堂為何興建於教案頻發時期

　　天主教其實很早便傳入佘山附近的松江、青浦一帶。於是在恢復基督教活動後，法籍耶穌會會長鄂爾璧於1863年從徐家匯來到佘山，在半山建造了五間小平房，以供神甫修養，並於內設了一座小堂，即中山堂的前身。1864年，松江總鐸杜若蘭神父又在山頂建造了山頂大殿的前身，即六角亭，內中已供奉有聖母像，而山下張朴橋等地的教徒也開始上佘山朝聖。

　　之後的1868年3月，江南代牧區的主教郎懷仁又祝聖了此間的小堂和聖母像。這尊聖母像名為「進教之佑聖母」，是一位中國輔理修士陸省三模仿巴黎「勝利之后聖母像」而繪製的。於是在1868年5月24日（聖母進教之佑瞻禮日），數百名朝聖的教徒湧至佘山。可是當時的小堂無法容納，只好在空地搭起帳篷舉行彌撒。至此，大教堂的興建已成為必須。

　　當時正值清末，而且兩次鴉片戰爭後，安徽、江蘇多地發生教案，使神甫和教堂遭到襲擊和破壞。甚至在中外關係一向較為和睦的上海街頭，也出現了仇視外國人的揭帖。雖然當時主要針對的是英國人，但如芒在背的感覺，使耶穌會的法國傳教士們深感不安。江南代牧區的耶穌會會長谷振聲神甫便趕到佘山，跪在六角亭的聖母像前祈禱：江南代牧區如能平安渡過危難，化險為夷，將在山上建造一座大教堂。

佘山天主教堂

　　或許真的是聖母顯靈，也或許是英國駐上海領事麥華佗率領的四艘軍艦起了作用，江南代牧區果然平安度過了這段時光。於是在當年晚些時候，谷振聲便向各位本堂神甫發出公告，要求他們發動教徒捐資，以便早日建成大教堂，藉以感謝聖母的庇護。於是乎，之後號稱東亞第二大教堂的佘山天主教堂，便在這個教案頻發的年代始建起來。因為採用了無木無釘無鋼無梁的四無結構，所以躋身不對稱建築的典範。

　　其實這座教堂本該是南格祿發起建造的，因

為這個法裔傳教士早在1844年左右便到此處勘測地形，準備在佘山上建一座祈禱屋。不過他在1856年便去世了。後來終於在「教案事件」後始建，並在宗教設施的不斷擴建中，於1935年正式落成，更從此成為世界聞名的天主教聖地。

佘山天主教堂的聖母月是從何時而始的

佘山大教堂的始創建築設計工作由耶穌會的馬曆耀輔理修士負責，並於1871年5月24日（聖母進教之佑瞻禮日）舉行了奠基典禮。當日前來朝聖的教徒達6000之眾，代牧主教郎懷仁執禮了這場露天大彌撒。而且前來參禮的信徒們還參與了義務勞動，主要是把笨重的建築材料從平地搬到了山頂。

眾望之下，希臘式的山頂大堂終於1873年4月15日建成，祝聖新教堂的依然是從松江趕來的郎懷仁。同時他們還從半山腰到山頂修築了一條「之」字形的苦路，而且為了方便前來朝聖的信眾，並在幾個拐彎處樹立了14個苦路亭。拜苦路是當人們在朝聖的時候，為感念主耶穌當年背十字架走苦路的情境而做的相關活動，如今大陸的許多熱心教友還多是光腳拜苦路上山的。

當年5月，郎懷仁又來到佘山，這次則是主持了萬餘人參加的朝聖儀式。從此佘山聖母成為江南代牧區的特別主保，而當年的這個五月被稱為佘山歷史上的第一個聖母月。

中山聖母堂是為信徒中途休息而建的嗎

中山聖母堂位於西佘山山腰，始建於清光緒年間，其前身為同治二年（西元1863年）所建的療養所。後來在同治九年（西元1870年）的時候，中山堂西面廣場上建起了「三聖亭」，即若瑟亭、聖母亭和耶穌聖心亭；它和同時建在登山途中的14處苦路亭，都是前來朝聖者必至的場所。後光緒三十三年（西元1907年），一尊「耶穌山園祈禱塑像」又立在了中山堂北面廣場後階的頂端，成為信徒們新的祈福之處。

不過自從佘山山頂的希臘式大教堂落成後，每年聖母月前來參禮的信眾人數激增，使得中山堂變得異常狹小，於是在山頂的大殿建好後，位於中山的教堂重建便成了接下來必行的要務。

終於在1894年的時候，老堂拆除，新堂得建，而且是可容500餘人又極具

中山聖母堂

中國傳統風格的教堂。此外還新建了寬敞的神職人員和堂口工作人員的住所、辦公用房。

　　於是此後前來朝聖的教友便可以在前往山頂的大殿途中，於中山聖母堂前的千人堂場休憩，並在欄杆的保護下，坐在附近的石凳上觀賞四周風景及中堂正門兩側醒目的「小堂築山腰，且憩片刻休孝子禮」「大殿臨峰頂，再登幾級求慈母恩」對聯雕刻了。

佘山天主教堂是唯一仍活躍的朝聖地嗎

　　佘山進教之佑聖母大殿從20世紀40年代起，即成為聞名世界的天主教聖地及國內朝聖地是不無原因的。

　　因為在教堂建成之後的1942年，中國正處於抗日戰爭的艱難時期，羅馬教宗庇護十二世便冊封佘山天主教堂為宗座乙級聖殿，成為遠東第一座受到教宗敕封的聖殿。抗戰勝利後的1946年，羅馬教廷又加給了佘山一項特恩，准許給佘山聖母行加冕禮。當時來參加加冕禮的教徒達萬餘人。從此佘山聖母成為江南代牧區的特別主保，而當年的五月則被稱為佘山歷史上第十一個聖母月。自此以後，每年的5月聖母月，這裡都吸引了各地教徒排著長長的隊伍，逐個進入教堂做彌撒，盛況之情，至今猶是。它是中國境內唯一仍然活躍的全國性天主教朝聖中心。

　　佘山朝聖已歷多年，基本形成了比較固定的程序：教友們來佘山朝觀的話，會先到中山堂念經祈禱，以示對聖母的孝愛；然後結隊拜苦路上山。如此上到山頂便進大堂望彌撒，向聖母求恩。最後則重新回到「三聖亭」念經祈禱。如此這般才算完成一次朝聖。另外年年五月，在佘山附近的小河濱裡都會聚集不少漁船，這是因為當地漁民們受傳統影響，大多都是天主教徒。他們來朝聖的時候都是自己划船到佘山腳下，再上山朝聖。

　　值得驕傲的是，作為中國天主教著名的聖母朝聖地，佘山進教之佑聖母教堂是與法國羅德聖母大殿齊名的世界級著名大教堂。

徐家匯天主教堂

　　徐家匯天主教堂是中國著名的天主教堂，位於中國上海市徐匯區徐家匯蒲西路158號，為天主教上海教區的主教座堂，被譽為「遠東第一大教堂」，正式名稱為「聖依納爵堂」。天主教上海教區主教府與修女院毗鄰，教堂主體為「中世紀哥德式」建築。

什麼是天主教

　　天主教，又名「公教」，拉丁語：Catholicismus，希臘語：Καθολικισμό，英語：Catholicism，全稱「天主教會」或「大公教會」。所謂「公」源自「天下為公」的「公」。

　　天主教是基於「至公派神學」的基督徒三大教派分支之一，也是強調「普世性」的宗徒繼承教會。所謂「至公派神學」，是指基於正統派神學的基督教神學體系。

　　本書不做專業的宗教解讀，所以基本解釋到此為止，專業宗教人士可以一笑而過，其他有興趣的朋友可以自行做延伸學習。

　　天主教在明朝末年由羅馬教會傳入中國，當時其信仰的神根據中國古話「至高莫若天、至尊莫若主」而譯作「天主」；新教改譯「基督」以後，「天主」成為其在中國因襲的會號。天主教因此又稱為「舊教」。

　　西元1世紀，創立教會的耶穌首席宗徒聖伯多祿（彼得）所代表的猶太人，以及將基督信仰化的聖保祿（保羅）所代表的外邦人，根據耶穌的生平事蹟和主張，一同創建了天主教。

　　西元2世紀至4世紀，天主教逐漸在羅馬帝國宗教化，並逐漸成為國教，形成以羅馬為中心的羅馬天主教。經過11世紀、16世紀兩次基督教大分裂後的天特會議，天主教逐漸定型。

　　19世紀和20世紀的前兩屆梵蒂岡大公會議，總結了天主教的歷史，確立了天主教在現代社會的存在方式。

徐家匯天主教堂

到2010為止，全世界的天主教徒超過12億，佔基督徒總人口的一半。

天主教接受梵蒂岡指導的信徒，則是僅次於伊斯蘭教穆斯林的世界第二大政治及文化族群。

中國天主教作為獨立宗教，與中國基督教並列於中國五大宗教。目前中國的天主教信徒約1500萬。

中國五大宗教為：佛教、道教、天主教、基督教（新教）、伊斯蘭教。

徐家匯天主教堂：走獨立自主的中國特色社會主義天主教路線

17世紀初的明朝晚期，西方傳教士開始在當時的松江府（即今天的上海地區）傳教。

18世紀的清朝，中國天主教會經歷了許多打擊，使江南地區的教會事業遭到重創。

西元1840年，教會在中國江南教友數次請願之後，派耶穌會傳教士重返江南。

至1848年，附近地區的教友逐步增多，僅能容納兩百餘人的老堂已不能滿足需求，耶穌會南格祿會長於是決定在徐家匯創辦一所住院，供神甫們每年前來避靜與歇夏。

徐家匯天主堂由建築師陶特凡（W. M. Dowdall）設計，來自法國的建築公司先期於1896年開始搭建工棚、雕琢石柱。

1906年7月31日，徐家匯天主教堂正式動工。

歷經四年，1910年10月22日終於完工並舉辦落成典禮。教堂規模宏大，富麗堂皇，被譽為「遠東第一大教堂」，仍奉聖依納爵為「主保聖人」。舊教堂則劃歸聖依納爵公學使用，更名為「聖母無原罪堂」。

1949年後，上海天主教界響應國事，開展反帝愛國運動，走獨立自主、自辦教會的道路。

1960年4月，在上海市天主教第一屆代表大會中，張家樹神甫當選為上海教區正權主教。徐家匯天主堂成為主教座堂，並改「聖母為天主之母」為主保，稱「天主之母堂」。

1960年，在張家樹主教的決策下，上海天主教區機構都移至此地。

「文化大革命」期間，徐家匯天主教堂遭到毀壞，鐘樓尖頂被毀，整座

教堂的彩色玻璃窗全部被砸碎，變身成為「上海市果品雜貨公司倉庫」。

1979年「文革」結束後，教堂歸還教區，隨即進行修復，並於同年11月舉行「文化大革命」結束以後的首次彌撒。

1980年耶誕節前夕，大堂修繕一新，張家樹主教主持耶誕節大禮彌撒，千餘教徒恭與彌撒。

1982年8月，兩座重達13噸的十字鐵塔架，重新安裝到鐘樓上。

1985年1月，李思德、金魯賢神甫任上海教區助理主教的祝聖儀式在此舉行。1988年2月，張家樹主教去世，骨灰安置於此。

1989年9月25日，「徐家匯天主堂」被上海市人民政府列為「上海市文物保護單位」「第一批優秀歷史建築」。

2013年徐家匯天主堂入選「第七批全國重點文物保護單位」。

徐光啟是如何成為中國歷史上第一個天主教徒的

徐光啟，字子先，號玄扈，天主教聖名保祿（Paul）。明嘉靖四十一年（西元1562年），生於松江府，即今天的上海。少時在本地的南華寺讀書。萬曆九年（西元1581年）中秀才。後在家鄉教書。

在這段教書的日子裡，徐光啟是一個傳統的漢族文人。讀「四書」「五經」，為孔孟傳人。又娶妻生子，過著平凡的生活。

然而，徐光啟似乎是一個不安於現狀的人。在家鄉教書12年後，他調到廣東韶州，換了個地方繼續教書。

雖然仍是教書，但徐光啟這一變動具有重要的意義。因為，明朝自「隆慶開關」以來，朝廷已經解除海禁，廣東沿海已經可以與外國通商。所以，那時的廣東，就已經是對外開放的前沿，彙聚著不少外國人士。

徐光啟來到廣東，是不是因為這裡比較國際化，已然不得而知。但從結果上看，他確實因為在廣東結識到外國人而改變了命運。

他在韶州結識的外國人，叫郭居靜，義大利人，是耶穌會士，即天主教傳教士。

所謂天主教，是基督教的一支。而耶穌會，

徐光啟與郭居靜

是天主教修會。所謂耶穌會士，則是耶穌會的成員。簡單說來，就是天主教傳教士。耶穌會在16世紀於西班牙成立之後，便不斷向全世界派遣傳教士，欲擴大自身的影響。在明朝，一些傳教士來到中國，學習漢語，身穿漢服，並和中國人交朋友。郭居靜就是其中之一。

徐光啟為什麼可以結交到郭居靜，原因大概有三：

其一，因為他們兩人身處同一地區，即韶州。這為他們的相遇、相識提供了可能。

其二，郭居靜身為傳教士，有拉攏同化中國人，尤其是中國文化人的責任。

其三，徐光啟作為一個「不安分」的人，很可能對外來文化並不排斥。而在稍有了解之後，可能又頗有好感，所以就決定和郭居靜交往。

不管出於何因，徐光啟終究是認識了郭居靜，從此接觸了天主教以及西方文化。現在，徐光啟已和從前不同。他已不再是一個單純的漢族文人了。

在結識郭居靜三年之後，即萬曆二十四年，不甘寂寞的徐光啟再度轉移，來到了廣西，仍然教書。次年，再度參加科舉，並且考中了舉人。

由此，我們可以看到，雖然徐光啟接觸了西學，但他仍然要參與中國的體制。此外，這一次，他還遇到了自己的伯樂，即精於歷史的焦竑。正是焦竑的賞識，讓徐光啟在科舉的路上有了進步。

不過，雖然中了舉人，又遇到伯樂，但徐光啟在之後進行的會試中落榜，沒能更進一步。此後，他便回到家鄉，繼續教書。

三年後，即萬曆二十八年，徐光啟前往南京，拜訪自己的恩師焦竑。同年，結識了另一位義大利傳教士，即有名的利瑪竇。

這一次，徐光啟似乎受到了更大的感動。在與利瑪竇結識三年之後，即萬曆三十一年，徐光啟就在傳教士友人的介紹下，正式加入了天主教會，成為了一名天主教信徒。

基督教景靈堂

景靈堂是美南監理會在上海創建的第二座教堂（第一座是上海國際禮拜堂），起初是中西書院的內部教堂，1922年擴建，成為上海當時最大的教堂。

後來為了紀念該會著名傳教士、中西書院創始人林樂知先生而命名為景林堂；新中國曾禁止宗教活動，恢復禮拜後，景林堂於1981年更名為景靈堂。

林樂知為中國做了什麼而受到景靈堂紀念

景林堂是「敬仰林樂知」的意思，一個美國新教教堂，為什麼要敬仰一個姓林的人呢？這個林樂知到底是個怎麼樣的人呢？

其實林樂知根本不姓林，更不是中國人。他本叫Young John Allen，是美國喬治亞州基督教美南監理會的傳教士，咸豐十年（西元1860年）才偕夫人及未滿半歲的女兒來到上海傳教，是個道地的美國人，不過他在上海一待便是40年。林樂知對中國文化充滿興趣，並從中國名言「一物不知，儒者知恥」中取意，更名為林樂知，還起了一個「榮章」的表字，而且之後在辦報當主編的時候常常自稱「美國進士」。

林樂知對中國文化是熱愛的，所以提出了一種新的傳教方式，名曰「自由派」。它要求傳教士首先要了解中國社會，其次再結合儒家文化來宣傳基督教，最後則通過傳播西方先進的科技文化，如辦教育、辦報紙等手段擴大基督教文化在中國的市場，以此吸納更多的華人入教。

林樂知本人在這些方面是做得十分到位的。他細心觀察中國的內政外交，得出必須抓住「士」、結交「官」才能廣傳基督教的結論，並與當時上海的名流諸如馮桂芬、李鴻章、張之洞等為友。他將儒學中的「三綱五常」與基督教義一一印證，認為孔子和耶穌如同一人，儒學和基督教的本義也大致相同。他在上海辦新式學堂，不僅成功地創辦了中西書院（後併入蘇州的東吳大學），還設立了上海中西女塾。雖然女校在開校時僅有五名學生，但隨著風氣漸開，學生也日有增長，而且到了20世紀後成為了上海名媛們夢寐以求的「鍍金」聖地。之前他還因為在上海廣方言館認真地教課，勤奮地譯了十餘部書，而被清廷賞以五品頂戴。之後他和李提摩太（Timothy Richard）、丁韙良（William Alexander Parsons Martin）等人組織廣學會，以重辦的《萬國公報》為機關報，繼續

景靈堂

擴大教會在中國的影響。

他主辦的《萬國公報》，關心中國時事、傳播西方知識，把握住了晚清的社會熱點，吸引了廣大民眾的視角，從而擁有了廣闊的市場，以致發行量與上海的《申報》並駕齊驅，成為晚清最有影響的報紙之一。它在當時打開了晚清士人的視野，康有為、梁啟超、譚嗣同等都在此列。從普及自然科學及西方先進知識來說，《萬國公報》是功德無量的。

至此林樂知的傳教活動進一步得到了美南監理會甚至美國政府的支持，1906年他雖然回國待了很短的一段時間，卻受到了時任美國總統希歐多爾・羅斯福的親自接見。重返中國後，林樂知雖然年已古稀，卻仍然對自己的事業躊躇滿志。可惜禍福不定，正要再展拳腳的林樂知於1907年5月突然病逝於上海。

現在綜觀林樂知在華的活動，他的傳教事業固然起到一些作用，但相比而言，真正產生影響的卻是他在文化方面的活動，特別是建學和辦報。

宋美齡曾經是景靈堂唱詩班中的一員嗎

唱詩班在一個教堂中的地位是很重要的，往往由教會直接領導。宋氏三姐妹中的宋美齡便曾是景靈堂唱詩班的一員。

唱詩班需要由熱心的教會信眾組成，主要負責教會禮拜日的崇拜唱詩及帶領敬拜，是完全的義工團體。而且唱詩班對教會的各項事體都能產生作用，比如唱詩班會常常吸收很多年輕人加入，這樣就為新人的培養奠定了基礎。而且唱詩班是對信眾心靈的引導，如今很多教會的唱詩班都淪為了一種禮拜程序裡的擺設，僅僅變成了一種儀式，這樣便失去了唱詩班應有的作用。不過唱詩班並不是教會轄下的必設組織，但它的存在確實助佑良多。

根據基督教義，上帝是歡喜有水準的詩歌、音樂與歌聲的，而且他配得上最好、最美的讚美，於是上帝挑選了忠心的利未人來歌詠、讚美上帝。為什麼上帝在以色列十二個支派裡單單挑中了利未人呢？因為當年以色列人出埃及之後，絕大多數背逆了上帝與他的僕人摩西，造金牛拜假神；只有利未人仍忠心於上帝，跟隨著上帝的僕人摩西，所以上帝歡喜利未人，將自己所要託付的責任賦予他們，並將他們分別為聖。

《聖經》舊約歷代志上記載了大衛王只選三十歲以上的利未人為上帝獻

詩，所以一個利未人需要三十年的時間來接受嚴格的訓練，和家族中長輩們的諄諄教導，然後才有可能成為一個蒙神喜悅的利未人。如今常有年輕人自我安慰「盡量吧」或「有心就可以了」等，這在當時的年代，簡直就是荒唐。

在利未支派中，那些未能成為歌詠者或樂手的家族，一般從事守門、搬會幕、維修等工作；而以色列其他的支派沒有一人允許加入利未支派。也就是說歌詠者及樂手必須是出生於被揀選的利未家族，即唱詩班的成員必須是一個重生的基督徒，是神的兒女，過著聖潔的生活。

這樣看來，上帝不只是歡喜有水準的詩歌、音樂或歌聲，還要求這些人是得勝的聖徒，只有這樣的人才配得上如此侍奉他——心裡沒有上帝，如何得勝？沒有得勝，如何聖潔？沒有聖潔，如何侍奉聖潔的上帝？

自詡虔誠基督徒的蔣介石受洗於景靈堂嗎

蔣介石的母親和髮妻都非常信佛，他自己也深受影響，所以才非常看重風水。但是宋美齡卻是貨真價實的基督徒，並且整個宋家都是虔誠的基督徒。而蔣介石後來的生涯與宋氏有著政治、親屬等剪不斷、理還亂的各種關係，所以蔣介石之信基督，可以說是遲早的事情。

不過在當時國內軍閥混戰和國民黨內部爭權的政治情形下，如果一向自稱為國父孫中山學生的「介石兄」，忽然成了「上帝的子民」；或者口口聲聲喊著實行三民主義救中國的「中正公」，一下子成了信奉基督的信徒，這在當時的中國，對於一心想要獲得統治大權的蔣介石來說，確實是需要反覆斟酌的。所以在求婚時便承諾入教的蔣介石，左拖右延地挨到了和宋美齡的第二個結婚紀念日。

這年國民黨內的反蔣改組派發動了「溧陽暴動」。而正如他的丈母娘宋老太太在祈禱之後所發來的電文一樣，「敵人將會自動退去（編者按《聖經》中語）。」這次「上帝顯靈」的偶然事情，後來卻成為了促使蔣介石信奉基督教的重要原因。

因為在蔣入教之前，還發生了一個更奇異的事情。溧陽暴動的危機解除後不久，便爆發了中原大戰。初期蔣介石很被動，一度曾被馮玉祥的軍隊圍困在開封附近，四面被圍。危急之下，蔣介石想起了上次的「上帝顯靈」事件，於是祈禱上帝解救，並承諾此次得救後，定然立即正式信仰基督為救

主。隨後便天降大雪，使得敵軍無法進迫。而胡宗南的援軍卻於此時迅速趕到。結果蔣介石不僅保住了性命，還乘勢反攻，大勝一場，並使他最終獲得了中原大戰的全面勝利。蔣介石打敗了兩個強勁的對手馮玉祥和閻錫山，至此，在大體上總算實現了中國的統一。

蔣介石與宋美齡

戰後，蔣介石暗感「上帝恩賜」，心中震動不小；再加上當時宋母倪桂珍已病倒，或不久於人世。為了讓宋母欣慰，能看到自己履行當年的諾言，蔣介石便主動向宋美齡提出入教之事。於是，在宋美齡的安排下，二人攜手共回上海。然後在宋父宋耀如的教堂裡，由從美國回來的江長川牧師主持，蔣介石完成了洗禮入教的儀式。所以蔣介石的名字便列在了該堂名冊之中。

這座教堂便是著名的景靈堂，而且包括蔣介石在內的所有宋家人，都是這個教堂的信徒。

上海的場館娛樂

　　上海的文化，還蘊藏在它的各種場館、娛樂之中。比如，抗日衛國紀念館。在抗日戰爭時期，上海是中日兩軍大戰的第一個，也是最大的一個戰場，共有發生在1932及1937年的兩次「淞滬抗戰」。在當今的和平時期，我們除了查閱歷史資料，還可以通過參觀上海的各種抗日戰爭紀念館來了解歷史。除了紀念館外，博物館也是了解上海文化的一個勝地。在世界上，巴黎有著名的羅浮宮博物館，倫敦有著名的大英博物館，紐約有著名的大都會博物館，台北則有台北故宮博物館等。而上海，有著號稱「文物界半壁江山」的上海博物館，此外還有上海汽車博物館、上海昆蟲博物館等。

上海會場館園

民國時期，上海是中國乃至亞洲最繁華的城市。但在那個亂世，上海也成為日本侵華的主戰場。

1932年，上海發生了「一・二八淞滬會戰」。國軍第十九路軍在此頑強抵抗日軍的侵略。五年後，抗日戰爭全面爆發，而上海再次成為了首當其衝的主戰場，發生了「八・一三淞滬會戰」，中日兩軍在此激戰三個月之久！

巍巍我大上海，何以屢屢成為刀兵劫的犧牲品！

我們在此想說的重點，是上海地區遺留的抗戰遺蹟。其中以「四行倉庫」最為著名。

但我們首先說「淞滬抗戰紀念館」。

淞滬抗戰紀念館——淞滬抗戰遺址今何在

淞滬抗戰紀念館，顧名思義，就是紀念淞滬抗戰的紀念館。

首先，我們來介紹「淞滬抗戰」，而限於篇幅，我們只介紹抗戰全面爆發之後發生的「八・一三淞滬會戰」。

淞滬會戰，又稱「八・一三戰役」，日本稱為「第二次上海事變」，是中、日雙方在抗日戰爭中的第一場大型會戰，也是八年抗戰中規模最大、戰鬥最慘烈的一場會戰。

淞滬抗戰紀念館

淞滬會戰開始於1937年8月13日，是「七七事變」後，蔣介石為了把日軍由北向南的入侵方向引導為由東向西，以利於打「持久戰」，而在上海做出的對日自主反擊。

戰役中，中、日雙方共有約80萬軍隊投入戰鬥，戰役持續了三個月，日軍共投

入8個師團和2個旅團20萬餘人，宣布死、傷4萬餘人；而國軍投入最精銳的中央軍第87師、第88師及148個師和62個旅，總計約80萬人，我方統計死、傷約30萬人。

在淞滬會戰中，日軍因遭到國軍的頑強抵抗而損失慘重，這為後來日軍復仇釀成「南京大屠殺」埋下了伏筆。這場會戰對於中國而言，是兩國之間不宣而戰、實際上全面開戰的開始。

「七七事變」後，中、日間的地區性衝突升級為全面戰爭。「淞滬會戰」的拖延作用徹底粉碎了日本「三月亡華」的計畫。

「八‧一三淞滬會戰」結束八年後，抗戰勝利，日軍投降。世界進入一個嶄新的時期。

而抗戰勝利七十餘年後的今天，有「淞滬抗戰紀念館」屹立在上海市寶山區，永遠為那場戰役中英勇作戰的英雄們守望。

這座令人感泣的紀念館，就在上海市寶山區友誼路1號。

四行倉庫——四行倉庫和「八百壯士」有何生死因緣

「上海四行倉庫八百壯士英勇抗日事蹟陳列室」是為了紀念淞滬會戰期間著名的「八百壯士」抗日而建的，位於上海市光復路1號老四行創意園7層。下面我們一起來了解當年那場可歌可泣的戰役。

1937年8月13日，「淞滬會戰」在上海打響。

9月，閘北區寶山路陣地落入敵手。

10月，日軍攻破大場防線。奮戰在閘北、江灣一帶的國軍處於腹背受敵的窘境，被迫向西撤退。

第88師師長，著名的「長腿將軍」孫元良屬下的第524團副團長——謝晉元——率領所部第一營的官兵，奉命死守四行倉庫，以吸引日軍注意，掩護主力部隊撤退。

根據歷史學家的考證，當時堅守四行倉庫的官兵總共只有不到四百人，由於考慮到早期傷亡及原有人數

四行倉庫

（一個加強營700餘人），也為了「湊整數」，鼓舞士氣、擴大聲勢，故號稱「八百」。

之所以選擇四行倉庫這個必死之地堅守，是因為此地就在公共租界的邊緣，處在明處，有利於向全世界進行「現場戰事直播」，有利於擴大國際影響，爭取同情。

四行倉庫地處蘇州河北岸，是一棟六層的現代建築，高大而堅固。當時倉庫以北、以西的地界已被日軍佔領，以東和以南則是公共租界。日軍進攻時，不敢誤傷到租界裡的外國人，所以不敢使用重炮或飛機轟炸。

將士們孤軍奮戰4天4夜，擊退了日軍一波又一波的攻勢。其間公共租界內的民眾隔河搖旗吶喊、助威，甚至渡河為將士們送去慰問品。真可謂軍民一心，共抗來敵。

而各國媒體的現場報導，基本達到了預期的效果。

完成使命後，本就無路可退的官兵們奉命撤退至公共租界，被英軍解除了武裝。

太平洋戰爭爆發後，租界全部落入日軍手中。因為當時日本向英、美、法等西方國家宣戰，也就不必顧忌租界裡的外國人了。

而謝晉元被受雇於汪偽政府的殺手暗殺，不幸殉國，舉國震驚。其餘戰士則被日軍押至戰俘集中營。

「八百將士」以彈丸之地抗擊日軍的英勇事蹟，迅速傳遍國內和國際，人們稱讚他們是「八百壯士」，並專門譜寫了歌頌他們的歌曲《八百壯士歌》。

1938年，香港和大陸都拍攝了歌頌「八百壯士」的電影，名字就叫「八百壯士」；1975年，台灣也拍攝了電影《八百壯士》；2014年，華誼兄弟公司再度拍攝《八百壯士》電影，重新喚起了國人對那段往事的記憶，還有深深的愛國之心。

而那場可歌可泣之戰鬥的所在地——四行倉庫，今日依然靜靜地矗立在蘇州河畔。蘇州河水清澈、蕩漾，兩岸租界的舊宅也彷彿吟著輓歌。2015年，在上海市拯救抗戰遺蹟的行動中，四行倉庫再次進入了公眾的視野。

它將成為一座永遠的豐碑。

謝晉元墓——謝晉元為何被蔣介石稱作「精忠貫日」

謝晉元（西元1905—1941年），字中民，漢族，廣東梅州蕉嶺縣客家人。畢業於黃埔軍校四期，歷任國軍各級戰鬥單位長官，著名抗日英雄。在「淞滬會戰」中率領「八百壯士」死守上海四行倉庫，擊退了日軍一波又一波的攻勢，極大鼓舞了中國人民的抗戰熱情，也向世界展示了日軍侵華鐵的事實，以及中國軍民的頑強抵抗。

1941年4月24日，謝晉元被汪偽政府收買的歹徒殺害，不幸殉國。

謝晉元殉國的消息傳出後，舉國震驚，國人無不痛心疾首。汪偽政府的行徑真是令親者痛仇者快。

1941年5月8日，國民政府通令嘉獎，追贈他為陸軍少將。

上海10萬民眾前往瞻仰遺容。

因為其英勇的抗日事蹟，謝晉元獲得了極高的聲譽，包括各種政治人物的讚歎。毛澤東高度讚歎「八百壯士」為「民族典型」。蔣介石則譽其為「精忠貫日」。

新中國成立後，上海興建了晉元高級中學，並以「晉元路」作為道路名稱，以作紀念。

1982年，中國政府在上海長寧區萬國公墓重建「謝晉元墓」，以彰其「參加抗日，為國捐軀」的光輝事蹟。

抗日英雄永垂不朽。

淞滬抗戰十九路軍軍部遺址——第一次淞滬抗戰到底是怎麼回事

「淞滬抗戰十九路軍軍部遺址」位於上海市普陀區車站新村社區內，靠近上海火車西站。

「一・二八淞滬抗戰」，日本稱「上海事變」或「第一次上海事變」，是1931年「九・一八事變」後，日本為了支持和策應其對中國東北的侵略、遮掩其在東北扶持偽滿洲國的醜行，在上海自導自演的一次軍事衝突，時間達一個多月之久。日海軍陸戰隊在1932年1

十九路軍抗戰照

月28日晚對駐防上海的國軍第十九路軍發起進攻，十九路軍隨即奮起反擊。

中國方面，蔣介石於1932年1月29日復出，任國民政府軍委會委員（7日後任委員長，故有蔣委員長之稱），同日蔣介石宣布對日應對原則，即「一面預備交涉，一面積極抵抗」，這成為國民政府在「一·二八淞滬抗戰」期間的應對總方針。

到了1月30日，國民政府發布《遷都洛陽宣言》，表示絕不屈服。

2月1日，蔣介石下令中國空軍參戰。

2月4日，軍委會將全國劃分為4個防衛區，同時命四川、湖南、安徽、貴州、湖北、陝西、河南各省出兵做總預備隊。

2月8日，蔣介石指示何應欽調遣一個營的炮兵增援十九路軍。

2月14日，蔣介石下令將第87師、第88師及中央軍校教導總隊整編為第五軍，任命張治中為軍長，支援第五軍。

為應對十九路軍傷亡減員，蔣還先後命令從上官雲相、梁冠英、劉峙等處，調兵2000補充十九路軍，並為十九路軍、第五軍補充大量武器彈藥。

此後蔣介石先後調遣衛立煌的第14軍、第1師、第9師、第47師以及陳誠的第18軍、獨立第36旅等部隊，馳援上海十九路軍抗日。但因交通和「贛州戰役」等原因，上述幾個師大都未能在停火前到達指定參戰地點。

十九路軍與第五軍並肩作戰，一度取得了如「廟行大捷」等勝仗，對日軍予以一定打擊。

然而3月1日，日軍援兵在我軍防守薄弱的瀏河地區登陸，形勢逆轉，我軍被迫撤退至第二線防守。

1932年3月3日，在英、美等國的「調停」下，日軍宣布停戰。

停戰談判期間，在1932年4月29日，朝鮮籍反日鬥士尹奉吉在「暗殺大王」王亞樵的指使下潛入為日本天皇慶生的「日軍勝利閱兵慶典」，將隨身攜帶的炸彈投向主賓席，精準地將「日本陸軍大將」「上海派遣軍總司令」白川義則炸飛，當場死亡。

上海的各種博物館

上海博物館是文物界的半壁江山嗎

上海博物館位於人民廣場南側，是1952年在陳毅市長的支持下，合併了原有的幾個博物館而成立的，1995年建成新館。

它是一座大型的中國古代藝術博物館，其上圓下方的建築造型寓意著中國「天圓地方」的傳統觀念。館內的陳列面積達2800平方公尺，共珍藏有14萬件

上海博物館

文物，包括青銅器、書法、繪畫、陶瓷器、玉器、石雕、甲骨刻辭、璽印、錢幣、絲繡染織、牙骨雕刻、少數民族工藝品以及上海地區的考古發掘品等，年代跨度上自舊石器時代，下迄近現代，其藏品之多、之全、之精，在國內外都享有盛譽，有文物界「半壁江山」的美譽。

該館珍藏的歷史藝術文物中，尤以青銅器、陶瓷器和書畫最具特色。在青銅禮樂器中，重要的藏品有西周成王時代的德方鼎，康王時代的大盂鼎（後支援中國歷史博物館，現藏中國國家博物館）。

瓷器有商原始青瓷尊、唐邢窯盈字盒、唐越窯海棠式大碗、成組的宋汝窯盤、南宋官窯貫耳瓶、元景德鎮窯青花蓮花罐、明永樂景德鎮窯紅釉盤、明成化景德鎮窯青花孔雀藍釉盤等，都是絕世的珍品。

書法中，王羲之的《上虞帖》、王獻之的《鴨頭丸帖》、唐高閒的《千字文卷》、懷素的《苦筍帖》，以及宋徽宗的瘦金《千字文》等，亦為傳世的傑作。繪畫中，唐孫位的《高逸圖》、五代董源的《夏山圖卷》、宋梁楷的《八高僧故事圖卷》等，皆是稀世的美圖。

此外館內所藏的明、清兩代畫家作品，更為當代之冠。而諸如錢幣、古玉、璽印、雕刻等其他門類的收藏，也蔚為大觀：不僅頗具規模，而且名品眾多，自成體系。比如像家具的收藏便是集王世襄、陳夢家兩大家的精華，如今是無人能出其右的。

上海汽車博物館共展出多少古董車

上海汽車博物館位於上海國際汽車城的博覽公園內，是中國首個專業的汽車博物館，其展品彙集了自汽車誕生以來的近70輛經典車型，時間跨度超過百年。目前上海汽車博物館開放的區域包括汽車歷史館、老爺車博物館、上海汽車風情展和科技探索館。

汽車歷史館位於博物館一樓，被分為9個主題展區，包括序館、探索與誕生、實用與量產、多樣與精彩、流線與速度、運動與駕駛、節能與電子、中國汽車工業、未來之路等。這裡主要展示的是內燃機的發明、早期手工作坊製造汽車的場景，以及之後流水線的生產方式，並按照汽車的藝術設計、速度、節能等主題進行分別介紹，而在中國汽車工業展廳中，展示的則是中國汽車工業的發展歷程，以及各時期的代表車型。一樓共有20餘部精選的經典代表車輛，諸如世界首輛內燃機汽車賓士一號，首款使用裝配線生產的汽車福特T型車，中國紅旗於1959年推出的第一款汽車CA72，百公里油耗小於3L的大眾Lupo，法拉利首款量產的跑車Testarossa等，都配以相關重要事件的介紹，雖然其中部分展品是複製品，但仍然足以向觀眾展示世界汽車發展的歷程，以及反映汽車對人類社會發展的重大影響。

從一樓到二樓的夾層裡，展示的是上海汽車風情，主要是以老照片配合文字的形式，展現民國時期上海的汽車文化，比如當時汽車的廣告、汽車的牌照，以及汽車與名人等。

二樓的老爺車博物館所展示的40多台老爺車，是由美國著名的汽車收藏組織黑鷹集團捐贈的，涵蓋了從汽車誕生到1977年歐美的約20個品牌車輛，其中不乏難得一見的珍品。比如最早的馬車樣式的小型單排座敞篷車，以及早期的林肯、勞斯萊斯、凱迪拉克等豪華轎車，還有高性能的賽車、跑車等，讓人眼花撩亂，目不暇接。

上海汽車博物館

三樓是科技探索館，主要是針對青少年進行的汽車科普教育，分為汽車暢想、汽車設計與製造、汽車未來、汽車構造、遊樂體驗5個展廳。展品中有被分解的汽車，懸掛展示著汽車的各個零部件，遊客可以藉此認識汽車的技術原理，觀察汽車的基本構成。

館內還展出有混合動力汽車、電動汽車、燃料電池汽車和氫氣車等多種新能源汽車，以及一些具有未來設計風格的概念車。此外，這裡的遊樂區域內有汽車油耗排放測試機、小小汽車設計師、駕駛模擬、汽車智力賽場、汽車塗鴉、四驅車、樂高科學教室等遊樂項目，方便人們體驗。

汽車博物館是首家彙集汽車歷史、人物、技術、創意的大眾文化傳播機構，也是國內外汽車廠商品牌文化在上海展示的開放交流平台，總之，這是上海城市形象的新亮點。

上海昆蟲博物館內有海倫娜閃蝶嗎

上海昆蟲博物館內所藏的海倫娜閃蝶，被稱為世界上最美的蝴蝶。這種蝴蝶產於南美洲的巴西、秘魯等國，因為數量稀少，所以十分珍貴；而且體態婀娜，展開翅膀就好像孔雀開屏。不僅如此，這種蝴蝶的蝶翅還會發光變色，時而深藍，間或湛藍，還會淺藍，它們雙

海倫娜閃蝶

翅上的白色紋脈就像鑲嵌上去的寶石，光彩熠熠，十分迷人。前些年，有人將這種標本估值為每隻36萬元，中國僅有3隻。

上海昆蟲博物館歷史悠久，最早可追溯到1868年，當時法國神甫韓伯祿（P.Heude）開始籌建上海震旦博物館（Musee Heude）昆蟲部，於1883年在徐家匯建成；後來因為收集到的標本過多，以致無法儲藏，於是在1930年遷往呂班路（今重慶南路），並建新的震旦博物院。當時該館所儲藏的中國動植物標本為遠東第一，被稱為「亞洲的大英博物館」。1953年後，歸屬中國科學院上海昆蟲研究所，如今隸屬於中國科學院上海生命科學研究院。經過100多年的創業和發展，如今收藏的全國各地昆蟲標本已達100多萬號，並保藏著一大批瀕危珍稀昆蟲標本，以及國際和國內的危險性檢疫害蟲標本，是中國大型的專業昆蟲館。

昆蟲其實是地球上最昌盛的一類動物，全世界已知100多萬種，佔已知動物種類總數的三分之二以上，可以說地球上哪裡都有昆蟲的蹤跡。甚至曾經有科學家假設，如果沒有人類，真正統治地球的便是昆蟲。

事實上昆蟲和人類的關係是十分密切的。除了少數如蝗蟲、蚊、蠅等對

農林業生產和人們的健康造成危害的害蟲，大多數的有益昆蟲都被人類廣泛利用起來。諸如養蠶業和養蜂業、人工放養的紫膠蟲或五倍蚜等，都給人類帶來了豐富的物質財富。各式各樣的昆蟲裝點著自然界與我們的生活。

崇明學宮中陳列的戰船去過日本嗎

崇明學宮內有古船陳列室，其中並無去過日本的戰船，但是卻有去過日本的船型。更有一個關於日本「神風」的傳說。

崇明學宮，如今又叫崇明博物館，位於上海市崇明縣（**2016年8月撤縣建區**）新城南門碼頭，始建於元代泰定四年，是上海僅存的三座學宮之一。宮內有殿、宮、堂、廳、祠、閣等建築群，建築藝術精湛。在清代的時候曾十次重修。民國以降，崇明學宮一度成為學校或其他單位。近些年經過幾次整修，學宮逐漸恢復了當年的格局，成為上海地區面積最大的孔廟。

學宮門前有兩株三百多年歷史的古銀杏樹，另有一對大石獅子守在門側，看來頗有氣勢。學宮內最大的建築便是大成殿，相當於一般寺廟中的大雄寶殿，不過在這裡則是祭祀孔子的地方；其東、西兩廊是72高徒的宿舍。而今的大成殿及東、西兩廊，成為「崇明島史與古船陳列室」，內中運用了文物、模型、雕塑、沙盤、布景箱、圖片和先進的視聽手段、通俗簡明的文字說明等，真實地反映了崇明島的形成及其政治、經濟、交通、水利、文化等各方面的發展和建設成就。尤其值得介紹的是，這裡展出有學宮的鎮館之寶，即兩艘唐、宋古船，在上海地區可是獨一無二的珍貴文物。此外館內所展的崇明沙船，是中國四大船系之一，擁有很高的聲譽。沙船在中國古代近海運輸中扮演了重要的角色，也叫做「防沙平底船」，是中國「四大古船」之一，為中國古代著名海船船型。早在唐宋時期，這種船便已成型，更作為中國北方海區航行的主要海船。因為它很適於在水淺而沙多的航道上航行，所以被命名為沙船。另外，這種船不適遠洋。元朝時，元政府曾徵集長江九百沙船前去攻打日本，可是未到日本便因海上颱風而歿。這也是日本「神風」由來的典故。

除了古船陳列，大成殿東廊主要是崇明知名人士的照片和事蹟，以及在崇明出土的一些古代器物。西廊是黃丕漠藝術館。大成殿後的兩幢建築是崇明民俗陳列館。此外還有萬仞宮牆、欞星門、登雲橋、戟門、名宦祠、崇聖

祠、尊經閣等，都是上海地區保存完好的明代建築。

上海科技館內總共擁有多少件標本

上海科技館位於上海世紀廣場西
側，設有地殼探秘、生物萬象、智慧之
光、設計師搖籃、彩虹樂園、自然博物
館、蜘蛛展等八個展區和巨幕影院、球
幕影院、四維影院、太空影院及會館、
旅遊紀念品商場、臨展館、多功能廳、
銀行等多個配套設施。

上海科技館內景

其中自然博物館所藏標本約有25萬件，共分為植物、動物、古生物、地
質及人類五大類。植物又可分為種子植物類、蕨類、苔蘚類、藻類、地衣
類、菌類六類。動物可分為哺乳類、鳥類、爬行類、兩棲類、魚類、無脊椎
動物、昆蟲等。人類分為人類體質學與民俗人類學。其中，植物標本數量約
15萬件，哺乳動物標本3000多件，魚類標本9000多件，鳥類標本9000多件，
兩棲爬行類標本近9000件，無脊椎標本約4.5萬件，昆蟲標本近2萬件，地質
標本4000多件，古生物6000多件，人類民俗標本862件，古屍16件。在上海
科技館收藏的諸多門類中，動物以兩棲爬行類最具特色，兩棲類收藏佔全國
46.6%，爬行類佔全國56.3%；植物則以高等植物和地衣比較完整而聞名；古
生物以山旺化石群標本、上海地區全新世脊椎動物亞化石標本和分別來自山
東臨朐的哺乳動物化石標本，以及遼西鳥類標本最有特色。

其中，上海科技館收藏的哺乳動物標本有331種，共3186件，佔全國哺
乳動物的60.1%，佔世界哺乳動物的7.6%。這些標本中的某些收藏甚至可以
追溯到1868年創立的震旦博物院和建於1874年的亞洲文會，本館現存收藏最
早的標本來自1808年，百年以上的標本有8種8件。現有亞洲文會標本197件和
震旦博物院標本123件。在該館收藏的哺乳動物標本中，有正模9件、選模16
件、付模3件；國家一級保護動物46種287件，國家二級保護動物52種477件。

由此可見，上海科技館所藏標本的規模可謂浩大。

上海的各種遊樂園

上海世博園為什麼是綠色世博

　　上海世博園區位於南浦大橋與盧浦大橋之間，以及盧浦大橋以西區域，全區沿黃浦江兩岸分南、北分布，分為獨立館群、聯合館群、企業館群、主題館群和中國館群五大區塊。上海世博會已過去幾年了，然而留下的上海世博園依然吸引著無數的遊客前來觀覽，自然有其獨特的看點，而這些看點無不體現著「綠色世博」的精神。

　　上海世博會主題館有著一面面積達4000平方公尺的生態牆，居世界第一，被稱為上海「綠肺」，並於2012年獲得上海市科技進步一等獎，可以說是上海園林科技界幾十年來獲得的最高獎項。

　　這面綠牆不僅是賞心悅目的綠色景觀，而且還有眾多實用價值。比如在夏季的時候，它能利用綠化隔熱外牆阻隔輻射，並使外牆表面附近的空氣溫度降低；冬季的時候既不影響牆面得到太陽輻射熱，又能同時形成保溫層，使風速降低，這便使外牆的使用壽命得以延長。此外它還可以減少光污染，有利於眼睛的調適和休息；並可以製造氧氣，淨化空氣；而且在日接待人數超過40萬人次以上的上海世博園內，綠牆還可以有效地減低雜訊，以免遊客感覺太過嘈雜。

　　上海世博園的第二個看點便是園內的太陽能發電能力，在世博會舉辦期間曾達到5000千瓦，從而使之成為中國太陽能集中應用規模最大的城區之一。僅中國館和主題館所建的一套總規模約3兆瓦、建築一體化的太陽能光伏發電裝置，便可以預計年均減排二氧化碳約1980噸，相當於少用900噸左右的標煤。

上海世博園

　　地下陽光浴則是上海世博園的第三大看點。通常講到地下空間時，人們都會將之與昏暗、沉悶等聯繫起來，但是園中世博軸的「陽光谷」則使得這一問題迎刃而解。陽光谷採用「喇叭」式外觀，就像一個「漏斗」，這樣，它的表面就會因為有

玻璃覆蓋反光，並通過巨膜的合理遮擋，進而達到有效的遮光作用，其奇妙的構思堪稱一絕。而且圓錐形的「陽光谷」還具備雨水採集功能，這樣便可以將這些經過循環處理的雨水用於世博園區的廁所、綠化灌溉等用水方面。將陽光帶入地下，是上海世博園的又一大膽嘗試。

上海動物園曾是高爾夫球場嗎

上海動物園位於上海市長寧區虹橋路2381號，緊鄰上海虹橋國際機場。上海動物園成園於1954年，屬於國家級大型動物園，佔地面積七十多萬平方公尺，是中國第二大城市動物園（第一是北京動物園）。

上海動物園內景

不過如今是全國十佳動物園之一的上海動物園，在清朝時卻是一座高爾夫球場。約在清光緒二十六年（西元1900年）的時候，英國僑民在附近開設了老裕泰馬房，當時佔地20餘畝；約十年後的宣統年間，則擴大至約100畝。民國3年（西元1914年），由太古洋行、怡和洋行、滙豐銀行等8家英商聯合購買了這塊土地，民國5年便成立了高爾夫球場俱樂部（又名虹橋杓球俱樂部球場），此時的用地已擴展至約150畝；而到了民國19年則猛增至417畝。他們擴佔的土地，少數通過高價購得，多數則是通過英國領事館威脅或強制購買佔有。

新中國建立以後，外交部於1953年3月20日批准上海市人民政府外事處收回此處的高爾夫球場。同年9月，上海市政府決定在原球場的基礎上，規劃闢建文化公園。

於是在1954年5月25日，為紀念上海解放五周年，定名為「西郊公園」的文化休閒公園正式對外開放，當時投資85.33萬元。西郊公園的開園，曾轟動上海灘。

開園僅十天，日遊人量便高達3～15萬人次，致使園內花木損失嚴重，也使得園外的交通時常堵塞。於是經市政府同意，公園停止開放15天，以此進行整修。重新開園後，通過日限4萬張門票的方法來控制遊客量。

但是沒幾天，國務院辦公廳便通告上海市政府，要將雲南西雙版納傣族

人民獻給毛澤東主席的一頭大象交給上海飼養展出。而市政府通過商議，決定將西郊公園擴建為動物園。

同年12月，從上海出發的7名科技、飼養人員前往雲南西雙版納，經過七個多月的長途跋涉，於1955年6月，終於把大象「南嬌」安全運回上海。從此開始了上海動物園的建設發展之路。

如今上海動物園共飼養展出各類稀有珍貴野生動物400餘種，計6000多隻（頭）；種植樹木近600種，計10萬餘株，特別是有10萬平方公尺清新開闊的草坪，甚至還基本保持著幾十年前高爾夫球場的地形。

上海野生動物園更重娛樂性嗎

上海野生動物園是中國首座並且最大的國家級野生動物園，位於上海浦東新區南六公路178號，佔地153公頃，距市區35公里。園內彙集了世界各地具有代表性的珍稀動物200餘種，共上萬餘頭（隻），其中不乏中國難得一見的長頸鹿、斑馬、羚羊、犀牛等，亦有中國自有的大熊貓、金絲猴、華南虎、亞洲象、朱鸝等國家一級保護動物。

上海野生動物園不同於上海動物園，它更注重娛樂性。來此的遊客們在遊園時可分為車入和步入兩大參觀區。整個園區又分為食草動物放養區、食肉動物放養區、火烈鳥區、散養動物區、水禽湖和珍稀動物圈養區、百鳥園、蝴蝶園及兒童寵物園等，並設有動物表演等許多特色節目，讓前來觀賞的遊客們體驗到動物世界帶給人們的樂趣。

在車入區，有一直伸長脖子的長頸鹿，稽首搖頭；有陸上最大的哺乳動物大象，憨態可掬；有中國三大國寶之一的金毛羚牛，閒適安雅；當然也會有世界上奔跑最快的動物，時速可達110公里的獵豹；非洲陸地上的獸中之王，總是一副大將風度的獅子；還有集笨拙、靈活、狡猾於一體的動物「三傑」——熊、猴、狐，各展英姿，它們通常都會爭相向過往的車輛乞討食物，所以提醒眾位不要隨意餵食；也有默默注視著過往車輛而毫無反應的大老虎，

上海野生動物園

它們是不屑於向遊客乞食的。

在步行區，遊客們也可以觀賞到白獅、白虎、白袋鼠，以及大熊貓、揚子鱷等世界珍稀動物；而駝羊、駱駝、斑馬、大象等動物也可與你合影留念；而小動物樂園裡，你則可以抱抱各種小動物，餵餵小猴之類，親自當一回飼養員。

此外於1996年建成的百獸山表演場，可以容納3千觀眾同時觀演。整個表演場三面為觀眾席，一面為大型實體置景，根據每次節目主題的不同置景內容做出相應的調整。自建成以來，百獸山表演場共承辦過全國動物運動會、動物時裝秀表演、新春大聯歡等多項精彩主題節目，動物表演的水準處於國內領先地位。而且每天，百獸山表演場都會上演一場由大象、羊駝、斑馬、狗熊、獼猴、貴婦犬等近30多頭（隻）動物參加的大型節目，這裡的節目內容豐富而多彩，是遊客們最喜歡光臨的場館之一。

長風海洋世界並非中國企業嗎

上海長風海洋世界位於大渡河路189號的長風公園內，是1999年興建於銀鋤湖西岸湖底13公尺處的中國首家主題新概念海洋水族館，共有海洋生物300餘種，計15000多尾，是一座集大型海洋動物表演與水族館魚類展覽於一體的綜合性海洋主題公園，而且還是全國青少年科普教育基地、上海市專題性科普場館、上海市二期課改授課場館，是國家4A級景區。

雖然如此，上海長風海洋世界卻和杜莎夫人蠟像館、樂高樂園一樣同為國際品牌，它隸屬於歐洲第一、全球第二的 Merlin Entertainment 集團，是其旗下的全球最大水族館連鎖品牌 Sea Life 在上海的分公司。

「認識海洋，熱愛海洋，保護海洋」一直是長風海洋世界所秉承的企業文化理念。所以遊客們在這裡既能觀賞到來自世界各地的珍稀海洋生物，又能觀看白鯨與海獅等海洋哺乳動物的精彩表演，這些都是栩栩如生的海洋生物科普知識互動展示，使遊客們可以親身感受到人與動物和諧相處的驚喜。迄今為止，長風海洋世界已接待了上千萬海內外遊客，成為名副其實的集旅遊與科普知識傳播為一體的綜合性場館。

館內分為叢林探險、珊瑚礁叢、深海沉船、鯊魚甬道、企鵝館等多個區域，最受遊客們歡迎的是叢林探險和鯊魚甬道。前者改建後的叢林探險項

目，由於雨林環境十分逼真，所以深受小朋友們的喜愛；後者則可以感受到
與海中霸主零距離接觸的激情刺激。

上海馬戲城曾經擁有哪些殊榮

　　上海馬戲城，有「中國馬戲第一城」的美譽，而且因為其獨特的建築造
型而成為上海地區又一標誌性建築。上海馬戲城位於共和新路，附近有閘北
體育場和廣中公園等景點，是上海市北區的文化、體育、娛樂中心。而且因
為交通便捷，所以來上海的遊客通常都會前來一睹其風采。

　　上海馬戲城由雜技場、排練輔助房、娛樂城、獸房、演員接待中心五大
部分組成，是以雜技、馬戲表演為主體，集文化、體育、娛樂為一體的綜合
娛樂藝術場所；曾組織策劃了一系列重大演出：上海國際魔術節暨國際魔術
比賽、國內金獎雜技比賽、俄羅斯冰上馬戲、國家舞台精品工程劇碼《依依
山水情》等。

　　隸屬上海馬戲城的上海雜技團在國內外都擁有悠久的得獎傳統：早在
1956年，著名的口技演員孫泰便在華沙國際雜技比賽中獲得金獎；此後《頂
碗》在巴黎「明日」雜技比賽中獲金獎；《跳板蹬人》在蒙特卡洛雜技比賽
中獲摩納哥城市獎，2001年《跳板蹬人》再赴蒙特卡洛，終奪最高獎項金小
丑獎；第一屆全國雜技比賽中，上海雜技團的《空中飛人》《大跳板》分獲

上海馬戲城演出

第二、三名，第二屆全國雜技比賽中，
《大跳板》《馴狗》《牌技》一舉囊括
三個類別的金獎。此後的各屆全國比賽
中，上海雜技團的雜技、馬戲、魔術等
節目均有金獎入帳；1988年，上海雜技
團自籌資金創建了中國第一所中等專業
雜技學校——上海市馬戲學校，使中國
雜技有百團無一校的歷史得以終結。

上海杜莎夫人蠟像館

　　上海當時是從全球三十幾個候選城市中脫穎而出，才成為全球第6座杜莎

夫人蠟像館落腳地的。而杜莎集團之所以選擇上海，是看中了中國巨大的本土明星優勢與廣闊的市場前景。上海杜莎夫人蠟像館於2006年5月1日開業，地址在上海南京路新世界。它繼承了杜莎夫人蠟像館200年的精髓，展示出唯妙唯肖的名人蠟像，使前來觀賞的遊人們有機會與心目中的英雄零距離接觸，從而感受明星們的魅力風采。觀眾除了可以與80多尊足可亂真的中外明星蠟像留下親密合影外，還可以加入與「明星」的對歌、拍電影、打籃球等互動體驗中去。

　　與其他展館相比，上海的杜莎夫人蠟像館運用的高科技元素是最先進的，也是全球互動體驗最豐富的展館。展館內開設有體驗區，如果你有興趣，甚至可以花錢為自己做一個手模帶回家，作為永久的紀念珍藏。

上海杜莎夫人蠟像館內有哪些名人蠟像

　　上海蠟像館經過詳細精確的市場調查，最終在冗長的候選名人名單中挑選出了數十位大多數中國人都渴望見到的名人，他們在影視界有：

布萊德‧彼特和安潔莉娜‧裘莉的蠟像

　　華人：成龍、陳坤、范冰冰、馮小剛、郭富城、古天樂、葛優、關之琳、李冰冰、梁家輝、李連杰、孫儷、吳奇隆、姚晨、言承旭、楊紫瓊、張柏芝、趙薇、張藝謀、甄子丹等。

　　外國人：奧黛麗‧赫本、安潔莉娜‧裘莉、阿諾‧史瓦辛格、布萊德‧彼特、查爾斯‧史賓賽‧卓別林、李敏鎬、瑪麗蓮‧夢露、妮可‧基嫚、皮爾斯‧布洛斯南、湯姆‧克魯斯、席維斯‧史特龍、茱莉亞‧羅勃茲等。

　　音樂界有：

　　華人：劉歡、李宇春、那英、梅豔芳、黎明、李玟、蔡依林、周杰倫、羅志祥、謝霆鋒、陳慧琳、鄧麗君、TWINS、容祖兒、古巨基。

　　外國人：麥可‧傑克森、艾維斯‧普里斯萊、濱崎步、梅莉‧史翠普、小甜甜布蘭妮、瑪丹娜、Lady Gaga、凱莉‧米洛。

　　體育界有：

　　華人：姚明、劉翔、聶衛平、李小雙、鄧亞萍、郭晶晶、林丹、孫楊。

外國人：大衛・貝克漢、麥可・喬丹、羅納度、老虎伍茲、萊納爾・梅西、維多利亞・貝克漢。

中外名人有：

華人：楊振寧、楊利偉、李嘉誠、周立波、李雲迪。

外國人：阿爾伯特・愛因斯坦、黛安娜王妃、威廉王子、杜莎夫人、比爾・蓋茲、比爾・柯林頓、普丁、休・葛蘭、歐巴馬、邱吉爾、尼爾・阿姆斯壯。

杜莎夫人是蠟像館的創始者嗎

在看到上節所提的各個名人蠟像之前，遊客會先在場館的入口處見到一尊不太熟悉的蠟像，它便是杜莎夫人蠟像館的創始者——杜莎夫人的蠟像。

杜莎夫人（西元1761—1850年）原名瑪麗・格勞舒茲，生於法國的斯特拉斯堡。1767年，因為其父戰死於對普魯士的戰爭，母親帶著小瑪麗從斯特拉斯堡移居到了巴黎，並在醫師同時也是蠟像製作師的科迪斯家做女管家。正是這段際遇，使瑪麗學會了日後賴以成名的蠟像製作技能。

1777年，瑪麗為大文豪伏爾泰製作了她的第一座蠟像，並因此廣受歡迎。於是她獲得法王和瑪莉皇后的邀請入宮，擔任皇室教師，專門負責路易十六王妹妹的教育。她在皇宮內的九年時間其實是愜意的，也很令她享受。

後來由於法國大革命的爆發，瑪麗從凡爾賽回到巴黎；但是她的皇室雇主路易十六卻被送上了斷頭台。於是瑪麗進行了一項工作，即為路易十六和其他皇室好友製作「死亡面具」。其中部分面具至今依然保存完好。

杜莎夫人蠟像

這之後的1802年，瑪麗來到倫敦，並因英法戰爭的爆發而滯留英倫。可是堅強而不屈的瑪麗不僅依靠蠟像保證了生活，還因此發展了事業。如她的老師科迪斯一樣，瑪麗在倫敦開了一家蠟像館，並取名為「杜莎夫人蠟像館」。

杜莎夫人蠟像館是怎麼發展起來的

上節提到，杜莎夫人在1777年製作了她的第一個蠟像，之後更是一發不

可收拾。她還為盧梭、班傑明‧佛蘭克林等製作過頭像。在法國大革命期間，她還不得不在屍體堆中尋找被斬首的頭顱，並為他們製作面模。

　　杜莎夫人的老師科迪斯在1794年去世後，將他自己全部的蠟製品收藏都轉交給了杜莎夫人。其中科迪斯於1765年為路易十五的情婦杜巴利伯爵夫人製作的蠟像，成為蠟像館中歷史最久的一個，而且至今仍在展覽。

　　蠟像藏品暴增的杜莎夫人於1802年來到倫敦，並帶著這些蠟製品遊遍了大不列顛和愛爾蘭。1835年，當她74歲高齡時，在倫敦貝克街（Baker Street）建立了第一個永久性蠟像展館。到1884年的時候，蠟像館遷入馬里波恩路（Marylebone Road），但是1925年的一次火災使許多蠟像毀於一旦。不過值得慶幸的是，它們的模具都保存很好，於是很多較舊的蠟質品便得到了重製。這或許是件好事吧。

　　杜莎夫人蠟像館開業200多年來，一直門庭若市，經久不衰，原因頗多。其中最重要的一點便是人們強烈的好奇心。大家希望和歷史名人接觸，真切感受各個時期的名人，從而體會那些已經過去的歷史。

　　杜莎夫人蠟像館和它西邊的倫敦天文館，現在都是倫敦最重要的旅遊景點，並且在阿姆斯特丹、香港、拉斯維加斯、紐約和上海，都開設了分館。如今蠟像館中的藏品包括了歷史名人、皇室成員、體育及娛樂明星等。

杜莎夫人蠟像館是怎麼製作名人蠟像的

　　蠟像的製作是一項非常複雜的工作，尤其是要將蠟像做得唯妙唯肖、仿若真人，就必須對製作的每一步都精益求精。所以前期對名人的測量是至關重要而不能馬虎的，這之後則要把這些珍貴的資料發回倫敦總部，因為只有那裡的蠟像工廠，才能創造出另一個「名人」。

上海杜莎夫人蠟像館為韓國偶像李敏鎬量身製作蠟像

　　首先是全身模型的塑造。按照記錄的資料和拍攝的照片，雕塑師會先用黏土捏出「名人」的頭部，然後敷上石膏製出頭部的模具。之後只要在石膏模內灌入熱蠟，待冷卻後再除去石膏模，蠟像的頭部原形就定型了。用同樣

的方法還可以做出雙手和雙腳。但是軀幹的初期製作還需要金屬骨架的支撐，而後期則由玻璃纖維代替。

　　名人像不像，主要是對頭部細節的處理，只要這個做好了，基本就是大功告成了。頭顱原形製作完成後便進入複雜的加工工序，眼睛、毛髮及皮膚的著色都是極為細緻的工作。眼珠用一種玻璃狀塑膠（丙烯酸類樹脂）代替，這會使「名人」的眼睛看起來炯炯有神，而且眼睛是心靈之窗，所以瞳孔內的放射狀線條也都會用水彩手繪畫出，甚至連眼白內的微絲血管都要用紅色的幼絲線做出來。牙齒的製作則更高級，取模、染色，簡直就好比為名人做了一副假牙。而「名人」的頭髮則是真人頭髮，只不過是尋找與名人頭髮樣本類似的髮質，再經由手工一根一根地植入蠟像內，然後經過清洗、裁剪，最後則是梳理髮型。整個工程可謂浩大紛繁。

　　大體做好後，後期的加工也是格外重要的環節。蠟像的「像」不僅在於形也在於神，這就需要讓「名人」看起來如真人一般活靈活現。全身皮膚的著色至關重要：根據黃種人的膚色和名人自身的皮膚特點，塑像師會調配出合適的顏色替蠟像塗上油彩，這種油彩會令蠟像全身呈現一種皮膚特有的透明質感，而且根據肌理紋路對色彩進行微調處理，以使「名人」的皮膚色彩更為逼真。著色完畢後，還要將頭部及四肢安裝在玻璃纖維製成的身軀上，完成整體的拼裝。

　　據說製作一個完整的名人蠟像，需要花費上百萬元人民幣。

杜莎夫人蠟像館到底有什麼歷史作用

　　其實在杜莎夫人做蠟像的那個時代，新聞最主要的傳播方式是靠口頭或報紙完成的。杜莎夫人的蠟像便成為了一種另類的報紙。通過展出那些頭版頭條中出現的大人物，尋常百姓們可以更深切了解到當時的國際動態。而這些價值連城的蠟像使在歐洲發生的那些重大事件，包括法國大革命、拿破崙戰爭等，顯得那麼栩栩如生。蠟像以寫實的手法製作而成的政治風雲人物，以及恐怖屋裡的驚恐蠟像等，都成為人們廣泛流傳並引起不斷聯想的載體。

　　不過20世紀後，杜莎夫人蠟像館的功能開始發生變化。因為這時國民素質普遍提高，而且新聞的傳播速度得到了飛速提升，隨處皆可獲得當今的最新消息。於是杜莎夫人蠟像館的展出也不再是一個向大眾提供新聞的地方，

其功能逐漸轉向對公眾人物的評論。而且在20世紀的時候，杜莎夫人蠟像館經歷了一些重大的動亂，但是在熊熊烈火、恐怖的地震，以及空襲炸彈的轟炸下，它依舊存活了下來。今天的杜莎夫人蠟像館是規模最大而且最好的，它有機融合了多彩的歷史和21世紀的歷史人物。

杜莎夫人蠟像館最早期的作品現在依舊還在展出，其中包括在法國大革命期間被迫製作的死亡面具，以及砍下蘇格蘭瑪麗女王頭顱的斷頭台。遊客們在此還可以看到也許是史上最早的電動模型：綽號為睡美人的路易十五情婦在睡眠中自然呼吸。展出的其他名人還包括娛樂界、體育界的明星及政治人物，每一具蠟像都唯妙唯肖。

從法國大革命到現在，杜莎夫人蠟像館為好奇的大眾展出了這期間幾乎所有的歷史人物。而隨著時代的變遷，越來越多體現時代特徵的新蠟像在不斷推出。你只要對那些赫赫有名的大人物心存一絲好奇的話，那麼杜莎夫人蠟像館便是你的必去之地。除了這裡，你還能在那裡感受這兩個世紀以來所有的歷史名人以及當紅人物。這便是杜莎夫人蠟像館存在的意義。

上海的休閒娛樂

上海人的驕傲：滬劇

滬劇又叫「申曲」，因為此種劇興於上海，所以被稱為滬劇。在其發展的過程中曾受到蘇州灘簧及文明戲的影響，故而曲調優美並極富江南氣息。它的優秀劇碼多以現代生活為題材。滬劇的英文表達法為 Songhu Opera，即淞滬劇；而 Shanghai Opera 指的是越劇，並非上海本地劇種。

滬劇有著怎樣的形成歷史

滬劇本來叫做花鼓戲，作為農村的田頭山歌，早在清朝乾隆年間（西元1736—1795年）便已流行於江、浙一帶。

發展到清代道光（西元1821—1850年）末期的時候，已經有了專門的上

海灘簧，當地人稱之為「本灘」。因為角色少，伴奏也少，所以可以隨地演唱，這時亦叫做「對子戲」。

再往後，演變成了「同場戲」：角色人員增多，而且已經有了女演員，並配備了專門的伴奏人員，使整個班社有了十來個人的編制，於是便可以演出情節較為複雜的劇碼了。

早期的戲班主要在鄉間流動演出，就好像魯迅先生在社戲中描寫的一樣；後來則進軍上海的街頭，甚至茶樓。演出的劇碼大都以農村生活為題材，演員的裝束也基本都是清代的農村服飾。這些劇碼後來被稱為清裝戲。

本灘其實在辛亥革命前後便進入上海各遊藝場演出，初期以坐唱為主，並且沒有化裝。20世紀20年代，隨著戲班的增多，並且受到文明戲的影響，便採用了幕表制，並發展為小型舞台劇——「申曲」。

30年代初，出現了大量取材於時事新聞和電影故事、表現城市生活的劇碼。這種劇的出場人物都身著西裝、旗袍登場，故而被稱為「西裝旗袍戲」。隨著這類戲的上演，申曲的表演形式逐漸接近於文明戲和話劇；比如採用新穎的布景，以及加強燈光、效果、音樂等。此外還吸收了一些文明戲工作者擔任編導。如此這般，申曲歌劇公會也應需求而成立，1934年改組為申曲歌劇研究會。到1938年的時候，申曲團體猛增到30個左右，著名的有文月社、新雅社、施家班等。

隨著1941年上海滬劇社的成立，申曲開始被改稱為滬劇。這一時期上海的電影和話劇大放異彩，申曲自然受到它們很大的影響，比如上海滬劇社上演的第一個劇碼，便是改編自好萊塢的電影《魂斷藍橋》，而他們所演出的《鐵漢嬌娃》，則改編於《羅密歐與茱麗葉》。

在電影的影響下，滬劇建立起了比較完善的編導制度，表演上也注意刻畫人物性格，探尋唱、做、白的有機結合。演唱藝術方面，則以最能表現個人演唱特點的長腔長板為主，並出現了各種流派。當時改編自電影《桃李劫》的《恨海難填》，獲得了巨大的成功，同年被改編成戲曲影片。

2006年5月20日，上海的本地劇種——滬劇，終於經國務院批准列入第一批國家級非物質文化遺產名錄。

上海滬劇表演

滬劇都有哪些經典劇碼

愛情在任何時候都是永恆的話題，而且最好拉上兩代人。滬劇經典劇碼《羅漢錢》便是在講一對有情人終成眷屬的故事，而且翻拍成了電影：農村姑娘張艾艾與同村青年李小晚之間萌生愛意，並互贈小方戒及羅漢錢作為信物。可是被思想封建的村長等人知道了，關於他倆的流言蜚語便在村裡流傳開來。艾艾的母親小飛蛾聽到這些閒話後，便打算趕快把女兒嫁出去。可是小飛蛾發現了女兒的羅漢錢，想起自己年輕時也曾和一個青年農民保安相愛，恰巧也是互贈羅漢錢以作信物。但是自己卻被父母逼著嫁給了張木匠，所以才被村長指責為「上梁不正下梁歪」。小飛蛾陷入了痛苦的抉擇。這時艾艾請自己好友馬燕燕去向母親說情。思想進步、伶牙俐齒的燕燕終於設法說服了小飛蛾，但村長卻不給他們開結婚用的介紹信，於是艾艾和小晚去區政府登記的要求也被拒絕了。這下村長更得理了，張木匠也說小飛蛾母女倆給他丟盡了人。正在這時，頒布了「婚姻法」，區長親自來宣傳，並指出了村長的錯誤。於是乎，小飛蛾積壓了20年的精神痛苦，終於在艾艾和小晚這對有情人終成眷屬後，得到了解放。

雖然那個時期有大量優秀的滬劇上演，但如今時光荏苒，滬劇藝術面臨著越來越嚴重的生存危機：演出市場持續嚴重萎縮，觀眾不斷減少；加上滬劇從業人員收入普遍偏低，人才的流失和斷層現象日益嚴重，原有的數十個滬劇演出團體，如今僅剩下兩三個。搶救滬劇藝術已刻不容緩，有力的保護措施也已經勢在必行。

《羅漢錢》演出

「上下手」是滬劇裡的什麼行當

對子戲時期的滬劇，戲班中的男角稱為上手，女角稱為下手，並以一生一旦形式的演出居多，不過也有一丑一旦，乃至兩個旦角的。而且那個時候受到傳統觀念的影響，無論生旦，均由男性演員飾演。

不僅如此，角色的動作也較為簡單。比如角色跑圓場及穿插行走，稱為「串鏈條」「如意頭」等；動作則稱為「手面」「掠髮勢」「撥鞋勢」及繡

花、搖船、推磨等，小步便代表角色正在上樓，以扇搭肩則是在挑擔，而且這個時候武功表演技巧還沒有形成。

正如京劇一樣，滬劇在不同時期的角色行當也各有不同。

同場戲時期，初期，上手（**男角**）在不同劇碼中演唱各種角色，後來才有了生行和丑行的分別。生行即小生、老生，其中小生又分正場小生、風流小生；扮演丑行的則稱為撮角、觸角。不僅名字不同，表演上也有區別：生行舉止穩重，談吐文雅；丑角則動作誇張、油腔滑調。旦角總稱頭笄，又名包頭，而且也有正場包頭、娘娘包頭、花包頭、老包頭、邋遢包頭等區分。雖然角色分工上已經有了細緻的劃分，但當時本灘班社的演員較少，所以他們演角色時大多串扮。比如演小生的藝人戴上鬍子，就成為老生；旦角換個包頭，小姐就變成了娘娘（**上海話裡，娘娘即指父親的姊妹**）。

同場戲在表演上的動作也極為簡單，和對子戲時期基本相同。

滬劇早期由男角扮演，「女口」（**下手**）時的女性頭飾，稱為「紮頭

下手（女角）

髻」，也有叫「紮頭肩」的。演員在表演的時候，不僅模仿女性的舉止體態，而且還要模仿女性的發聲，由此滬劇裡便有了旦行。原先，「男口」（**下手**）在不同劇碼中扮演各種不同的角色。後來發展出來「先陽」（**生行**），並有了「觸角」（**丑行**）的分野。這種以生、旦、丑行為雛形的不同性格色彩的表演，當時還未發展為成熟的角色行當。至於後來滬劇雖然向文明戲、話劇的方向發展，但唱、做、念也均未形成行當，演唱時也都用真聲而未動假音。

滬劇藝術擁有怎樣獨特的唱腔

滬劇唱腔音樂的來源，是明清時期流行於浦江兩岸的田頭山歌，後來經過長期的藝術實踐和廣采博取，才逐漸形成了其豐富多彩的曲調和獨特的風格。而且滬劇既擅於敘事，也長於抒情。並且在演唱時巧妙地運用速度的放慢或加快，變化表演的節奏、節拍、調式與伴奏過門等，以此適應劇情和人物感情的需要，形成了一整套板式，曲調主要分為板腔體和曲牌體兩大類。

板腔體唱腔是包括以長腔長板為主的一些板式變化體唱腔，此外還輔以

「迂迴」「三送」「懶畫眉」等短曲，以及「夜夜遊」「寄生草」「久聞調」「四大景」「紫竹調」和「月月紅」等江南民間小調。

長腔長板是包括一系列不同速度的板式，並且作為滬劇表演風格的代表，應用廣泛，所以一般稱之為「基本調」。後來在其形成演變的過程中，將男女角色分腔，並採用同調異腔的方式來演繹。其中女腔為商調式，男腔為羽調式。

另一類板式唱腔，則是在滬劇發展早期，吸收了「蘇灘」的太平調、快板、流水等唱腔的音調、節奏，並最終與滬劇曲調結合衍生形成的曲牌體唱腔。這種唱腔多數是明清俗曲以及民間說唱的曲牌和江浙俚曲，另外也有從其他劇種吸收的曲牌，甚至還包括一些山歌和其他雜曲。所以在傳統戲中，多數情況下只應景應時地作為插曲而加以運用，也有的只在翻牌點唱或電台廣播中演唱。

滬劇表演樂器如何廣納百家

任何藝術形式，都由簡單到複雜，滬劇的伴奏樂器亦不例外。

在對子戲時，樂器的使用不過一把胡琴、一副板和一面小鑼而已；進入上海市區後，滬劇團雖然還是以竹筒二胡為主（俗稱「申胡」），但是已逐漸增加了琵琶、小三弦，以及笛、簫等具有江南韻味的絲竹類樂器；同時還會採用支聲複調的手法演奏。後來因為在滬廣東幫的壯大，於是滬劇受到廣東音樂的影響，揚琴便替代了小三弦，而笛、簫的使用也更加頻繁。在一些唱腔過門兒中，還會使一些江南絲竹樂及廣東樂曲的音調融入其中。在隨後的發展中，滬劇又相繼吸收了秦琴、椰胡、阮等樂器，樂隊也遂成規模，表現力也增強了。解放後，滬劇劇碼的題材有了新的開拓，所以板胡、月琴也隨之進入了樂隊。

不過在長期的演出實踐中，鼓板、主胡、琵琶、揚琴始終是滬劇演出的主要伴奏樂器，被俗稱為「四大件」。

後來因為演出的需要，滬劇樂隊還陸續增加了大小提琴、單雙簧管等。20世紀70年代又有中提琴、低音提琴和銅

滬劇表演樂隊

管樂器（大號、圓號、長號）加盟。80年代後，滬劇樂隊伴奏的主要部分已經變成西洋樂器中的木管組和弦樂組。而前衛的電聲樂器也會偶爾進入滬劇樂隊。如今，樂隊的編制和樂器的運用達到了相當的規模。

上海人的消遣：評彈

評彈分為評話和彈詞，但均是以說表細膩見長。評話所用的吳語糯軟而動聽，並時常穿插科諢笑料，可謂妙趣橫生。彈詞亦以吳語輕唱，其音更加抑揚頓挫、輕綿柔緩，再加上弦琶與三弦兒的伴奏，從交錯中顯出琤錚，聽來十分悅耳。所以評彈一直都是為上海、江浙人民所喜愛的表演形式。

老上海人聽的是蘇州評彈嗎

蘇州評彈自然應該是蘇州最有名的了，不過從清朝末年到20世紀30年代，卻是上海灘的老少爺們兒捧紅了蘇州評彈。當時正是鼎盛時期，書場之多，超過說書的發源地蘇州。上海市民聽說書也已成為老上海獨特的文化景觀。跑去聽書的，有政府大員、商界名流；也有販夫走卒、地痞流氓。總之各個階層、各種年齡的人都喜歡聽書。泡上一壺茶，閒悠悠地坐著聽書，慢慢品茶，慢慢休息，慢慢聽書，慢慢享受，何樂而不為呢？

當時上海所聽的蘇州評彈，分為大書和小書兩種。說大書的，只說不唱，常見的就是一個人在那兒獨說，稱為「單檔」；小書又稱「彈詞」，顧名思義，表演的時候需要抱起琵琶，邊彈邊唱。其實小書最初的時候也只有「單檔」，後來才流行的兩人搭檔，稱為「拼雙檔」。影視劇裡便常見一個老頭子拉三弦兒（可不是二胡）、女兒抱琵琶賣藝的橋段。

此外，兩種形式在所說的內容上也有很大的區別。大書往往以場面大、人物多、情節複雜的國家大事為腳本，比如三國啊水滸啦什麼的；而小書則都是家庭瑣事，如情場風波等，西廂記或可算在其中。

如今在上海市的電台裡，還經常有評彈說書的節目，並廣受歡迎。

老上海有哪些知名的說書場

有需求就有供給，更何況在那個電視機還未出現的年代，說書場便成了

老上海人消遣、談天的最佳去處。隨之而
起的有名說書場也就不可枚舉了。

清末的青蓮閣

比如上海四馬路的青蓮閣，福建北路
的玉茗樓，廣東路的萬雲樓，東棋盤街的
春江花月樓，十六鋪的稱心如意樓，西康
路的明月樓，牯嶺路的湖園等，都是舊時
滬上的有名說書場，並廣為老聽客們所熟
知。

此外，創建於1890年的匯泉樓，曾積極地造就過評彈演員，並擴大了評
彈的影響，著名的彈詞女演員范雪君大獲好評的《啼笑因緣》，便是在這裡
演出的。寧波路493號的南園書場，以紅木為原料製作場內台椅，華貴雅典至
極。西藏路上的東方書場也是老上海設備最好的書場之一，不僅有600餘個座
位，而且冬置皮墊、夏鋪草席，所聘的藝人也多是響檔。浙江路、天津路口
的蘿春閣則是朱耀祥、趙稼秋首演《啼笑因緣》的書場。山西路的南京書場
在1941年春節，因上演《三笑》而轟動上海灘。而且仙樂書場也是因為楊振
雄在此演《長生殿》而名聲大振。清光緒二年（西元1876年），上海的第一
個女書場「也是樓」，便是名震一時的著名說書場，經常人滿為患。

這些書場都曾給上海觀眾留下過美好的印象，並培養出一批又一批的評
彈觀眾，大大豐富了上海人的閒暇生活。

舊上海說書有名的只有四大家嗎

所謂的說書四大家，其實是20世紀40年代，在上
海評彈界評選出的四位大名家。他們是演《描金鳳》
的夏荷生、演《珍珠塔》的沈儉安、演《落金扇》的
蔣如庭以及演《玉蜻蜓》的周玉泉。

不過說書的演員那麼多，怎麼會只有這四個「角
兒」呢？

比如憑藉一曲「蔣調」而名聲鵲起的蔣月泉；將
說、噱、彈、唱融為一體並開創「嚴調」的嚴雪亭；
出演《顧鼎臣》《十美圖》的「張調」名家張鑑庭；

演《描金鳳》的夏荷生

以委婉淒切唱腔開創「祁調」唱腔的祁蓮芳；以及1948年進入上海演《長生殿》、擅唱俞調並自創「楊調」流派的楊振雄等，都是上海灘評彈流派中赫赫有名的演員。所以當時滬上的評彈名家，又何止那「四大家」呢？

如今聽評彈的上海人有多少

根據前幾年的一些調查，上海日均約有近萬人直赴現場去聽評彈，這是不包括電台等其他聽眾的。但是為什麼如今的書場數量還不足60年前的一成，並且皆經營慘澹呢？

要知道，在20世紀四、五〇年代左右，評彈可是上海人僅次於電影的第二大娛樂節目。但60年過後，如今的上海書場卻已不到60家，而且時有書場停業。

「聽眾老齡化」而且「票價便宜」是官方提出的癥結所在。

「聽眾老齡化」的問題要以泰日老年書場為例，這裡的聽眾大致分兩類：一是七八十歲及以上的老年人，每天都來這裡喝茶、聽書，二是菜農等小生意人，從四五十歲到六七十歲的都有。「書場每天十二點半開始說書，到下午兩點半結束，這些人正好做完事，或者到城裡賣完菜回來，就來書場喝喝茶、聽聽書，順便談天說地。」陳新章說，「農村文娛活動少，而這些中老年人並不喜歡看電視。」

因為受眾多是老年人，而他們對價格都極為敏感，所以就直接導致了第二個問題的出現：「票價便宜」，甚至「過低」（有2元一張票的）。

還有一個問題便是節目陳舊。經典書目是好，但是唱了多少年了仍然是一唱再唱，等於是自己把年輕觀眾擋在了門外。其實年輕人並非不愛聽評彈書目，只是對過老的劇碼不感興趣。比如新編的《賽金花》，就在市場上受到了年輕人的喜愛。

看來評彈在上海的重新興旺，還是有可能的。

上海的高等院校

　　大學是一座城市文化的標誌。正如北京因北大、清華而增色，倫敦因牛津、劍橋而聞名，上海也因它所擁有的大學而熠熠生輝。那麼上海都有哪些知名大學呢？復旦大學、同濟大學、上海交通大學、華東師範大學等都是上海知名的大學，而其中復旦大學、上海交通大學以及同濟大學，是上海所有大學中最出名的三所，這三所大學承載了上海的傳統文化，遊覽這三所大學，能讓你感受到不一樣的上海文化。

第一所中國人自主創辦的大學——復旦大學

　　復旦大學，位於上海市楊浦區，1905年建校，初名「復旦公學」，是中國人自主創辦的第一所高等學校，創始人為中國近代著名教育家馬相伯先生，首任校董為孫中山先生。

　　復旦校名取自《尚書大傳·虞夏傳》中「日月光華，旦復旦兮」中的「復旦」二字，有「自主辦學，復興中華」的寓意，寄託了當時國人的時代期望。

　　復旦大學在民國時期奠定了作為一所優秀大學的基礎。新中國成立後，成為教育部與上海市共建的首批全國重點大學，是中國首批「211工程」「985工程」大學，首批「珠峰計畫」「111計畫」以及中國頂尖學府「九校聯盟」（又名「C9聯盟」）成員大學。

　　復旦大學擁有文學、歷史學、醫學、哲學、法學、理學、經濟學、工學等十大門類學科，有邯鄲路、楓林、張江、江灣四大校區。

　　在2015年中國大學排行榜上，復旦大學位列全國第三。

　　在2015年世界大學排行榜上，復旦大學位列世界第71名，學術排名世界第52名。

抗戰時期的復旦大學

　　在重慶市區以北約30公里處，嘉陵江畔，縉雲山腳，有一座風景秀美的北碚小城。

　　在北碚，時光以一種柔緩的節奏流淌，稍有耐心，便能在小城僻靜的區域遇見三四十年前的景觀，兩三層的紅磚小樓，灰白色的公路，水泥砌的拱橋……

　　然而，很少有人知道的是，在北碚東陽鎮的夏壩，還保留著70多年前復旦大學西遷入渝時的舊址。

　　抗日戰爭時期，重慶作為國民政府的戰時陪都，是當時中國的政治、文化中心，數十所淪陷區的大學遷校至此，包括當時著名的中央大學、中央政

法大學等，來自上海的復旦大學也是其中之一。

1937年8月，中、日兩軍在上海大戰，復旦大學多處校舍被敵軍炸毀。

9月，校長吳南軒率領一百多名師生，攜帶學校的重要檔案、文件、圖書、貴重儀器等，遷至江西廬山。「大軍」從江灣火車站啟程，浩浩蕩蕩地朝廬山方向進發。在江西逗留了兩個多月。12月，南京淪陷，江西危在旦夕，復旦師生遂繼續西遷。

輾轉數日，橫跨數省，復旦師生終於抵達重慶。一到重慶千廝門碼頭，就受到了重慶復旦校友及社會各界的熱烈歡迎。

此次長途遷徙，是復旦大學校史上十分光輝的一筆。師生們不懼艱險跋涉千里，展示了國人絕不向日軍妥協的偉大民族氣節。

在當地社會各界的支持下，復旦以北碚對岸的夏壩為新校址，開始了長達8年的北碚辦學歷程。

夏壩原叫「下壩」，復旦新聞系教授陳望道取「華夏」之「夏」，將其更名為「夏壩」，以表達師生的愛國之情。

重慶市區夏季酷熱、秋冬多霧，但嘉陵江畔的夏壩卻是冬暖夏涼、春溫秋爽，可謂別有洞天。不過起初夏壩地區還是一片荒蕪，遷校之初，復旦師生只能借寺廟、祠堂和民房當做教室與辦公住宿之地，並且一邊辦學一邊建設校園。

不久，一個煥然一新的復旦校園就出現在嘉陵江畔。據復旦校史記載，夏壩江邊建有沿江大道，道邊梧桐成蔭。校園之內，以登輝堂為起點，相伯圖書館、寒冰館、新聞館等建築一字排開，皆坐東朝西，面向嘉陵江。此外4座教學樓、10幢學生宿舍、1座食堂、6幢教師宿舍等，房屋雖不高，但卻大氣實用，在抗戰的艱苦時期，能在短時間內建成這樣一座有模有樣的私立大學，真可謂奇蹟了。

在全民抗戰的艱難時期，復旦師生們刻苦治學、充滿樂觀精神。

復旦校友蔡可讀在回憶文章《夏壩歲月》中如此寫道：「太陽剛剛上升。沿嘉陵江的斜坡上，就已散坐著三兩成群的同學在學習了，有的則坐在沿江的茶館內備課；或爭辯著國內外大事。晚飯後，有的同學向相伯圖書館方向奔跑佔好座位。當然也有相愛的男女同學，漫步於梧桐樹旁情話不斷。更有意思的是不少學術報告會是在沿江某個茶館內舉行的、聽眾可以自由參

加。座位上一杯茶，一支蠟燭。有時很靜，有時則笑聲不斷。」

在刻苦治學的同時，全體師生支持抗戰，反對侵略，維護民族大義，夏壩因此得到了「民主堡壘」的讚譽。

1938年7月，復旦建立了北碚第一個中共黨支部，法學院教授孫寒冰主編的《文摘》雜誌，利用當時的出版自由，在國民黨統治區第一個發表《毛澤東傳》，在藍色的國土上插上了紅色的旗幟……

1940年5月27日，日軍瘋狂轟炸陪都重慶，包括孫寒冰教授在內的7名復旦師生不幸遇難，長眠在了嘉陵江畔。

夏壩時期的復旦名家薈萃，張志讓、陳望道、周谷城、洪深、孫寒冰、章靳以、曹禺等著名教授雲集於此。他們和兩千多名朝氣蓬勃的青年學生，以及全體教師一道，以抗戰自勵，振奮精神，教學相長，關注時局，參與社會。為這個飽受磨難的國家貢獻著自己的力量。這段歲月可謂復旦校史上最為光彩的一頁。

令人欣慰的是，這麼多年過去了，夏壩校址上仍然保留了一幢當年的建築，它就是以復旦老校長李登輝的名字命名的「登輝堂」。登輝堂是當年學校的禮堂，由此依稀可以窺見到北碚復旦昔日的風采。

1945年，經過八年的頑強地戰鬥後，中國人民取得了抗日戰爭的偉大勝利。當年西遷的內地大學們也紛紛開啟了回家的旅程。

1946年，復旦北碚校區時隔八年終於回到了上海，開始了新的歷程。

「一・二八淞滬抗戰」中的復旦學生

1932年「一・二八淞滬抗戰」前夕，為協助國軍抗戰，上海市學生軍聯合會創建了學生義勇軍總部。

該總部設於復旦大學江灣校區內，並以復旦學生軍為「模範隊」。

1932年1月28日夜裡，日本侵略軍突然向駐防在上海天通庵車站的國軍第十九路軍第六團發起進攻。十九路軍將士隨即整裝，奮起反擊。

復旦學生義勇軍亦英勇地協助作戰，在火車站以北一帶嚴守防務。

夜裡午時左右，十九路軍其餘各團抵達火車北站，隨即要求復旦學生軍轉守後方較為安全的地帶。

軍長蔡廷鍇將軍於戎馬匆忙之中，非常簡明扼要地對復旦學生軍說：「平日養兵，用於此時。但國家造就一個大學生極不簡單，絕不容輕易犧牲……」

在蔡將軍語重心長地勸說下，復旦學生軍動容不已，立即服從指示，轉至閘北太陽廟，負責交通運輸與救護工作，並協助地方維持治安。後又奉令組成抗日宣傳隊，分頭前往崑山、蘇州、無錫、常州、揚州等各地，化裝演講，積極宣傳抗日，持續了一個多月的時間。

在國軍的英勇抗擊，以及英美等國的調停下，日軍最終停止了進攻，局面恢復到了戰前的狀態。

五年後，亡我之心不死的日軍全面侵略中國，又過了八年，終於慘敗在世界反法西斯同盟正義的槍炮下。

而復旦學生軍協助國軍抵抗日軍的事蹟，也將永遠載入在史冊。

抗戰時期復旦大學校址

消失在舊時光裡的南洋公學——上海交通大學

上海交通大學，位於上海市楊浦區，校史最早可追溯到西元1896年由清政府創立、盛宣懷督辦的南洋公學。

南洋公學是中國高等教育的發祥地之一，歷史上多次改名，曾用名有「商部高等實業學堂」「郵傳部上海高等實業學堂」「南洋大學堂」「交通部上海工業專門學堂」等。

1921年，南洋公學改組為交通大學。

而後卻再遭波折，又曾改名「交通部南洋大學」「交通部第一交通大學」「國立交通大學（上海本部）」。

上海交通大學

1949年，「國立」二字被去掉，遂成新中國初期之「交通大學」。

1959年7月31日，國務院批准交通大學上海部、西安部分別獨立，成為兩所學校。交通大學上海部正式更名為「上海交通大學」。

2005年7月，上海第二醫科大學併入上海交通大學。從此前者消逝，後者壯大。

上海交通大學是一所以理工為特色，涵蓋理、工、醫、經、管、文、法等9大學科門類的綜合性全國重點大學，是中國首批「211工程」「985工程」重點建設院校之一，入選「珠峰計畫」「111計畫」「2011計畫」「卓越醫生教育培養計畫」「卓越法律人才教育培養計畫」，「卓越工程師教育培養計畫」等，還是「九校聯盟」、Universitas 21、21世紀學術聯盟的成員。

在2015年國內大學排行榜中，上海交通大學位列第7。

在2015年世界大學排行榜中，上海交通大學位列第104，在世界學術排行榜中位列第122。

上海交大最牛校友之錢學森

上海交通大學有一位享有世界聲譽的著名校友，他就是「中國航太之父」──錢學森。

錢學森1934年畢業於國立交通大學機械與動力工程學院，於1935年赴美留學。

歷經十年的不懈奮鬥，錢學森成為了當時世界頂尖的火箭專家，並以「時速一萬公里的火箭已成為可能」的驚人火箭理論而享譽世界。

錢學森

這位加州理工學院的教授在第二次世界大戰期間，和他的導師馮·卡門一起參與了當時美國絕密的「曼哈頓工程」──核武器的研製開發工作。可見錢學森在美國是屈指可數的傑出人才之一。

1949年，新中國成立的消息傳到美國後，錢學森和夫人蔣英按捺不住內心的激動，計畫著盡早回到祖國。但由於被疑是共

產黨員，且拒絕「揭發」友人，錢學森被美國軍部突然註銷了參加絕密行動的證書。

後來，錢學森向美國相關部門提出回國申請。然而令他萬萬沒有想到的是，他的回國請求竟引發了一場磨難。

美國海軍部官員得知錢學森打算回國後，瞪著眼睛說：「他了解所有美國導彈工程的核心機密，一個錢學森抵得上五個美國海軍陸戰師，我寧願把這傢伙殺了，也不能放他回紅色中國去！」

此後，美國政府對錢學森夫婦的迫害開始了。

先是移民局抄了錢學森的家，緊接著將他關在海島上長達14天，錢學森的身心遭受到極大的摧殘。最後加州理工學院給了美國政府15000美元的巨額贖金後，錢學森才得以離開海島。

後來，海關又沒收了錢學森的私人物品，其中包括800公斤的書和筆記本，指控裡面有機密文件。

錢學森在美國的不幸遭遇不久傳到國內，人們震驚了。

科學界的人士紛紛以各種途徑持續聲援錢學森，黨中央對錢學森在美國的狀況也非常關注，中國政府鄭重發表聲明，強烈譴責美國政府蔑視人權，在違背個人意願的情況下監禁錢學森。

1954年4月，在日內瓦出席國際會議的中國國家總理周恩來，想到中國有一批留學生和科學家被扣留在美國的事情，就指示說：「美國人既然請英國外交官找我們疏通關係，我們就應該抓住這個機會開闢新的接觸管道。談判中首先要解決中國留美科學家錢學森等被扣留的問題。」

為了取得主動權，周恩來指示中國代表團發言人黃華發表講話，要求美國政府歸還扣留在其國內的中國僑民和留學生，並暗示中國願意就扣押美方人員的問題與美國進行直接談判。在這種情況下，美國政府只得答應與中國代表談判。

1955年8月1日，中、美大使級會談在日內瓦舉行，中、美雙方終於就兩國平民回國問題達成協議。第二天錢學森就接到美國當局的通知，宣布對他的管制令已經撤銷，他可以自由出境了。

1955年9月17日，錢學森攜妻兒登上了「克利夫蘭總統號」，踏上了回國的航程。

由於錢學森等一批卓越科學家回國效力，中國的導彈、原子彈研製成功的時間至少提前了20年。

改革開放之後，中美關係進一步正常化，兩國之間的科技交流與科學家互訪也逐漸增多。在這種局面下，一些美國知名科學家和在美華裔科學家接連向錢學森發出邀請，請他回美國訪問。

但錢學森明確表態：「當年我離開美國，是被驅逐（deport）出境的，按照美國的法律，我是不能再去美國的。美國政府如果不公開給我平反，我今生今世絕不再踏上美國領土。」

上海交大最牛校友之李叔同

上海交大還有一位著名校友，他就是著名藝術家、高僧——弘一法師李叔同。

李叔同

弘一法師，俗名李叔同，1880年出生在天津，1942年圓寂於福建泉州。

李叔同多才多藝，既是卓越的音樂家、美術教育家，又是優秀的書法家，還是中國話劇的開拓者之一。他於1901年來到上海，進入上海交通大學的前身南洋公學讀書，後赴日留學。留學歸國後，先後做過教師、編輯等工作，後剃度為僧，法名演音，號弘一，晚號「晚晴老人」，被後人尊稱為「弘一法師」。

李叔同一生趣聞頗多，在此摘取三則。

創作《送別》

弘一法師未出家時，「天涯五好友」中有一位名叫許幻園。

冬日裡的一天，上海灘天降大雪。鵝毛紛飛中，許幻園匆匆來到李叔同的家門口，把李叔同和葉子小姐叫了出來，說道：「叔同兄，我家破產了，咱們後會有期。」

說完，許幻園揮淚告辭，連好友的家門也沒踏進。

李叔同望著好友遠去的背影，在大雪中整整立了一個小時，葉子小姐多

次喊他進屋，他像沒聽見似的。

不知過了多久，李叔同驀然回到屋內，把門一關，讓葉子小姐彈琴。悠揚的琴聲中，李叔同含淚寫下：「長亭外，古道邊，芳草碧連天……問君此去幾時來，來時莫徘徊。」

這就是那首經典傳世的《送別》。

憐蟲搖椅

李叔同去學生豐子愷家，每次坐那把木籐椅時都要搖一搖再坐下。

豐子愷起初不好意思問，但次數多了，就不禁疑惑地問老師：「您為何總是搖一搖椅子才坐呢？」

李叔同笑著答道：「這個木籐椅上可能會有小蟲，坐前搖一搖這些小蟲就跑開了，這樣坐下去之後，就不會殺生了。」

慈悲的力量

李叔同出家成為弘一法師後，著名畫家徐悲鴻先生曾多次上山看望法師。

有一次，徐悲鴻先生突然發現山上一棵枯死多年的樹，竟然生出了新的嫩芽。

徐悲鴻不解，便請教弘一法師道：「此樹發芽，是因為您。一位高僧來到此山中，感動了這棵枯樹，它便起死回生。」

弘一法師說：「不是的，是我每天為它澆水，它才慢慢活起來的。」

有一次，徐悲鴻先生又去探望弘一法師。這次他看到一隻猛獸在法師面前走來走去，並沒有傷人的意思。

徐悲鴻覺得很奇怪，便請教道：「此獸乃山上野生猛獸，為何在此不傷人？」

弘一法師說：「早先它被別人擒住，而我又把它放了，因此它不會傷害我。」

前三任校長都是德國人——同濟大學

同濟大學，位於上海市楊浦區，由1907年德國醫生埃里希・寶隆在上

海創辦的德文醫學堂演變而來。1908年，德文醫學堂改名「同濟德文醫學堂」；民國後，於1912年，與創辦不久的同濟德文工學堂合併，更名為「同濟德文醫工學堂」；1923年正式定性為大學；北伐勝利後，於1927年更名為「國立同濟大學」，是中國最早的國立大學之一。

同濟大學

「同濟」二字從德語「Deutsch（德意志）」的上海話諧音而來，在當時有德國人與中國人同舟共濟的寓意。

同濟大學的前三任校長均為德國人，分別是埃里希・寶隆、福沙伯、貝倫子。直到1917年，同濟才有了第一位中國校長——沈恩孚。可見，是德中人民共同孕育了同濟，同濟是中德人民友誼的象徵。

在風雨中，同濟大學穿過歷史的曲折與泥濘，一路走到今天。

現在，同濟大學是國家「211工程」「985工程」重點高校，也是招生標準最為嚴格的中國大學之一；是「2011計畫」「珠峰計畫」「卓越工程師計畫」「卓越法律人才教育培養計畫」「卓越醫生教育培養計畫」「111計畫」、中美「10+10」計畫成員高校；是環境與可持續發展合作聯盟、國際設計藝術院校聯盟、21世紀學術聯盟、卓越大學聯盟、中俄工科大學聯盟、中歐工程教育平台、同濟—伯克利工程聯盟成員，為中管副部級院校。

在2015年國內大學排行榜上，同濟大學排名第18。

在2015年世界大學排行榜上，同濟大學排名第393。

同濟大學創始人——德國人埃里希・寶隆

同濟大學，在中國可以說聲名顯赫，路人皆知。但你是否知道，同濟大學的創始人，是一位德國人。他就是埃里希・寶隆。

寶隆於1862年出生在德國。父母都是基督教新教徒。基督教後來也成為了寶隆的信仰。

寶隆兩歲時，父母相繼被肺結核奪去了生命。寶隆從此由親戚撫養。

埃里希·寶隆

1882年9月22日，寶隆在沃爾芬比特爾完成了高中學業，同年10月28日，寶隆被弗里德里希·威廉醫學外科研究所錄取，開始學醫的旅程。而寶隆學醫的動機，恐怕和父母的死不無關係。

1883年4月1日至10月31日，寶隆在軍隊服役。

1884至1886年，寶隆在大學學習醫學，並成為德國軍隊中的一名軍醫。

1887年8月27日，在完成有關脊柱損傷的學位論文後，寶隆獲得了醫學博士學位。

1888年1月24日，寶隆升任為德國海軍助理醫生，至1893年5月22日，先後在皇家海軍「狼號」、「鐵必制號」炮艦上擔任上尉軍醫。

「鐵必制號」長期活動在東亞海域，其間寶隆隨軍到過上海。

在上海，寶隆震驚於當地醫療條件之差，於是決定退伍在上海行醫。

但在行醫過程中，寶隆感覺到自己曾經接受的軍醫教育非常片面，不足以使他成為一名合格的醫生，於是他決定回到德國繼續深造兩年。

在上海，寶隆還結識了一位在當地開診所的德國醫生——卡爾·策德里烏斯，在交流中，寶隆萌生了在上海建立一所給中國人治病的醫院的想法。

回到德國，寶隆一邊在醫院工作積累經驗，一邊在大學進修，一邊還為在上海辦醫院籌備資金。

1893年，寶隆重返上海，起初在好友策德里烏斯的診所裡擔任助手。

後來，策德里烏斯去世，寶隆於是在上海德國教堂附近開辦了自己的診所，逐漸成為上海地區有名的外科醫生。

此後，寶隆送策德里烏斯的妻女回國。在柏林期間，寶隆見到他的好友、德海軍軍醫總監舒爾岑，後者同意為寶隆的中國計畫爭取德國政府的支持。

在上海，寶隆還和德國醫生奧斯卡·福沙伯組成了上海德醫公會。

1899年，寶隆與福沙伯以德醫公會的名義開始籌辦一所診治中國病人的醫院，籌辦工作獲得了德國駐滬總領事克納佩，上海實業界人士虞洽卿、葉澄衷等人的支持。

後來醫院建成，取名「同濟醫院」，寓意德國人與中國人同舟共濟、共渡難關。「同濟」也是「Deutsch（德意志）」在上海話中的諧音。

　　不久，克納佩向德國官方建議，在同濟醫院的基礎上創辦一所培養中國醫生的德國醫學院。此建議獲得了以寶隆為首的上海德醫公會的大力支持。

　　德國政府同意了。德國外交部於是委派德醫公會具體負責在上海建校事宜。1907年，上海德文醫學堂建成。第二年，學校改名「同濟德文醫學堂」。這就是同濟大學的前身。

　　寶隆成為學堂的首任總監，並被德方授予教授頭銜。但後來他拒絕了德方授予他「貴族榮譽稱號」的提議。

　　1900年，寶隆和已逝好友策德里烏斯的大女兒在德國結婚。後來他們在上海共育有5個子女。

　　由於家庭成員較多，寶隆決定把鄰居的房子買下來。1909年2月，寶隆在查看鄰居房子時不幸染上傷寒，此後高燒不退，3月5日因併發腎出血辭世。享年47歲。

　　百年後，寶隆創辦的「同濟德文醫學堂」已成為中國乃至世界上的知名學府，它就是同濟大學。

　　一位偉大的德國醫生，一位中國人民的老朋友，把一生最重要的事業奉獻給了中國人民。

　　但正所謂「醫不治己」，寶隆用他高超的醫術挽救了無數中國人的健康，卻無法醫好自己的病，最終在他奮鬥了半生的國土上溘然長逝。終未看到中國男人剪掉辮子的那一天。

　　但不管怎麼說，寶隆為中國、為世界留下了同濟大學，這是他的遺產，也是他最珍貴的禮物。

上海的特色民俗

　　世界各民族都有自己的民俗，比如中國的元宵節闔家團圓、吃元宵，歐美的耶誕節家人團聚、吃火雞等等。上海也有本地特色的民俗。

　　比如，你知道上海人怎麼過大年嗎？你知道上海人怎麼「鬧元宵」嗎？你知道老上海的女人是可以「休夫」的嗎？你知道老上海時期流行「姐弟戀」嗎？你知道上海人清明節為什麼吃青糰嗎？你知道上海人為什麼「搗糍糊」嗎？你知道上海姑娘出閣為什麼「哭嫁」嗎？你知道上海人治喪為什麼吃「豆腐飯」嗎？

上海的節日習俗

首先，我們來介紹上海的各種節日習俗。如果你能說上幾個本地的節日習俗，便可以拉近和上海本地人的距離！

上海人怎麼過大年

全國各地都有不同的過年習俗，那麼享盡繁華都市的上海人又是怎麼過大年的呢？

上海人二十三怎麼「送灶王」

農曆臘月二十三日是農曆年節的開始，所以要送灶神回天庭，而且在送灶神時要先祭拜一番，因為傳說中灶君這個神仙很喜歡打小報告。所以對他的祭品也與一般祭神用的三牲四果不同，而是用湯圓、麥芽糖等甜的東西祭拜，有的甚至將燒化的麥芽糖或者是蜂蜜直接塗在灶君像的嘴上，這樣做的目的無非就是希望灶神可以在玉皇大帝面前多說些好話，少打小報告。

送走了灶神，就要全面準備以迎接新年了。不過灶神會在正月初四那天回來，所以還要再請一次灶，以便灶神可以回到家中，繼續保佑。

上海人二十五怎麼「接玉皇」

臘月二十三送走灶君後，聽過彙報的玉皇大帝便會在臘月二十五日親自下界，體察人間善惡，依此制定來年的禍福，所以家家都要在臘月二十四那天打掃庭院，並在二十五這天多設供品，以「接玉皇」，並祈福來年。

而且這天，老上海人也開始張羅過年所需的各種物品。民以食為天，首先要備足新年所需的各樣食物，尤其是湯圓和年糕。湯圓有「團團圓圓」之意，而年糕也是吃了可「高高興興」「年年高」的吉祥食品。其次溫飽是必須的，所以為了迎新年，就一定要買新衣、新帽和新鞋。再次是準備春聯、年畫之類，以便可以貼在門首，紅紅火火地，以示來年之運。

上海人的「闔家歡」是指什麼

在澳門，有一種遊戲最受賭民喜歡，叫做百家樂。而在上海，廣受市民喜愛的卻叫做「闔家歡」，而且這是一個不同於賭博遊戲的傳統節目，還有益身心，增進家族之間的感情——這便是一年才有一次的除夕夜之飯，即一家人圍坐在燈火之下，邊說邊笑地一起吃團圓飯，和樂融融，天倫盡享，所以叫做闔家歡。而這場除夕飯也叫做闔家飯。

其實中國的大江南北也好，年齡或長或幼也好，身處海角天涯也好，都會在除夕這天回到家裡吃這頓除夕飯，上海人也不例外。而且吃了飯後，也不會像往常一樣早早睡覺，而是一大家人共守新歲，以期來年幸福健康。

不過與北方人不同的是，老上海人過年不吃餃子，而是吃年糕和湯圓，而且把湯圓叫做「圓子」。

上海人年初一為何「燒頭香」

上海人喜歡在年初一競相趕到廟裡上自己新年的第一炷香，即燒頭香，認為這樣做可以帶來好運。

其實燒頭香這個習俗也是隨著燒香習俗的盛行，而逐漸發展起來的。最早關於燒頭香的記載見於宋代，但早在宋朝之前，燒頭爐香的習俗就已經比較流行了。而且在宋代時，燒頭香其實是在道教的道場中進行的，後來才逐漸滲透到佛教寺院，這和佛教的中國化是分不開的。

近年來，燒頭香已經成為除夕之夜跨年的一場盛事，這天晚上會有很多善男信女守夜，為的便是搶燒新年的頭一炷香。而且全國各地的佛寺也相繼把寺內第一炷香的進香權拿出來拍賣，價高者得，可謂盛況空前。

在上海，也有不少人相信在大年初一第一個將香插在廟裡的香爐，可以為自己帶來整年的好運；而且這已經成了很多上海善男信女迎新年的頭等大事。上海的三大寺，諸如靜安寺、玉佛寺、龍華寺等，都是上海人過年時常去的燒頭香場所。

大年初一燒頭香

上海人是在初五「祭財神」嗎

祭財神可以說是上海人極為重視的過年活動，商家尤其重視，這天放的煙火鞭炮要比除夕之時更多、更響、更久。

上海人在正月初五祭財神，多供三個財神，即關聖大帝、玄壇趙元帥和增福財神。其中玄壇趙元帥為五路財神之首，即東、西、南、北、中五路，大約是受五行的影響。但祭五路的意思，大約是要五路皆可得財的意思吧。而且供品多為鯉魚和羊頭，因為與「利」「洋頭」諧音。另也有將火燃於酒杯中供神，取「火酒活魚」之意。而且送神時，把松柏枝架在芝麻秸上加黃錢阡張元寶當院焚燒，以期劈啪作響聲中開市獲利。

另傳，正月初五日是財神，即「路頭神」的誕辰，而且路頭神也有五個，稱為五祀，即祭戶神、灶神、土神、門神、行神，就是所謂的「路頭」。接路頭神也須供羊頭與鯉魚，這裡供羊頭是「吉祥」的意思，供鯉魚則是希望有餘。雖然供品的寓意不同，但都是人們希望得到財神的護佑，並以此發財致富而已。

上海自開埠以來便是東南繁華的大商邑，各種買賣商肆隨處可見，可以說無民不商；所以上海初五的財神祭，其熱鬧程度可想而知。這天還會有虔誠的信徒去寺廟裡燒香請願，希望得到財神的青睞。

上海的竹枝詞有「爆竹相連不住聲，財神忙煞共爭迎。只求生意今年好，接送何妨到五更」的句子，其重視程度可見一斑。

上海人「鬧元宵」有什麼活動

正月十五過元宵節，全中國人都要吃元宵，不過在上海人口中，元宵叫「湯圓」或「圓子」「糰子」。不同於其他地方，上海的某些區、縣農村中，有一種叫做「薺菜圓子」的元宵。就如上海松江縣元宵節做的糯米團子，更有湯煮和蒸製兩種。兩種製法最大的不同是內餡的選料，比如湯煮的大都是鮮肉餡或糖餡；而蒸製的則多為素餡，除了薺菜以外還有蘿蔔絲、百果、芝麻等餡料，確實別有風味。

在老上海，元宵節之夜吃的圓子有南瓜圓子、高粱圓子，而且以黃、綠、紅三色以兆豐年。或是做12顆大圓子，然後用手指在圓子頂端弄個小凹坑，蒸熟後看凹坑中積水多寡，以此來問卜當年的雨水。所以上海鄉民的元

宵節吃圓子，是祈望豐年的意思。

上海豫園元宵節燈會

　　除了特色的圓子，舊上海在商鋪前滿掛五彩花燈，也是元宵節的一大特色。當時以租界內最為熱鬧繁華。比如豫園內的四美軒、得月樓等茶樓、扇莊、各色店鋪等，還在彩燈下懸掛燈謎，供賞燈人消遣。而大街上更有舞龍燈、戲獅子等表演，龍燈飛舞，彩獅喧譁，最是熱鬧。而且觀者如雲，隨之不散。

　　此外，老上海人在元宵節還會去城隍廟、玉佛寺、靜安寺上香請願，還有甩田財，請坑三娘娘、元節姑娘等名目繁多的活動。

上海人的四大節日

　　上海人習慣把除了春節過年和元宵節之外的清明、端午、中秋、重陽稱為「四大節」，那麼他們在四大節都有哪些傳統呢？

清明節裡為什麼要吃青糰

　　清明節和寒食節臨近，所以後來便合併了。清明之日不動煙火，只吃涼食。

　　在上海，清明節是要吃青糰的。這是一種用草頭汁做成的綠色糕糰，多用泥胡菜、艾蒿和鼠曲草。不過泥胡菜在以前常用，現在已不多見。具體的做法是先將嫩艾、小棘姆草等放入大鍋，然後加石灰蒸爛，漂去石灰水後，再揉入糯米粉中，這樣就做成碧青哇綠的糰子了。

　　至於為什麼要吃這種青哇哇的糰子，其實有個傳說。當年太平天國運動時，大將李秀成被清兵追捕，幸而遇到一位農民大哥幫忙，化裝成耕地的農民，才僥倖逃過。可是清兵不肯就此甘休，於是在附近添兵設崗，而且嚴密盤查往來村民，主要是為了防止他們給李秀成帶吃的東西。

青糰

　　那位仗義的農民把李秀成藏在村外，可是沒有吃的，如何挨過明天。其時正值清明，艾草春發，尚嫩且幼。那位農民靈機一動，便開始採掘艾草，還帶回家洗淨煮爛，將擠出的綠汁揉進糯米粉內，做成一隻隻的米糰。然後再把這些青溜溜的糰子放在青草裡，如此果然混過了村口的哨兵。青糰不僅成功過了清兵的關，還因為又香又糯不黏牙而俘獲了李秀成的胃。如此幾天之後，李秀成終於安全返回大本營，並下令太平軍做青糰以禦敵自保。

　　清明節吃青糰的習俗就此流傳開來。

端午節是為了祭屈原嗎

　　現在大家公認端午節是為了紀念戰國時期的楚國詩人屈原；不過在江南，也有人認為是為了紀念吳國大將伍子胥。撇開這些不說，如今有四個端午節習俗仍在滬流傳。

　　其一，相傳古人因捨不得賢臣屈原投江死去，所以有許多人划船去追趕拯救；久而久之便演變成了一項節日項目，大家在端午節這天賽龍舟以紀念之。之後還傳入了日本、越南等國。而在1980年，賽龍舟還被列入國家體育比賽項目。至於上海的龍舟賽，則大多在蘇州河舉辦。並且在舊上海時期，城東北角有一個著名的覽勝之地，即丹鳳樓。丹鳳樓又名萬軍台，是當年端午節觀看龍舟競渡黃浦江的大好所在。

　　其二，粽子早在春秋時期就有了，但那個時候被叫做「角黍」，而且是用茭白葉包黍米而成的牛角狀食物。此後到晉代才被正式定為端午節食品，並在宋朝開始把果品包入粽子，元、明時期，才始用蘆葦葉包裹粽子，而附加料也已出現豆沙、豬肉、松子仁、棗子、胡桃等。每逢端午節，老上海的菜場都會有包粽子的蘆葉零售，地道的老上海人還是喜歡自己包粽子來吃。

香囊

　　其三，自古就有「清明插柳，端午插艾」的民諺。艾，又名艾蒿。因為它的莖、葉裡含有揮發性芳香油，由此產生的奇特芳香可用來驅除蚊蠅蟲蟻，而端午過後便是盛夏，淨化空氣便顯得尤為重要；所以每逢端午節，上海的中心城區和郊區鄉鎮，便會有許多居民將艾草插在門邊。而且艾、菖蒲和

蒜被稱為「端午三友」，是老上海人驅鬼的「法器」。

其四，在端午節，許多老上海的家庭都要為小孩佩香囊，而香囊內有朱砂、雄黃等香藥，所以清香四溢。但它主要的功能卻是為了讓百鬼畏懼而不敢接近小孩，並保小朋友長生快樂。不過實際上，無非是襟頭點綴的節日裝飾而已。

此外，因為雄黃的主要成分是有毒的硫化砷，所以端午喝雄黃酒已不再流行。

上海中秋夜都有哪些習俗

中秋節的主要活動都是在晚上進行的，這晚上海人會祭月、走月亮並燒香斗、吃桂花。

關於祭月，就是當中秋月亮升起時，露天設案，並設月餅、瓜果、毛豆、芋艿和藕等供品，除了這些吃的，再供玉兔月宮符畫一張。舊時認為月屬陰，所以祭月時均由婦女先拜，男子後拜；不過也有說男人是不拜月的。祭月之後，一家子便會圍坐而吃團圓酒，並吃賞月飯，月餅自然是少不了的。完畢之後，婦女便要暫回娘家小住，因為畢竟是團圓節嘛。

祭月之外，上海人還要在中秋夜出遊賞月，叫做「走月亮」。尤其是婦女們會結伴同遊，更雅稱為「踏月」。而有「滬城八景」之一美稱的「石梁夜月」，便是這些上海人所特別鍾愛的夜景。其中「石梁」指的是小東門外的陸家石橋；而「夜月」則不僅指天上之月，更指橋下水中倒映之月，二月皎皎，相映成輝，正是遊人爭相觀賞的原因所在。

不過月夜美景，除了踏月之外，上海民間還有燒香斗的風俗。所謂香斗，也叫斗香。既然能燒，所以由紙紮而成，形狀多四方，且上大下小，外繪月宮樓台。此外也有用線香編繞而成的香斗，內中還插有紙紮的龍門魁星以及彩色旗旌等裝飾，頗為高級。舊上海的南園是中秋節燒香斗最熱鬧的地方。而城裡城外許多大橋的橋堍處，都會有特製的大型香斗燃燒，以供觀看。

桂花糕

中秋節的上海人喜歡吃桂花，所以中秋前後，桂花酒和桂花糕的生意就會比平常好很多。而且上海人喜歡將桂花作為添香的佐料加入食品中，比如在做糕點時，就會特意將桂花和入米麵之中；或者用糖或食鹽浸漬桂花，以便長期保香於密封容器中；又或者在燒食湯山芋、糖芋艿時撒上一撮，色香俱美；當然也會用桂花薰茶，或在泡茶時加些進去，稱為桂花茶；此外桂花酒亦是上海人很喜歡的佳釀。

上海人重陽節為什麼登高

上海人在重陽節時，外出遊玩活動以登高為主，兼之以賞菊、插荷，此外還要吃重陽糕並飲菊花酒。當然也有人什麼都不做。

重陽節時屬金秋，是天高氣爽之節，所以在這個時候登高望遠，最能清神鬆筋，從而達到健身祛病、心神舒暢的目的。

重陽糕是上海重陽節美食，它又稱為花糕、菊糕、五色糕，雖然製無定法，甚至較為隨意，卻是必不可少。講究的重陽糕更像一座九層寶塔，而且上面還得有兩隻小羊，以符合重陽（羊）之義。有的還要在重陽糕上多插一隻小紅旗，並點一隻小小的蠟燭燈，其用意大約是取「點燈」和「吃糕」中的個別字，以代替「登高」，並以插小紅旗來代替插茱萸。在農曆九月九日天明之時，要用片糕搭在兒女的頭額上，祝以吉祥話，願子女百事俱高，這便是古人九月做糕的本意。如今的重陽糕仍無固定品種，但大家吃得快樂，已然足矣。

此外重陽之日賞菊花，是自古而有的風俗，所以重陽節又稱菊花節。農曆九月也俗稱為菊月，在正節之日，上海豫園還會舉辦菊花大會，遊人多會欣然赴會，並賞菊、對弈、飲菊花酒。而自三國兩晉以來，重陽聚會飲酒、賞菊賦詩已成時尚，今人又何肯居於古人之後？

重陽節又叫做老人節，而且以之為榮的菊花，亦稱為長壽之花，意在向老人們祝願長壽之意。

上海的生活習俗

比節日習俗更常見的，是上海的生活習俗。因為，人們每天都在生活，

而不是過節。

上海的方言俚語

　　上海話屬於江浙吳語，雖不同於廣東白話，日常用語中卻也多文雅詞句，然而個中俚語卻並不是初到的外人所能理解的。

上海話是吳語地區的通用語嗎

　　上海話形成於南宋時期；普及於明清；在清末和民國又出現了一次大融合時期，上海當時作為一個國際大都市、金融中心，以及龐大的移民城市，它吸收了眾多的舶來語；而如今，許多上海的青少年已經無法全部使用上海話與人溝通，甚至也有全然不會講的了。

　　上海話通常也叫做「上海閒話」，但由於上海的城市地位，更因為上海的歷史特點，上海閒話成為了現代吳語地區最有影響力的方言之一。我們平時指的上海閒話，其實是特指「上海市區話」，但廣義上，上海閒話可以大致分為八種：上海市區話、浦東話、青浦話、松江話、嘉定話、崇明話、金山話以及吳江話。

　　上海在元朝時屬於松江府，在嘉興的轄下，故以當時的「官方語言」——嘉興話為主。松江府成立後，明、清兩朝皆以此為制，於是松江地區的方言便在嘉興話的基礎上獨立發展，形成了松江話。不過根據《松江府志》的記載，明朝時府城視上海為輕，視嘉興為重，所以上海話那時候便受到嘉興話的影響；而到清朝，又視蘇州為重，而且蘇州話具有吳語小說、傳奇、彈詞和民歌等豐富的文學形式載體，所以對上海話產生了重要影響，使上海話語音簡化並成為各地吳語「最大公約數」和代表音之一。

　　這樣長期發展過來，上海話的語音、詞彙和語法結構等都變得十分易於其他吳語使用者理解，所以上海話也逐漸成為北吳語地區的通用語，並且在20世紀80年代前，成為了長三角地區的通用語。目前則是由於推廣普通話，上海話在吳語區的影響力有所降低，而普通話則取代了方言而成為主要的溝通語言。

上海方言的特點是有調無聲嗎

上海話屬於吳語，而吳語相對保留了更多古漢語的因素。所以上海話有以下幾個特點便也不足為奇：一是老派上海話有入聲、有濁音。擁有「四聲八調」，即「陰平、陰上、陰去、陰入、陽平、陽上、陽去、陽入」。平上去入，清濁對立而分陰陽，是為「平仄」。如今的普通話則不講平仄了。二是上海話擁有強迫性的連續變調。三是老派上海話尖團分化，保留尖團音。四是上海話的詞彙和語法等是歷史積累和文明延續的必然結果。

區別於老派上海話，如今上海話的聲調也在向重音化發展。上海話的聲調從8個合併成5個，實際上只剩下陰平和平升調，已經十分簡單。這就使上海人讀聲調時變得相對自由，所讀出的音調雖有變化，卻也不會影響理解。而語音隨著詞彙、語法詞、雙音節連調成為主流以後，上海話的後字都失去了獨立的聲調而弱化黏著，更向屈折語變化，即進化到了「延伸式」連調，是吳語系中最快的。這很像日語的讀法，因為前者只保留了聲調音位的作用。

目前，上海話語流中的聲母和前字聲調是相對穩定的音位，而以這兩類為首的音位正對上海話的語音起著重要的穩定作用。因為人口融合加快，上海話也在快速地蛻變，慢慢地失去了在吳語方言中的重要地位。

如今的上海話已成為一種「有調無聲」、有音高和重音的獨特漢語方言。

上海話中的「搗糨糊」是什麼意思

老上海的俚語原先多是江湖幫派間的隱語，後來江湖變得無處不在，這些「黑話」也就順勢進入市井之中，成為民間的俚語，並代表了上海方言中最有活力的一部分。

比較有名的俚語，如：「門檻精」，主要是說一個人很精明，懂得過日子；「小開」，本來是騙子的意思，後來引申為對有錢人的泛稱；「混槍勢」的意思就是渾水摸魚、混日子。「嘎三壺」就是閒談、聊天；「唐伯虎」則是新上海話中對欠他人財物而不肯歸還者的戲稱。此外還有很多俚語，也都非常有趣，就像「搗糨糊」這個詞。

搗糨糊在「大鍋飯時代」叫做「混腔水」，不過近十年來，「搗糨糊」已將其取而代之，成為上海最流行的口頭語之一，它是「混腔水」的「升級

版」。為什麼這麼說呢？因為「混腔水」是被動地、稀裡糊塗地「混」，而「搗糨糊」則是主動地、隨機應變地「混」；「混腔水」是沒有辦法，「搗糨糊」則是最簡便的辦法。其實一句話，「搗糨糊」是精明的上海人所必需的。

據說，「搗糨糊」本是麻將桌上的一句術語，就好像「和了」這個詞一樣。不過如果牌張未成，卻又攤牌詐和，則會被上海牌友婉轉地稱為「搗侟壺」。這個詞之後慢慢地又變成了「搗糨糊」，被用來形容那些耍滑頭而想蒙混過關的小計謀。

上海人搗糨糊需要小聰明，更需要臉皮夠厚夠佯裝，是絕不同於那些「阿木林」的──阿木林是上海人用來形容某人不諳世道、做事不靈活、為人遲鈍或易輕信人。

上海的婚喪嫁娶

自五口開埠到全國開放，上海灘總是中國最時髦、最「潮」、最前衛的繁華地，那麼時髦的上海人是怎麼談婚論嫁，怎麼治喪禮殯的呢？

舊上海時便流行「姐弟戀」嗎

上海人在解放前就很流行「姐弟戀」，而且不只是談戀愛，還有正兒八經結婚的。

舊上海的浦東人結婚，習慣上新娘都要比新郎大幾歲，並被當地人通稱為「大娘子婚姻」。但是它又不同於「二十歲大姐十歲郎，夜夜睏覺抱上床」的童養媳制度，而是指男子到婚齡時，娶的女子年歲稍微比自己大點而已，至今仍有「女大三，抱金磚」的說法。但是上海當時卻流行「女大三，屋脊坍」，「女大四，頭觸制」，「女大七，哭泣泣」等習俗。

雖然歷代皆有文獻記載的婚姻年齡規定，都是男大於女，但浦東人卻認為，自己這樣做絕對是有道理的。因為以前男女成婚都早，而女的大男的幾歲，必然就懂事體些。就是俗話所說的「長嫂為母，長妻為姐」。這麼一說便明白了，當時上海人的姐弟婚姻，其目的無非也就是讓女方多操持些家務罷了。

這在上海縣的七寶鎮尤為突出，可謂極具代表性。那裡的人家，多是婦女

舊時婚嫁照

來做當家人，而絕少男子。更有甚者，在舊上海的部分地區，又剛好是有女無子的人家，老人們便會招入贅女婿，以此來養老送終，延續香火。不過這種婚姻習俗也不稀奇，別的地方也多有所見，好比駙馬就是這樣的一種。但奇怪的是，女婿入贅後，必須改以妻姓，而生育的子女自然也就「順理成章」地沿襲母親的姓氏，更成為女姓家族的成員。這樣一來，男方便失去了很多權利和尊嚴，地位身分甚至不如其他地方出嫁的女子——因為後者還能保其本姓。但當時舊上海的習俗，便是這樣了吧。

姑娘出閣為何要唱「哭嫁」歌

舊時的上海，尤其是鄉下，有這樣一種風俗，即在女子出嫁時，即將出閣的姑娘可以在禮俗上盡情地以歌唱的形勢訴說心腸。如此在感情毫無阻攔的情況下盡情地發洩，一般感情會比較奔放激越，所以歌詞也會反覆而多設喻，並且層層排比，回還往復，辭以達意即為快，情到盡時方是止。

其歌詞之所以會如此順暢，是因為它的內容一般都是平常生活的感慨和早已有之的感受等。比如父母的養育之恩，兄妹的關懷之情；無憂無慮的少女生活，前途未知的迷茫不安，甚至對媒人的不滿，婚姻的厭惡等。所以可以一舒盡暢，鮮有停滯。

這種哭歌形勢必定來自當地群眾的口頭語言，這樣不僅生動活潑，通常還具有很高的文學價值。其實早在20世紀80年代，上海就設有搜集哭嫁歌的

哭嫁歌

專門小組。據查，南匯的哭歌傳統已流傳數百年之久，成為研究當地民俗的珍貴資料，並已申報列入南匯區非物質文化遺產名錄。

像張文仙這樣目不識丁的南匯老人家，卻能即興唱出近百句對仗、押韻的哭嫁歌，不僅成為南匯的「哭嫁奇

人」，而且還將此申報為「金氏世界紀錄」的口頭文學項目，成為上海一絕。

老上海的女人是可以休夫的嗎

早在清末之時，舊上海的女子便有了休夫的權利。在封建社會的中國，婚前男女可以相互見面，甚至女方處於主動地位，除了上海，在別地是難以做到的。

舊時，上海的男女經媒人介紹定親後，女方會在媒人的陪同下，攜帶禮物，到男方家裡拜見未來的公婆、長輩以及丈夫，以此來了解對方的人品和家境。而且從此以後，姑娘雖然不可在婆家過夜，卻可以隨時前往串門。這種習俗被叫做「通腳」。

這種婚俗最早僅限於浦西，而且只有女方才擁有這權利，叫做「女通腳」，或稱為「過門婦女」。發展到後來，浦西還出現了相對「女通腳」而言的「男通腳」，而且這種風俗也隨之傳到了浦東。

其實這種「通腳」風俗給了婦女一點婚前選擇的餘地。如果她們在串門時感到對方的家庭環境或者未來丈夫的相貌品性有不滿意的地方，便會委託媒人賴婚，或者退媒。這不僅使人權得到一定的保障，也在一定程度上有利於當時社會的穩定。

上海人治喪為何吃「豆腐飯」

典型的上海喪葬儀式，先要有哭喪，此項結束後，便開始當天的晚宴。

喪宴如果是給七十歲以上的老人而做，便可稱為喜喪，老上海俗稱為「吃豆腐」。

「吃豆腐」的由來，流傳最廣的，便是戰國樂毅之事。樂毅自小孝順。因為父母年老之後喜軟食，所以樂毅便把黃豆製成軟軟的豆腐，以供父母食用。如今調查發現，豆腐有很高的營養價值，而樂毅的父母每天都吃，所以都得高壽。但人總會死，父母故後，樂毅便請參加送葬的鄰居們吃豆腐宴，並以此祝願大家健康長壽。

另一個廣為流傳的說法是，西漢淮南王劉安崇尚道家神術，並按一位老道之囑，天天吃豆子，以此而期長生。劉安的父親不幸病死後，因三日內須停廚熄火的習俗，故而只吃冷豆腐。三日小殮後舉辦素席，為了答謝各方賓

老上海舊時葬禮

客，劉安在席間特備一道冷豆腐，並說破真情。鄰居們方知他吃的白白滑滑之物並非骨髓之類。而且從此之後，孝子居喪的時候便多以豆腐為冷食，而在成殮後還會用豆腐答謝弔唁的賓客。

不管豆腐飯從何而起，都足見豆腐延年益壽的功效。

不過如今上海的喪宴「吃豆腐」，已非真正意義上的「吃豆腐」了。因為生活水準的提升，喪宴的菜點早已推陳出新、豐富多樣，而豆腐已然鮮見於斯了。

上海人究竟是怎麼「作七」的

作七亦稱「齋七」「理七」「燒七」「做一日」「七七」等，是舊時漢族的喪葬風俗，並流行於全國各地。那麼上海人是怎麼作七的呢？

上海人習慣在出殯後，於「頭七」起即設立靈座，以供逝者，並且每日哭拜，早晚各有供祭，並每隔七日做一次佛事，設齋祭奠，依次至「七七」四十九日除靈為止。

這個習俗在漢代還沒有什麼記載，不過在佛教傳入中國後的南北朝時，卻已廣為流傳，直至後世而不改。在佛教的《瑜伽論》裡，講作七這件事，是說一個人死後，為尋求生緣，以七日為一期，如七日終而不得生緣，則更續七日，直到第七個七日終，必有一處生緣，所以才有「七七」這種說法，以及逢七追薦的習俗。

不過在道教的說法裡，則是講人初生以七月為臘，一臘而一魄成，七七四十九之後則七魄具；所以死的時候就以七日為忌，一忌而一魄散，七七四十九日後便七魄俱泯。這便是道家的魂魄聚散之說。

老上海的作七習俗則多以佛家為準，而且民間稱第七個七日為「斷七」「盡七」「滿七」，而且比較重視頭七、五七和盡七。

老上海的人家作七，多以家屬齊聚，並念佛誦經為原則，少數也有請法師帶動念佛及開示的。

上海的美食雕刻

　　俗話說「民以食為天」，所以有人的地方就有飲食文化。世界各民族都有自己獨特的美食，比如中餐、西餐、阿拉伯餐、非洲餐等。而在中國，又有魯菜、淮揚菜、粵菜、川菜、浙菜、閩菜、湘菜、徽菜等八大菜系。

　　上海菜雖然不屬於著名的「八大菜系」，但它自成一體，也頗具影響力，名曰「本幫菜」。比如，「銀魚」「梨膏糖」「上海鍋巴」以及「摳門餅」，等等。

　　除了飲食文化，上海還有自己的雕刻藝術文化，同樣璀璨奪目。比如「上海硯刻」「曹素功墨」「上海麵塑」以及「上海玉雕」，等等。

　　總之，上海的美食雕刻精彩紛呈，來了你就知道啦。

上海的風物美食

　　地理上，身為水鄉的上海擁有眾多美味的水產，當然也不乏其他食物或水果；然而隨著1843年上海開埠，大量各地的中國人湧入上海，而跟著他們一併來到上海的則是京、廣、蘇、揚、錫、甬、杭、閩、川、徽、潮、湘等各種菜品，極大豐富了上海的美食構成；而且各種富有創造力的菜品在上海快速融合諸家之長、取長補短地蓬勃發展起來，形成了上海特有的風物美食。

上海的土產佳味

四腮鱸是江南第一名魚嗎

　　最早的松江四腮鱸魚據說是八仙之一的呂洞賓點化的。得道後的呂洞賓有一次來到松江，在一家小店裡點了一盤塘鱧魚，但是吃起來卻腥味過重，且肉質太粗，無可回味。他便要求店主可否見見活魚，店主就從後廚用盤子托了6條活魚來。呂洞賓看了一眼，覺得這種魚實在太醜，於是問店家要了一支毛筆和一碟朱砂，在魚的兩頰上描起了條紋，並在兩腮的腮孔前又各畫了兩個紅腮。之後他便將魚買下，並走到秀野橋下放生。隨後人們便把這些經純陽先生「點化」並放生的六條塘鱧魚當作四腮鱸的最早祖先了。

　　雖這麼說，可是早在《晉書・張翰傳》裡便有一則關於鱸魚的史料，並且貼實而廣為人知：洛陽這裡有個地方官，名叫張翰，這年秋風蕭瑟，月圓皎皎，使他懷念起故鄉的菰尾蓴和四腮鱸的美味來，於是便棄官回鄉。臨走之時還寫了一首《秋風歌》，其詩曰：「秋風起兮佳景時，淞江水兮鱸魚肥。三千里兮家來歸，恨難得兮仰天悲。」於是在張翰之後，歷代的詩壇曲苑中，便用「蓴鱸」來寄寓思鄉之情或隱歸之意。

　　另外一個故事則發生在清朝末年的一次官場宴會期間，當時松江知府為了炫耀，便出了一個上聯：「鱸魚四腮，獨佔松江一府」，時任兩江總督的張之洞聽了，甚為不悅，覺得一個小小的松江知府，竟敢在自己面前狂妄自大；於是以螃蟹為題，對了一個絕妙的下聯：「螃蟹八足，橫行天下九

州。」

松江四腮鱸

其實關於四腮鱸的故事數不勝數，此處僅聊表幾篇，以供讀者把玩罷了。

四腮鱸雖然美味，而且位列「中國四大淡水名魚」之首，但是現如今卻成了國家二級保護動物，這是怎麼回事呢？四腮鱸自古便有著「江南第一名魚」的美稱，本來是並不少見的，在20世紀50年代的時候，每逢秋季汛期，平均捕獲量可達萬斤，所以松江上點年紀的人可能都嘗過四腮鱸。但這種魚擁有洄游習性，它們的幼魚在每年春天都要從長江口遊到內河生長育肥；到了秋季，性成熟後，則會再游到長江口海水與淡水交界處產卵，繁殖後代，並如此周而復始。後來因為國民生活的需要，大閘水壩在鱸魚生活的河域裡不斷被建造起來，這便必然破壞了鱸魚的洄游線路；加上不斷增加的水源污染，也嚴重影響了鱸魚的生存環境，所以松江鱸魚的產量越來越少，到70年代就基本上捕不到什麼鱸魚了。當然，其中也有對鱸魚進行過度濫捕的可能。

銀魚號稱亞洲第一帥魚嗎

銀魚

銀魚是一種淡水魚，它便是號稱亞洲第一的帥魚，此外還是世界上長得最水靈的魚。這種魚常見於東亞鹹水和淡水中，在中國則被譽為美味的代名詞。

它身體細長，貌似如鮭，無鱗或具細鱗，體型較小，最長的也不過15公分；口大，牙大而尖利，是一種肉食性魚。銀魚因為體長略圓，細嫩透明，色澤如銀而得名。而且這種產於長江口的魚有眾多別稱，比如面丈魚、炮仗魚、帥魚、麵條魚、冰魚、玻璃魚等。不過這並不影響它早在明代時，便與松江鱸魚、黃河鯉魚，以及長江鰣魚並稱為中國四大名魚。當然這個排名只是講其美味的程度。

銀魚中的蛋白質含量高達72‧1%，每百克銀魚可提供407大卡熱量，幾乎是普通食用魚的6倍；而其含鈣量也高達761毫克，更為群魚之冠，所以營養價值極高。而且作為上等的滋養補品，它具有補腎增陽、祛虛活血、益脾

潤肺等眾多功效；同時它這種養生益壽的功能也廣為國際營養學界所認可。
此外銀魚是整體性食物應用，也就是說，它的內臟、頭、翅都可以不用去
掉，即整體食用；而且銀魚基本沒有大魚刺，適宜小孩子食用。

　　銀魚雖然非常適宜體質虛弱、營養不足、消化不良，以及患有高血脂、
脾胃虛弱、肺虛咳嗽等症者，但是如果加上甘草一起食用的話，則是對身體
非常不利的，這點眾吃貨們需要注意。

「九斤黃」便是浦東雞嗎

　　或許有的讀者並不清楚，其實上海浦東雞就是大名鼎鼎的「九斤黃」，
因為其成年的公雞可長到9斤以上，所以便有了「九斤黃」的稱謂，而且它們
也是上海本地唯一的土雞品種。成年公雞體重約4公斤，母雞則3公斤左右。
上海浦東雞既是優良的肉雞，因為其肉質肥嫩；又是高產的土蛋雞，因為它
們年產蛋約一百二十個。

　　浦東雞多產於上海市南匯、奉賢、川沙等縣沿海，並以南匯縣的泥城、
彭鎮、書院、萬象、老港等地鄉鎮飼養的雞種為最佳。之所以多產於沿海之
地，是因為浦東沿海的灘塗寬廣，雖然位處長江下游以南，卻是玉米、大豆
等雜糧的生產區，加上附近有豐富的魚、蝦、蜆等動物性蛋白飼料，而且農
戶居住分散，所以很利於放養家禽，這樣經過長年累月的選擇，便形成了浦
東雞這種體大質優的品種。

　　其實浦東雞的傳統養殖相當講究：小雞在出殼後必由老母雞帶領，而小
雞在離開老母雞後便主要採取放牧的方式。雞子從小到大一直都要在寬曠
的田野裡散放，任其覓食各種青綠飼料和動物性飼料，並且絕對有充足的

浦東雞

運動機會。而且小雞在出殼後的第二天開始
進食；在木盆裡養育3到4天後才能讓小雞落
地，飼料則以井水浸過的碎米為主；十天後
便可餵混合的禾穀類副產品食料；小雞長到
一定日齡，會由老母雞帶到地裡放牧散養，
直到小雞能夠獨立進食。小雞會獨立覓食
後，一般早晨出棚，傍晚歸窩。

水蜜桃都來源於上海嗎

水蜜桃，大家或許都吃過，但是不清楚的人或許會以為哪裡都有；然而歷史上，水蜜桃僅僅是上海才有的特產。

上海水蜜桃可謂皮薄色豔，汁多味甜，不僅香氣濃郁，甚至入口即溶。曾有人說，如果把熟透的桃子撥破一小片外皮兒，然後只用嘴吮吸，就能把果實中的漿質吸盡，足可證明其為桃中難得的佳品。如今南匯水蜜桃已經成為上海第一種獲得國家重點保護的農產品。

其實上海水蜜桃，早年間在上海只叫水蜜桃而已，後來則是因為各地從上海引種，市面上水蜜桃的品種越來越多，遂稱為上海水蜜桃。關於上海水蜜桃的最早文獻記載，是王象晉的《群芳譜》（西元1621年），內記「水蜜桃獨上海有之，而顧尚寶西園所出尤佳」。此外，仍有許多其他古籍，以及《上海縣志》，都稱水蜜桃出自露香園。據考證，露香園即顧尚寶之西園。顧尚寶其實是上海著名的「顧繡」創始者顧名世的弟弟；而露香園則得名於顧名世擴建萬竹山居之後。「顧氏歸築露香園，覓異種水蜜桃，種之成林」，估計是明朝嘉靖年間的事情。不過原上海城北的露香園在清康熙初年便已荒廢，至乾隆後期，水蜜桃盛產區已轉移到了城西南的黃泥牆。但是黃泥牆一帶的水蜜桃只興盛了一百年左右。到了清同治年間，水蜜桃盛產區又轉移至龍華一帶。直到20世紀初，龍華一帶所產的水蜜桃仍然聞名遐邇。另一說，上海最早栽培水蜜桃的人是大科學家徐光啟的兒子徐龍興，然而並無確實的史料可以證明。

按現有資料查考，現在廣為稱道的寧波和無錫以及奉化水蜜桃都來源於上海。浙江奉化的玉露桃是1883年從上海黃泥牆引入的品種，而江蘇無錫的白花桃則是20世紀二、三〇年代從奉化引入的。不但國內如此，歷史上，上海水蜜桃還遠播海外：美國劃時代的桃子品種「愛保太」和「紅港」，便是1850年從上海引進的；日本著名的「崗山白」「大久保」和「白鳳」等桃子品種，也是1875年引入上海水蜜桃後而選育的。所以說上海水蜜桃可以被稱為水蜜桃的鼻祖了，而且具有很高的經濟價值。

水蜜桃

不僅如此，上海水蜜桃還具有很高的藥用價值：它的桃仁有破血祛淤、潤腸、鎮咳功能，主治淤血停滯、經閉腹痛、跌傷腫痛、便秘等症；而桃花則有利尿之用，可導瀉逐水。乾幼果稱「癟桃乾」，亦可入藥，可治療陰虛盜汗、咯血等。

楓涇丁蹄的「丁」指什麼

上海楓涇丁蹄是一種豬蹄，不僅冷吃「香」，而且蒸吃「糯」，具有獨特的香脆味道；與鎮江「肴肉」和無錫的「無錫肉骨頭」同樣享有盛名。至於它名字的來源，卻要分開來講。

「楓涇」其實是上海金山區的一個小鎮，原名「白牛村」。不過相傳到宋代的時候，這裡來了一位姓陳的進士，他曾任山陰縣令，只是後被罷官，於是便隱居於此，自號「白中居士」。然而這個人一生清風亮節，死後人們便將白牛村改名為「清風涇」，繼而又稱之為「楓涇」。

「楓涇丁蹄」還與該鎮的「丁義興酒店」有關，這是一間於清咸豐二年（西元1852年）由姓丁的兩兄弟在鎮裡張家橋開設的酒店。酒店開張後生意一般，這怎麼能滿足兩兄弟做大生意、賺大錢的欲望呢？為了進一步打開局面，擴大營業，丁氏兄弟就把主意打在本地有名的楓涇豬身上了。

楓涇豬是著名的太湖良種，不僅皮細肉白，肥瘦適中，而且骨小肉嫩，一煮即熟。丁氏兄弟就取其後蹄，並用嘉善姚福順三套特曬醬油、紹興老窖花雕、蘇州桂圓齋冰糖，以及適量的丁香、桂皮和生薑等原料烹製，經柴火三文三旺後，以溫火燜煮而成。這樣料理後的豬蹄，不僅外形完整，色澤暗紅光亮，而且熱吃酥而不爛，冷吃噴香可口，可謂肉質細嫩；而且它的湯質濃而不膩，香甜可口，久吃不厭，所以很受顧客的喜愛，久而久之，人們便

楓涇丁蹄

稱之為「丁蹄」。丁蹄者，即「丁義興」熟食店特製的「紅燒豬蹄」是也；而且店主姓丁，所以叫做「丁蹄」更是實至名歸。

1993年，楓涇丁蹄榮獲中華人民共和國「中華老字號」稱號。

上海的特色糕點

高橋鬆餅的原料產地固定嗎

高橋鬆餅

高橋鬆餅產自上海高橋。作為與鬆糕、薄脆和一捏酥並稱的高橋四大名點，高橋鬆餅是用精白粉、熟豬油、綿白糖、赤豆、桂花為原料，並採用傳統工藝精細加工所成；不僅滋味甜肥，更重要的是鬆酥爽口。鬆餅其實是因其入口酥鬆而得名，不過因為它的酥皮層次分明，而且層層薄而如紙，所以又稱為「千層餅」。

高橋鬆起源於清朝光緒年間，至今已有超過100年的歷史了。鬆餅的餡是甜甜的，因為甜的容易膩，所以自古都要選取上等的原料，不僅不能在瘸子裡選將軍，甚至還要在將軍裡選元帥。像鬆餅中的赤豆沙，就一定得選崇明的赤豆，而至於棗泥餡的，選用的大棗便非得是山東來的。另外包括糕餅起酥時用到的豬油，和麵用到的井水，無一不是做到了精挑細選、精益求精。

在歷經了百餘年的發展後，鬆餅的某些工序，依然保留了全手工的製作要求。如此製作的成品，形如滿月，觀感飽滿，而且餅心色澤金黃，四周則呈乳白色；底部卻也不焦結或者發硬，酥皮更是層次分明，加上根本不可能有雜質的餡心，這樣皮薄餡足的糕餅，吃上去實在是酥鬆香甜，不愧鬆餅之名。

新中國成立後，高橋糕點獲得了政府的積極扶持，幾經改造後，高橋鬆餅又煥發了青春。自1983年以來，高橋鬆餅屢次獲得政府頒發的優質產品稱號，行銷國內外，令中外人士大飽口福。

葉榭軟糕是「葉榭」發明的嗎

「葉榭」其實是一個位於松江東南的古鎮，自古以來便是魚米之鄉，而並非一個人的名字，更非此糕的製造者。葉榭軟糕其實是由施隆茂首創於明萬曆年間的一款小吃，時至今日，仍然深受上海人的喜愛。

葉榭鎮因為緊靠黃浦江，水運發達，所以不僅商貿繁榮，而且早在清乾隆年間，就已經作為船民的集結之地。由於地處水運要道，船民眾多，而且

葉榭軟糕製作中

大多又是短暫停留，所以吃飯、吃點心就成了大問題，曾給船民們帶來諸多不便。於是當地一位葉姓的農民便土製了一種糯米糕，這種糕點色澤潔白，形狀外方內圓，並加入豆沙等配料，吃起來香糯軟滑，久置不壞。這種好吃又易帶的食品馬上受到船民們的歡迎，並因所處地名的關係，大家便稱之為葉榭軟糕。從此，葉榭軟糕的大名便廣傳於世，成為松江傳統的地方特產。

發展到後來，葉榭軟糕有了方糕、素糕和桂花白糖糕三個品種。方糕以豬油、豆沙、棗仁、紅綠瓜絲、綿白糖為餡心，外觀呈正方形，色澤鮮豔，特點為肥、香、甜；素糕則是混入了上等的綿白糖，外觀呈大塊長方形，雪白細膩，線條清晰，特點是鬆、軟、甜、涼，糯而不黏，盛夏時節，甚至一周之內都不會餿變；桂花白糖糕則以全糯米加桂花、白糖、豬油、豆沙製成，外觀呈圓盤形，具有鬆、軟、甜、香、肥五大特點，吃起來鬆軟香甜而不膩，加上薄荷，便更是夏日飲食中的佳品。

葉榭軟糕原為手工生產，現在經過技術改造，已經實現了半機械化，雖然包裝出售，但還是保持著其傳統的特色。

哪裡才有地道的油氽排骨年糕

油氽排骨年糕是傳統的上海小吃。排骨要肥嫩香鮮，這樣氽出來才味香濃厚；而年糕則需要小而薄，經過燒煮後才鮮潤不膩，這兩種東西合在一起經油氽製熟後，真是別具風味。

這種小吃在上海有兩種著名的製法，分別以曙光飯店（原名小常州，號稱排骨大王）和鮮得來點心店為代表。它們是20世紀30年代上海最有名的兩家排骨年糕店，不過它們的製作方法卻大不相同，做出來的排骨年糕口味迥異，各有特色。

油氽排骨年糕

「小常州」的排骨是選用的常州、無錫等地的豬脊骨肉，先用醬油醃漬，再放到加了各種輔料佐品的油鍋中氽燙，氽至色呈紫紅、肉味濃香後取出。在料理肉的同時，還要將松江

大米煮熟，並放在石臼裡用榔頭反覆捶打，待無整粒米後取出，按量切條，每條裡裹上一小塊汆過的排骨。這樣「包裝」後再入醬汁油鍋中煮汆。要吃的時候則灑上五香粉，便既有排骨的濃香，又有年糕的酥糯，十分可口。

「鮮得來」的排骨年糕則是將麵粉、菱粉、五香粉、雞蛋放在一起攪拌成汁，然後再浸裹在排骨的表面上，這才入油鍋汆製。這樣做出來的排骨，色澤金黃，外酥內嫩。而它的年糕則是將松江大米與紅醬油、排骨一起加上甜麵醬，澆上辣椒醬即可。吃起來嘴裡糯中發香，還略帶甜辣，鮮嫩適口。

常說「文無第一，武無第二」，說到食品的製作，其實二者都各有千秋。不過鮮得來排骨年糕總店製作的油汆排骨年糕，則在1997年被認定為「中華名小吃」。

上海梨膏糖和魏徵有什麼關係

魏徵的形象一直都是直言敢諫，但同時他又是一個十分孝順的兒子。他的母親患有多年的哮喘，為了給母親治病，他遍求名醫而始終沒有找到一種有效的藥。後來唐太宗李世民知道這件事後，就派御醫給老夫人看病。御醫望聞問切之後，便為老夫人只開了一味藥，說是可以藥到病除。但是這種藥極其苦澀，可以說難以下嚥。魏徵為了降低藥的苦味就將梨榨成梨汁，和入藥中，這樣母親喝起來就不會那麼苦了。大家應該知道梨這種水果，是有消痰降炎的藥效的，再加以御醫的方子，老太太果然數日後便覺好多了。

相對於這個感人的孝子故事，還有另一種勤儉節約的說法。清末民初時有一對貧困夫妻，他們專門在各家水果店的門外撿那種沒有完全壞掉的梨，回家後便「取其精華、去其糟粕」，把還沒有壞掉的部分加糖熬製，便成了上海梨膏糖。

上海梨膏糖是中華老字號產品，由純白砂糖（即不含任何飴糖、香精和色素），與杏仁、川貝、半夏、茯苓等十四種藥材（皆為碾粉狀）加熱熬製而成。成品不僅有止咳化痰的顯著療效，而且因為包裝精美，深受廣大顧客的喜歡。其實上海梨膏糖歷史悠久，起源甚至可以追溯到唐朝，而在清朝最為盛行，目前則在國內外都享有盛名。

梨膏糖

雖然上海梨膏糖還有本幫（即上海本地）、蘇幫、杭幫和楊幫之分，不過老城隍廟的梨膏糖則均為本幫，而且善於創造。在上海開埠後為了迎合上流社會的需求，老店「朱品齋」便在梨膏糖的製作中又添入了人參、鹿茸、刺五茄、玉桂、五味子等貴重補品，使得梨膏糖成為了一檔高級食品系列。

其實梨膏糖還分為品嘗型梨膏糖和藥物型梨膏糖。藥物型梨膏糖具有止咳化痰、潤喉清肺的功效，對治療咳嗽、氣管炎、哮喘等疾病有獨到之處。最可貴的是，因為選用的中草藥藥性皆溫和而少無副作用，所以它適合各種咳嗽人群。即使沒病沒痛，吃來也無妨。

棗泥酥餅為什麼叫「摳門餅」

上海的許多名吃都與蘇州有關，或是直接從蘇州傳來，或是首現於來上海灘打拼的蘇州人之手。經過大上海的融合，最終都留在了上海，成為了當地有名的美食。棗泥酥餅便是屬於前者，而且伴隨著一段有趣的故事。雖然並非發生在上海，卻可使我們更加了解現在上海棗泥酥餅的來歷。

相傳清末蘇州的一處市鎮裡，有一位做甜餅生意的小氣人，每次做的甜餅，不是餅麵斤兩不夠，就是缺少糖料，久而久之，他的生意慘澹經營，眼看就要倒閉了。

他的一位朋友實在看不下去了，就建議他做一種雙面都帶有芝麻，並且用棗泥做餡的酥餅。反正也沒別的主意，小氣鬼便根據朋友的建議做起這種餅來。因為又是芝麻又是豬油又是棗泥的，所以在烘製的時候，整個鎮子都聞到了小氣鬼家的香氣。大家聞香進門，為小氣鬼招攬了不少客人，於是他的生意又慢慢興旺起來。可是好了傷疤忘了疼，小氣鬼又犯起小氣的老毛病來：每次餅師傅在製餅的時候，他都故意把糖藏起來，好讓師傅做餅的時候只用手邊的那些糖。但他還是放心不下，就假託自己的兒子跟著做餅的師傅學習如

棗泥酥餅

何做餅，實際上卻是暗中監督。人家是監督不要剋扣，他這兒倒好，是監督不要太多。

雖然如此，小氣鬼的酥餅生意還是慢慢好了起來。沒過幾年，就在蘇州城裡開了一家「乾生元」餅店。但不知什麼原因，幾個月後店面便因一場大火而毀於一旦，小氣鬼也葬身火海。可

幸的是小氣鬼的兒子躲過這劫。誠所謂大難不死，必有後福，加上這個兒子不是小氣鬼，於是掌握了製餅技術的他，又做起棗泥酥餅來，並在蘇州城獲得成功，後來還將餅店開到了上海灘。雖然這家餅店已經不再摳門剋扣，但有認得的人還是開玩笑地稱之為「摳門餅」，此時已無非玩笑罷了。

上海的風味小吃

不吃五香豆就不算到過上海嗎

讀者們是否聽說過這麼一句話：「不嘗老城隍廟五香豆，不算到過大上海」。足可見城隍廟五香豆的好吃與聞名。其實顧名思義，城隍廟五香豆便是開在上海城隍廟附近的一個專營五香豆的商店，他們材料的選取講究，火候的控制也適當，所以做出來的五香豆皮薄肉鬆，鹽霜均勻，咬嚼柔糯；吃到嘴裡香噴噴、甜滋滋，極具風味的口感令凡來上海吃過的人都記憶深刻。

根據老上海的講法，當初城隍廟建成後，香火鼎盛。所以廟市上遊人如織，往來不息。針對於此，商販們便紛紛來此設攤做生意。其中有一位名叫張阿成的外鄉人，弄了一隻煤球爐和一口鐵鍋，就這樣在熱鬧的廟市上做起了五香豆生意。他的五香豆豆味雖一般，但製作的時候卻香氣四溢，所以還是吸引了眾多的顧客。然而美中不足的是，豆皮雖香，但豆肉夾生。所以張阿成免不了常和顧客發生爭吵。

在張阿成鄰近經營五香牛肉和豆腐乾生意的商販郭瀛洲眼見如此，認為五香豆生意本微利厚，而張阿成又似乎經營不善，於是就改行試燒五香豆。他決心「取其所長，攻其所短」，與張阿成一比高低。憑著燒五香牛肉時「選料好、加工精」的經驗，郭瀛洲選用了嘉定產的「三白」蠶豆，而且還在配料上動腦筋，加入了進口的香精和糖精，並注重調試火候。如此燒出來的五香豆既不夾生，又香甜可口。不過在不斷燒製的過程中，他逐漸發現用鐵鍋燒出的豆子表皮發暗，色澤不美，於是便精益求精，訂製了一口一次能燒四十斤蠶豆的紫銅大

上海特產五香豆

鍋。如此這般，他終於做出了色、香、味俱佳，口感軟中帶硬、鹹中帶甜的極品蠶豆，自然深受顧客讚譽，生意也越做越興旺。

生意越來越好的郭瀛洲正盤算以後發展的時候，可巧商場裡「雷雲軒煙嘴店」的老闆，因故歇業返鄉，並委託郭代為看守店房。郭便抓住這個機會，開始收攤開店，取名「郭記興隆號」；還在牛皮紙製作的包裝袋上印刷了郭瀛洲的頭像和雙龍商標。擴大經營後，郭記興隆號甚至從零售發展到了兼營批發。慢慢地，不僅滬上車站、碼頭、茶樓、 酒館、影劇院門口等人潮之地出現了設攤和提籃叫賣五香豆的商販，甚至海外也有了對他們店五香豆的需求。

1956年，「郭記興隆號」改名為「城隍廟五香豆」。

上海的龍蝦片就相當於薯片嗎

現在的小朋友都喜歡吃薯片，在老上海也有一種類似的東西，叫做「龍蝦片」。

從前上海過年的時候，在晚飯還沒有開始前，龍蝦片其實是專門用來給小孩子墊肚子用的。這種白白脆脆，帶著一股魚蝦鮮味的小吃，最討小孩子喜歡。而且龍蝦片含有豐富的碳水化合物，以及脂肪、蛋白質、鈣、鉀、鎂、鐵等元素，基本上等同於蝦的營養功能，可以補充豐富的礦物質。不但如此，以前的龍蝦片還有諸如小螃蟹等小動物的造型，油炸起來，更顯可愛。像這種傳統的小吃，可要比如今薯片什麼的好吃好玩多了。

上海龍蝦片是用新鮮蝦肉和上等的澱粉作為原料的。它們經水調和後，便會成為透明而無混濁的狀態，再經油氽成熟後，基本上會膨脹到原來的3到4倍，極具天然蝦香，而且入口酥脆、鬆化、無硬渣，實在是滋鮮味美的上品小吃。

不過它的製作過程則要求精細，從投料、打漿開始，便要注意漿層均勻，濃稀適度；拌粉和麵則務求勻透而無塊粒；擠壓、搓條的時候也必須粗細一致，達到表面光滑，底板平整，不出氣孔的狀態；蒸煮的時候更是要嚴格掌握時間、火候，既要熟透，又不能過熟；切片則要乾淨俐落，要求表面光潔，厚薄均勻，既無刀紋又無連刀；烘片的時候要注意控制熱量，使蝦片受熱均勻才可以逐步散發水分，以達到蝦片平直、不開裂或黏連的要求。

如今正宗的龍蝦片只有「鴿牌」，是上海晨光蝦片食品有限公司生產的，以前則叫做上海蝦片食品廠。

鴿蛋圓子的原料中有鴿子蛋嗎

「鴿蛋圓子」這個名字的由來，並非是因為製作過程中用到了鴿子蛋，而是因為它製出的成品酷似鴿子蛋而已。所以鴿蛋圓子的形狀也不是圓子在傳統印象中的圓形，而是橢圓形。

鴿蛋圓子

鴿蛋圓子中的糯米含有豐富的蛋白質、糖類、鈣、磷、鐵、維生素B族等營養物質，使其有了補中益氣，健脾養胃的功效；同時它內餡裡的白芝麻也含有大量的維生素A和E，故而鴿蛋圓子亦具備補血明目、養肝生髮的特效；綜合以上，並且作為南方的一種四季食品，鴿蛋圓子終成上海一道有名的菜品。

這麼好的一道甜品，其實是一位叫王友發的人於民國年間所創。王友發祖籍蘇州，善製甜食，而且靠此販賣為生。不過他本來在上海是擺攤賣些花生糖、棗子糖、糖山楂之類的東西，怎麼後來賣起圓子了呢？

原來甜品這種東西，秋、冬、春之季，品相俱佳，弄的什麼樣就是什麼樣。可是到了夏天，尤其是酷夏可不得了，很多有糖分的甜品便會融化，賣相難看，於是銷路自然也就不佳了。可是生意人總不能不做生意啊，怎麼辦呢？為此王友發還真想到了一個辦法，那就是用清涼的食材為原料，製成一種消暑的零食。在炎熱的夏日上海，誰會捨得拒絕一份清涼祛暑的小零食呢？

說做就做，而且這樣的甜品在王友發眼裡並不算難事，主要是控制好「熬糖」這一關即可。因為要裹進糯米皮子的糖需熬得不老不嫩，這樣咬上去才會有一包糖鹵。東西做好了，去哪裡賣呢？這也難不倒常年練攤兒的王友發。他專到城隍廟一帶的茶樓、書場販賣，因為那裡多是閒而有錢的人，看到鴿蛋圓子這種既有噱頭，又清涼甜糯的零嘴兒，自然大加捧場。而這些場所的老闆也樂得像王友發這樣的商販來「走穴」，因為客人在店裡吃飽了就又能多待一會兒，所以何樂而不為呢。

擂沙圓是雷老太太擂出來的嗎

擂沙圓是上海從清末傳下來的名小吃，但是有人管擂沙圓叫雷沙圓，這是怎麼回事？是誤傳還是另有原因？

其實擂沙圓是清末一位開湯糰店的雷老太太所創，她的店開在上海城內三牌樓附近，時常有人要求她把圓子打包。但是圓子沒了湯的浸潤，便容易糊掉，非常影響口感；然而連湯一起打包的話，攜帶又不方便。於是好心的雷老太太便替常來打包的食客尋找解決的辦法。後來她終於找到了竅門：圓子不是煮熟了嗎，撈起來放進炒熟的赤豆粉裡，攪啊拌啊，把圓子的外層都沾滿赤豆沙粉。這樣一來，圓子既不用帶湯，也攜帶方便，還漂亮好看，熱吃冷食，更隨君尊意。

因為這個圓子是雷老太太所創，而且外遭布滿紅豆沙，於是人們都稱其為「雷沙圓」。

後來上海喬家食府創設，為了量產這種雷沙圓，便不得不在原先的工藝上改進：赤豆粉炒成乾沙，再用十七眼篩篩過，這樣赤豆粉便更加細膩；熟了的圓子則要瀝乾水分後再投入粉盤擂滾。如此成品，色澤紫紅，口感香糯，大受好評。於是店家便把「雷沙圓」改名為「擂沙圓」了。

擂沙圓

上海名吃為何叫做小紹興雞粥

從名字來看，小紹興雞粥，「想當然耳」的話，應該是紹興的產物才對，怎麼成了地道的上海風味小吃呢？這需要從它產生的歷史講起。

「小紹興」粥店的前身本是個小小的粥攤，攤主叫章潤牛，紹興人，16歲便與親妹章如花隨父逃荒到上海。當時還是日偽時期，他們迫於生計便批些雞頭、鴨腳、小翅膀，料理了之後沿街叫賣。兄妹倆體現了紹興人節省和精於計算的傳統，慢慢地積攢了點錢，便在抗戰勝利後辦起了小吃攤，雖然還是賣些餛飩之類的小吃，但畢竟稍微安定了些。可是他們選擇的西新橋附近正是小吃攤雲集的地方，賣餛飩的到處都是。於是兄妹倆商量後，便改開雞粥攤，但生意依然不如人意。

所以老章家哥哥潤牛和妹妹如花便時常談論出路，這天聊到小時候的事

情，忽然想起家鄉老人們講過紹興產的越雞，那可曾是給清代仁宗皇帝的貢品。這些越雞因為在山間放養，所以肉質極好。章潤牛便決定用老家的這種雞作為雞粥的原料。果然不負貢品雞的名頭，雞粥這麼一改，其鮮味非同一般，生意開始大好起來。而跟著這股雞粥熱，繼章氏之後開設的那些雞粥店固然不知其中的奧秘，所以生意也就自然與章氏兄妹的雞粥店不可同日而語。名氣傳出去後，甚至一些藝界的知名演員如周信芳、王少樓、蓋叫天、趙丹、王丹鳳等，都會在半夜演出結束後，來章氏兄妹雞粥攤上吃個夜宵。長此以往，便成了熟客。大家聽著兄妹倆都是紹興口音，加上哥哥個子稍矮，於是熟客們便把這個沒有招牌的雞粥店叫做「小紹興」，久而久之便成了正式的店名。

兄妹倆為了保證雞粥味道的鮮美，堅持當天早晨殺雞、下午燒雞、晚上賣雞，如此再加上講究的烹調技術，「活殺雞」的「小紹興」雞粥便從此出了名。

烘山芋的香甜是靠文火慢工的嗎

上海人口中的山芋，其實在各地還有其他的叫法，比如紅薯、白薯或地瓜等。

現在烘山芋多作為一種點心零食，但在明朝時卻是緩解百姓饑荒，救了無數條人命的主要糧食。徐光啟甚至提議朝廷向全國推廣種植。

但那都是舊話了，這裡只和讀者們討論一下為什麼街邊的烘山芋就是比家裡或煮或蒸的山芋要香甜呢？想來，精明的上海人都不會「買豆腐花掉肉價鈿」吧，但是如果像街邊爐

烘山芋

那樣烤山芋的話，就在所難免了。因為人家街邊爐的山芋是大清早便入了爐膛，上班族下班的時候才被推出來賣的——這文火的功夫，可不是尋常百姓消受得起的。

為什麼烘個山芋要這麼長時間呢？原來山芋本身並不含糖，而全是澱粉，所以山芋的甜不過是澱粉被澱粉酶在合適的溫度條件下轉化成了糖。空氣加熱，緩慢而持續，讓澱粉酶有充分的時間把山芋變甜。而蒸、煮所產生

的高溫水流和蒸氣卻會在瞬間殺死酶的活性，所以山芋雖然熟了卻肯定是不甜的。

烘山芋之所以香，也是同樣的道理，不過這次靠的是蛋白酶。

於是我們就知道了，文火、慢工是烘山芋的真諦。所以即使我們非要在家裡自己做，也需要遵循這些原則才能做出香甜可口的山芋。

豆花為什麼被稱為長生不老藥

《本草綱目》中有記：「豆腐之法，始於漢淮南王劉安」。傳說劉安當年為求長生不老之藥，一次在煉丹的時候用黃豆漿培育丹苗，豆汁與石膏相遇，豆腐便這樣偶爾得之了。劉安還用此為臥居病榻的母親備餐，確有健體延壽的效果。

現代科技認為，上海豆花是利用大豆蛋白而製成的高養分食品，人體對它的吸收率可高達92%～98%。豆腐腦除含蛋白質外，還可為人體生理活動提供多類維生素和礦物能量，特別是可以滿足人體對鈣的需要，可以對軟骨病及牙齒發育不良等起到一定的預防作用。

上海豆花又稱為豆腐腦，這是因為它最大的特點便是豆腐的細嫩，故稱豆腐中的腦。它的製作要求也非常講究，熬漿要用微火，特別注意的是不能溢鍋等。

不僅製作過程不得馬虎，盛豆腐腦時也有講究：需要用平勺盛放至碗中，而最後盛好的豆腐腦要像小饅頭一樣稍凸出於碗沿兒。這之後才澆鹵，鹵會從「饅頭」上流向碗的四周。澆完鹵後，加蒜泥、辣椒油，或者蔥、香菜等，這便是憑個人喜好了。

不過甜的則是一般加入了糖漿或砂糖、紅糖，如今也有人加入巧克力糖漿、滿天星等，製成新穎別致的現代上海豆花，上海人對吃的創造力真是層出不窮啊。

上海鍋巴曾被稱為天下第一菜嗎

上海鍋巴通常由大米、黃豆、小米等製成，營養美味，是上海人見人愛的小食品。

鍋巴其實不僅是一種零食，還可以拿來做出正兒八經的菜品。傳說，清

朝乾隆皇帝曾多次下江南，有次在松江府的一家小飯店用膳，就吃到了一盤極品鍋巴菜：店家用蝦仁、雞絲、雞湯熬成的鹵汁，當場澆在剛經油炸的鍋巴上，頓時炸聲大作，濃香撲鼻。而且乾隆品嘗之後，覺得香脆可口，且頗有食趣。詢問之下，才從店主處得知這叫做「平地一陣雷」。乾隆誇其菜可稱天下第一菜。從此，這道「天下第一菜」便成為上海地方的傳統名菜。如今，深挖文化的飲食業已廣泛採用鍋巴做菜，諸如口蘑鍋巴、魷魚鍋巴、海參鍋巴、干貝鍋巴等，其燒料便是大同小異，不一而足。

　　不過在老上海的時候，尤其解放後的很長一段時間，是沒有這麼多講究的。大多上海人小時候吃的鍋巴，幾乎是沒有鹹辣諸味的，更別說奶油了。柴火燒的大鍋飯，在鍋底勢必會留下厚厚的鍋巴，底層焦黑，中間發黃，雖無調品，卻透著那麼一股醇厚的米香。

上海鍋巴

　　不過燒糊了的鍋巴卻是不宜多吃的，因為那裡會有一種叫做「苯並芘」的致癌物。如果長期食用這種世界公認最強的致癌性毒物，是會致癌的。

上海的雕刻藝品

　　上海地處江南，自古便係水鄉，多出文人雅士，更愛文字丹青。所以當地對於文房用具是很有講究的，不僅用著要好，眼睛看著也要美觀得體。於是便催生了很多相關的文房雕刻藝品，並且體系也越來越完整。

　　上海在20世紀曾迎來一次文化的大融合，不僅全國各地的藝人及藝品彙聚滬上，外國的眾多奇技淫巧也紮堆申城，使得上海在藝品的製作方面突飛猛進，形成了可與中國其他地方千百年才能成形的各種流派，包含了木雕、竹刻、麵塑等傳統技藝，更不乏牙雕、玉雕等貴重材料的雕刻。

上海的文房雕刻藝品

上海硯刻是什麼時候形成的

其實硯刻藝術起源於2000多年前的秦漢時期，可以說它是和中國書畫同時發展起來的。硯刻不僅是實用品，還因為自身的美感而成為人們欣賞的藝術品。如今多有身價百萬的硯刻精品，其中便不乏上海硯刻。

上海硯刻成為一個固定詞語而被使用，始於明代。它的雕刻技法來源於磚刻石雕，後來在此基礎上又吸收了金石雕刻的精華，所以成品一般造型雅樸，刀法剛健。而且因為採用深、淺雕相結合的方法，使得其作品極富立體感。上海硯刻的代表人物是已故的張景安老先生，他的作品多取材於蔬菜、瓜果等靜物，或有少數魚蟲等圖案，非常有地方特色，極具韻味。

另外一位佼佼者，便是上海近代硯刻技藝高手陳端友。他採用傳統的對比藝術手法，使作品極富舒展安閒之氣氛。比如他雕就的《九龜荷葉端硯》，展現的是九隻小龜戲游於荷塘蓮葉之中，或藏葉底，或游水中的情景，其意給晚秋荷葉帶來了無窮的生機；而且還配以用堆漆刻出的一個龜形

上海硯刻

硯盒，凝練的造型，使得整個作品莊重而素樸。他的另一方代表作便是《竹節端硯》，甚至可以琢出竹身被鋸截以後的糙面和鋸刀滯留的痕跡，這樣的設計便相對地顯示出節隔硯面的柔滑潤澤；硯底則是表現被擊龜裂的節隔，破碎的形象自然而逼真。以上兩件珍品，如今收藏於上海博物館。

曹素功墨得到過康熙的賞識嗎

據說當年清康熙皇帝巡江寧的時候，曹素功曾六次前往以進其墨。康熙在試用之後，大加讚賞，並特賜曹氏「紫玉光」三字。

於是曹氏便用該名製成「漱金紫玉光墨」。該墨一式10錠，長方條形。其中收藏於安徽博物館的一套墨，每錠面上鑴刻白岳一景，共計10景。分別是天柱峰、五老峰、羅漢峰、香爐峰、萬壽山、紫玉屏、玉屏峰、劍峰、獅子峰和沉香洞。墨背面則用陽刻楷書「紫玉光」鈐印和落款。文有「古歙曹

素功珍藏」「藝齋主人仿古清墨」
「天都曹素功製」「新安曹素功鑑
定」等字樣。而且這些墨其色似漆，
其質似石，雖然只是小小一方，卻雕
刻得峰巒疊嶂，盎然而有古意。無怪
乎康熙帝這麼喜歡了。

曹素功墨

此外，曹素功墨還香味濃郁。據傳清朝嘉慶年間，朝廷召曹氏進京，專
門製作皇家御用之墨。曹氏為了使御墨不同於坊間尋常之墨，便在製作過程
中投放了麝香、冰片等料，所以會隨著不斷捶打而芬芳撲鼻。於是在試墨那
天，整個大殿很快便被馥郁的香氣籠罩，並且久久不散。這成為了宮廷中的
一件新鮮事，引得眾大臣宦官都競相前來圍觀。這便是後來曹素功墨的另一
款墨——「金殿餘香」名字的由來。

曹素功墨的墨跡不腐不蛀，實用性極強。這是因為他們在墨錠之中加了
幾種名貴的中藥材，那些馨香之氣起到了防腐避蟲的作用。不僅如此，曹素
功墨用於作書繪畫時不黏滯，書寫後不皺紙，墨跡著水而不化，作品久存而
不褪色。

正因為曹素功墨防腐性強，使用時芳香沁人，有提神助興等功效，所以
廣為中外書畫家所歡迎，也難怪會有「天下之墨推歙州，歙州之墨推曹氏」
之說了。

清朝順治三年，曹素功墨便由歙州（安徽一地名）遷至了上海，自開業
到1956年公私合營，曹氏已歷經十三代，共計300餘年。

上海集雲閣篆刻都有什麼講究

篆刻藝術由來已久，早在先秦及漢魏時期，篆刻藝術的成就已經很高，
當時這個工作由專門的印工鐫刻。自隋唐以來，篆刻藝術不斷發展，並各有
其朝代的特點和風格。相傳，當元代畫家王冕開始用花乳石作印材而進行篆
刻後，因鐫刻方便，所以流行更廣。到了明、清兩代，雖然傳統篆刻藝術已
漸行消亡，但隨著越來越多古印章的出土，為當時的人們提供了大量參考資
料，所以文人士大夫們開始研究起篆刻藝術，並越來越考究起來，於是就出
現了很多篆刻家和流派，這種藝術也隨著再次發揚。至今仍為人所稱道的上

海集雲閣篆刻，便屬其中。

集雲閣篆刻所用的印材大有講究，常備有篆刻印章的各種材料，諸如玉、石、銅、牙、角五大類，可以在需要的時候隨時添補。所用的玉章有老虎石、獨山玉、柔佛巴魯石等，這些材料晶瑩明澈，光彩奪目。石章則是壽山石、青田石、昌化石等，它們質地油潤，色彩瑰麗，甚至還有舉世稀少的田黃石和雞血石，這些珍貴的印材本身，便是極具藝術欣賞價值的寶貝，更不用說所製成的工藝品了。至於集雲閣的銅章，則是造型古樸，匠工獨具。此外還有雪白的象牙章、漆黑的牛角章以及造型典雅、雕工精細的各類印鈕等。

集雲閣篆刻

1983年，上海集雲閣篆刻社成立，他們對浙江地區明清時代各家的篆刻藝術都頗有研究，具有很深的造詣，而且治印以工雋樸茂取勝，尤以小篆入印而名傳全國。他們採用各種書體入印的作品，以纖細、飄逸、雋秀、美觀見長，不僅實用，而且賞心悅目。

潛泉印泥中蘊含了怎樣的情誼

潛泉印泥創辦人是一個叫做吳名隱的，他字石潛，別號潛泉，浙江紹興人。作為一名工書畫、善刻印、精於碑版的專家，他尤其愛好收集古印，並先後彙編了一百多冊古印集，還編定了《古今楹聯匯刻》。不僅吳自己喜愛這門藝術，他的夫人孫織雲，也是一位刻印名手。於是慢慢地，這對精於製作印泥並志同道合的夫婦便漸漸聚集起名氣來。

1904年，吳石潛在學術交往中認識了吳昌碩，而且這兩個人相互仰慕對方的品德、才華，由此而結下了深厚的友誼。

對於吳石潛夫婦自己製作的精美印泥，吳昌碩非常欣賞，於是便積極鼓勵他們專門創辦一個印泥企業。於是在吳昌碩等人的鼓勵下，夫婦二人很快便決定到上海開設一家公司，專門自產自銷潛泉印泥，並收集和出版印譜。他的好友吳昌碩親筆為其撰寫招牌，並指導改進配方，選定色澤。對生產的第一個品種，他還親自定名為「美麗朱砂印泥」。不僅如此，吳昌碩還把自己的各體書法、繪畫、篆刻等作品，拿來這裡以示信任。由此可見，吳石潛夫婦充分總結了前人經驗，而後再自我開發，是潛泉印泥問世的關鍵。當然

其中也不乏吳昌碩的一番心血，「美麗朱砂印泥」，更是吳昌碩和吳石潛友誼的見證。

　　吳石潛夫婦的潛泉印泥製作精細、配方嚴格，故而質地細膩、濃厚，色澤沉著、鮮明，更可敬的是時間愈久光色愈鮮，冬而不凝，夏而不透，印在紙上極富立體感。所以一經面世，便譽滿全國，很快就流傳到日本及東南亞。

上海的其他雕刻藝品

上海木雕為什麼能分成三大類

　　上海本地既不出產名貴的木料，也並非最有名的傳統木製品加工地，但為什麼卻可以有如此龐大的木雕產業，甚至可以分門別類呢？

　　原來在清末之時，由於上海成為對外開放的口岸，而且鄰近江浙等傳統的木雕產地，所以在上海便出現了從事專門收購和加工訂製木雕的外商。他們把這種極具東方色彩，並含有較高藝術價值的木雕，轉銷西方，以牟暴利。於是，上海逐漸成為中國木雕品出口的最大集散地之一，而且按所用材料還分為白木、紅木和黃楊木雕三大類。

　　白木雕刻工藝源於浙江東陽、金華一帶，明清期間傳入上海。產品多以神佛像、廟宇和民宅建築裝飾為主，所用的木材中以香樟木最為名貴，其餘也有銀杏木、黃楊木等。

　　紅木雕刻多用於製作家具，即人們常說的紅木家具，硬實而有質感，很受顧客喜歡。在長期的技藝發展中，出現了浮雕、深浮雕、鏤空透雕和陰刻鑲嵌等技法；而木料的連接也多採用傳統的榫卯結構；至於家具的塗飾，則是採用天然生漆之類的傳統工藝；此後還要經過多達15道工序的反覆髹磨，最後才可以讓紅木家具的表面色澤一致和光亮可鑑。紅木雕刻所使用的木材，如紫檀木、癭木、酸枝木、花梨木（又稱老紅木）和香紅木等，都是非常名貴的材種。其中以小葉紫檀最為精貴，這種樹5年才成一輪，800年方成可用之材。

　　不同於以上兩種木雕，黃楊木雕是起源於上海的本地木雕，並且已有近300年的歷史。它是清朝康熙年間嘉定的竹刻高手吳之璠，以竹刻技法移用於

黃楊木而雕出人物、山水和花鳥的一種雕刻藝術。黃楊木雕的原料除黃楊木以外，丹塔木和銀杏木也可使用。雖然木料並非名貴之材，但是因為上海黃楊木雕是嘉定竹刻藝人的偶爾之作，產量極少，多是自賞或贈親友之物，而非量賣之品，所以那時候的黃楊木雕極其珍貴。不過到了清末的時候，黃楊木雕已開始批量出口。

上海的嘉定竹刻是以刀代筆嗎

竹，中空而外堅，不僅身幹挺拔，而且體色優雅，有「梅蘭竹菊」四君子和「梅松竹」歲寒三友等美稱。這使得在凌霜傲雪的竹，自古便被文人墨客所喜愛，並被擬人而賦予了高尚的德性。

嘉定竹刻

於是嘉定在明朝隆慶、萬曆年間（西元1567—1619年）便產生了竹刻，即將這種文人墨客都喜歡的植物加以雕飾的藝術，所以至今已有400多年的歷史了。而且隨著時代的發展，隨後的江南，尤其是人才彙聚的大上海，便形成了各具特色的兩大派竹刻工藝：其一是「金陵派」，其二便是「嘉定派」，而且「嘉定派」更為繁榮。到清代的時候，嘉定縣城已成為竹刻工藝的中心。

嘉定派之所以如此成功，是因為其創始人朱松鄰是一位善於詩文書畫之人，他在製作中能以筆法運刀法，並且勇於創新，最終才使得其他竹刻藝人無從望其項背。而且他的兒子朱小松、孫子朱三松等都繼承了祖業，使得朱氏竹刻得以流傳並繼續擴大。他們所刻製的人物、山水、草蟲、禽鳥，刀法精湛，個個精妙絕倫，頗有新鮮靈動之感，造成很大影響。所以嘉定竹刻才有後來的名家輩出，如明代的秦一爵、沈大生、侯崤曾，清代的封穎谷、時大經、張學海等。

「以刀代筆，以書法刻竹」，便成為嘉定竹刻的主要特點和傳統技藝，並使嘉定竹刻盛極一時。據《嘉定縣志》所載，嘉定竹刻的刀法獨樹一幟，與當時全國各地的技法均不相同。

不過清道光之後，嘉定竹刻漸趨衰落，名家稀少；到民國以後，嘉定竹刻甚至漸趨滯銷，產品只以貼黃為主，雅作珍品幾無可見。

上海麵塑為什麼可以不腐不爛

　　上海麵塑在發展的過程中經過了百餘年，鉛華洗盡，而在眾多的麵塑藝人中，最負盛名的便是被稱為「麵人趙」的上海著名麵塑藝術家趙闊明。

　　趙闊明其實是一個晚清出生於北京的人，出身貧苦，從小就靠賣苦力過活。在19歲開始捏麵人之前，他做過堂館、小販、轎夫、車夫等；平時則喜好打拳、唱戲。然而進入「麵塑界」後，他25歲便與北京東城著名的「麵人湯」（湯子博）齊名了。到了32歲，在天津，他已被人譽為「麵人大王」。隨後不久，即20世紀30年代，他來到上海，結識了上海民間麵塑藝人潘樹華，並吸收潘在麵塑藝術中的長處，使自己的技藝更上了一層樓，終成為全國著名的麵塑藝術家。

　　趙闊明的創作題材廣泛，內容多以傳統戲劇和神話傳說為主。比如他的代表作：「福祿壽三星」「觀音」「長眉羅漢」「五子戲彌勒」「鍾馗嫁妹」「關公看春秋」「林沖」「捉迷藏」等都是這類；當然也有表現現代題材的作品，諸如：「白求恩」「魯迅」等。他的作品人物形象生動，面部刻畫細膩，衣紋簡練俊逸，神態活潑，色彩飽滿，被稱為「立體

上海麵塑

的畫，無聲的戲」，在國內外享有很高聲譽。並且，在長期的麵塑創作中，他摸索並掌握了一套使麵人長期保存的辦法，使得他製作的麵人，不黴、不爛、不裂、不變形，也不易褪色，這便有利於玩家們長期收藏；而且麵塑體積小，攜帶方便，故而成為旅遊者贈送親友或留作紀念的佳品。

　　趙闊明的女兒和徒弟們繼承了他的技藝，在國外現場表演中曾被譽為「東方的明珠」「中華國粹」。

上海牙雕是景中有景的雕刻嗎

　　上海牙雕早在乾隆年間便已成為與蘇州、北京、廣東齊名的中國四大著名牙雕之一，更以其空靈剔透、工藝細巧，尤其是物中有情、景中套景的藝術美感，博得了國內外的廣泛美譽。

　　上海牙雕其實源於蘇州牙雕，不過歷代藝術家在發展上海牙雕技藝的時

候，還汲取了北京牙雕、廣州牙雕等地域流派的精華；同時還通過自己的發明創造，才最終完成了獨具特色的海派牙雕。至此，上海牙雕在造詣上便稍勝於蘇州牙雕，甚至相較於其他地域流派也似乎更勝一籌。

上海牙雕分為鏤雕細花、皮雕和圓雕人物三類。其中以鏤雕細花最具特色，是與北京的圓雕、浮雕人物，廣州的多層牙球、通雕花舫齊名的高超牙雕藝術類型。鏤雕細花以製作船、燈、花卉、瓜果、山景、蚌景、魚景、蟹景等景物為主；而且其中以魚景最為奇特：用魚、鳥或藕節等為外形，以鏤空手法透雕出各種鳥獸、人物花草和風景，看上去花中套花，景中有景，內景與外景融為一體，毫無違和，確實非常別致有趣。

這種鏤雕細花特色，形成於20世紀初，因為所表現的題材豐富，而藝師們又構圖豐滿，加上刀功乾淨，工藝精巧，使得作品都極富畫意；特別是鏤空雕，層次中外景與內景的輝映融和，充滿了江南地方特色。

上海玉雕可以影響全國玉雕嗎？

上海玉雕，其實便是海派玉雕，是一種以上海為中心的玉石雕刻藝術風格派系。海派玉雕的貢獻在於「海納」和「精作」。諸如繪畫、雕塑、書法、石刻、民間皮影和剪紙、當代抽象藝術等，只要是美的、好的便可以收為素材，之後再自己取精去粗，才最終使得海派玉雕發展起來，甚至至今對全國的玉雕藝術還產生著很強的影響。

玉雕

海派玉雕形成於19世紀末，當時上海已經成為中國乃至世界貿易的重要港口，所以周圍的蘇州、揚州及附近地區的玉器製品都要通過上海口岸向外輸出，這種形勢使得上海玉器雕刻行業有了廣闊的發展空間。之後又伴隨大批蘇州、揚州等地區的雕刻藝人湧入，這個東方大都市裡的玉雕行業漸漸繁榮直至昌盛起來。當時像著名的古董風格玉雕大師王金洵、萬源齋、傅長華、尤洪祥，人物、動物雕刻大家楊恆玉、胡鴻生、顧咸池等，都在上海這塊沃土上吸收了新的文化營養，並在各自的事業上大顯身手，這樣便形成了一種新的玉雕風格，即海派玉雕。

海派玉雕的造型有著北派的大氣、雄渾，又融合了南派的細緻玲瓏，還

因為特殊的歷史地理位置，而兼具西方文化元素，所以形成了擁有超強個性的海派，它與有「天下玉，揚州工」美譽的揚派，與不惜料但求傳神的南派，與最受皇家文化影響的北派並稱為中國四大玉雕流派。

隨著開埠時間越來越久，上海玉雕自身也慢慢分為「洋裝」「本裝」和「古董」三派。

「古董派」並不是說這幫人為人古董，而是說他們專做青銅器造型的玉器，以及仿製秦漢以來的古玉。此外揚州幫藝人所生產的擺設玉器，因為主要適應洋人的需求，故而他們便屬於「洋裝派」；而蘇州藝人則專攻玉首飾、玉花飾等把玩件，而這些玉器多是中國人在消費，於是他們就被稱為「本裝派」。

到了抗日戰爭之前，上海「洋裝派」的玉雕擺件類作品已具有很高的藝術水準，多有在國際博覽會上獲獎或長久收藏的。而「本裝派」的手玩件產品也主要分為四大類：爐瓶、人物、飛禽和走獸。其中以爐瓶最為著名，這或許要感謝「古董派」。因為上海玉雕中的爐瓶造型穩重典雅，紋飾古樸精美，極富戰國青銅器之趣味，在玉雕行業中可謂獨樹一幟。

隨著玉雕藝術的不斷發展，三派間互相吸取精華，所存在的差別也越來越小了。

附　錄

商業中心 *TOP 10*

南京東路

　　南京東路位於上海鬧市中心，其中河南中路以西便是著名的南京路步行街，素有「十里南京路，一個步行街」之稱。路邊遍布著各種上海老店，也不乏如今的國際時尚名店，可謂百業興盛，無論節日或平時，每天都吸引著數以百萬的顧客，是上海國際大都市的標誌。南京東路的歷史要稍早於南京西路，因為150年前外國人在此興建跑馬場而成為「馬路」一詞的起源。蔣介石和宋美齡的婚宴，便是在此間的長江飯店舉行的。它的歷史加上如今所充滿的生機，使之成為上海的「黃金地段」，亦是商家的必爭之地，旅客的必到之所。

南京西路

　　南京西路原名靜安寺路，其名源於古寺靜安，是當年為了方便軍隊抵達太平軍前線而對南京西路（原花園弄）的延伸。雖然橫跨黃浦、靜安兩區，但是或許是因為靜安寺的緣故，所以南京西路最繁華的部分都在靜安區，而且幾乎彙集了全區的商業精華。這裡擁有恆隆廣場、中信泰富、梅龍鎮所形成的「金三角」，並和會德豐廣場、越洋廣場、嘉里二期等組成的「金五星」相輝映；大店林立，名牌聚集。這裡所聚集的知名品牌高達1200多個，國際品牌便佔有750多個，而且90％以上的國際頂尖品牌都在這裡開有旗艦店或專賣店，南京西路也因此被人們稱為靜安區的「黃金線」，亦是當今滬上最高檔的購物場所。

淮海路

　　淮海路是上海市中心的一條商業街區，與「中華第一街」的南京路齊名，同樣繁華似錦。如果說南京路是商業的繁華，那麼淮海路就是商業的品

味——它是全上海公認的最美麗、最摩登、最有「腔調」和情調的一條街。這裡時尚名品薈萃，緊隨世界潮流；羅列著不同檔次的賓館群，可謂吃、住、行、遊、購、娛設施齊備。百年淮海路，是那麼的高雅浪漫，是那麼雍容華貴。淮海路本叫霞飛路，是一條堪與巴黎的香榭麗舍、紐約的第五大道、東京的銀座、新加坡的烏節路媲美的大街，也是海納百川的上海所獨有的一條商業街。

四川北路

四川北路如今是僅次於南京路和淮海路的一條商業街，而且標榜面向工薪階層。其實早在20世紀30年代，它便已成為上海第三繁華街道，只是當時排在南京路和福州路之後；而那時出版的《上海風土雜記》中亦有記載：「北四川路跳舞場，中下等影戲院、粵菜館、粵茶樓、粵妓院、日本菜館、浴室、妓院、歐人妓院、美容院、按摩院甚多，星羅棋布……日夕車輛、行人擁擠。」四川北路擁有得天獨厚的地理環境和生態優勢，這是其他市級商業中心所無可企及的，它「身上」刻著厚重的歷史印記，是上海灘陳老年代的見證者。

徐家匯商圈

徐家匯位於上海中心城區的西南部，是上海市十大著名的商業中心之一，而且被稱為「上海市中心面積最大，也是最後一塊黃金地塊」。徐家匯商圈集購物、娛樂、辦公、商貿、休閒、住宿、餐飲、培訓教育為一體，並且以辦公寫字樓為主。徐家匯以其「高、中、低、特色」並舉的獨特魅力，吸引著愈來愈多的客流。徐家匯商城的商品檔次是多樣化的，有世界名品彙集的港匯廣場、東方商廈等大型 Shopping Mall，和以年輕人所喜愛的流行時尚為主的太平洋百貨、匯金百貨等購物中心，還有以中年老年顧客喜愛的六百實業公司等中檔購物百貨，以及匯聯商廈和地鐵購物街等廉價、特色商業設施，另外還有第二食品商店以及吉買盛賣場等居民生活類商業設施，更有百腦匯、太平洋電腦城等以數碼科技為主的高科技大型賣場。總之，在徐家匯，可以滿足來自不同階層、不同地域的顧客。

五角場商圈

五角場全稱「江灣五角場」，是上海四大城市副中心之一，因邯鄲路、四平路、黃興路、翔殷路、淞滬路五條發散型大道交會於此而得名。五角場的南部為環島商業商務區，中部為知識創新區，北部為知識商務區，是上海東北部的旗艦高端商務中心，可以為前來上海的朋友提供現代化的高端商業服務。如今五角場商圈的社會消費品零售總額每年都保持在兩位數的增幅，2012年的增幅達到13%，2013年的增幅則為10.23%。

豫園商城

豫園商城位於上海市中心商業區，她的四鄰都是具有濃郁人文氣息的老建築，比如豫園、老城隍廟、沉香閣等名勝古蹟，所以雖然是商業中心的豫園商城，卻仍具有非常豐厚的文化底蘊、濃郁的民俗風情以及鮮明的經營特色。從元、明、清到民國初年的700多年裡，這裡一直都是上海的政治、經濟、文化中心，被稱為「上海的根」。凝聚了百年經典的豫園商城如今已發展成為集黃金珠寶、餐飲、醫藥、百貨、食品、房地產、進出口貿易、金融投資等產業為一體，多元發展的國內一流綜合性商業集團，全年客流超過3700萬人次。

中山公園商圈

上海中山公園原來是舊上海英國大房地產商霍格的私家花園，在1914年改建為租界公園，到了如今，已發展為以大樹、草坪、山林、水面等自然風光為特色的、中西園林文化相融合的、具有深厚歷史文化底蘊的城市園林，並擁有「上海市四星級公園」的美譽。而且隨著上海的不斷繁榮，這所上海迄今保持有最完整景觀風格的老公園周圍，形成了「一環三街」的商業型、休閒式、數位化的「太陽商圈」，極大擴大了本來只是在公園周邊的商業圈外延。中山公園每天的途經人流量達到30多萬人次，商業項目有服飾、百貨、餐飲、娛樂、書籍、影視、金融、美容美髮等。

新上海商業城

新上海商業城位於浦東新區的陸家嘴金融貿易區內，是上海比較新的市

級商貿中心。新上海商業城內，第一八佰伴（新世紀商廈）、三鑫世界商廈、華誠商廈、福興大廈、福使達大廈、銀峰商廈、新亞湯臣大酒店、鑫聯廣場、銀河大廈、勝康斯米克大廈、勝康廖氏大廈、樂凱大廈、良友大廈、內外聯大廈、遠東商廈、聯合廣場、華申大廈、新大陸廣場18幢單體樓宇環形布置，中央則設有四層建築環形步行街和中心花園，步行街與各商廈天橋相接。如今已成為上海浦東最具代表性的中心商業區之一，亦是人們新的「購物天堂」。

新客站不夜城

「新客站不夜城」位於上海市中心北部，閘北區西南隅。本區以上海佳世客商場、不夜城商廈、名品商廈、心族百貨商廈、環龍百貨商場五大商場為商業主體，配以周遭的新亞廣場大酒店、新亞長城大酒店、龍門賓館、華東大酒店、遠東不夜城大酒店、中亞飯店等星級賓館，以及盧峰大樓、鐵路公寓、長安大廈3號樓、宮霄大酒店、上海站大酒店等，從而躋身為上海四大商城、上海十大商業中心。如此眾多的飲食、服務商鋪，使不夜城地區商業、服務業形成全方位、多檔次、多樣化格局，滿足不同層次消費，並日益興旺起來。

地標建築 *TOP 10*

東方明珠電視塔

東方明珠廣播電視塔位於上海浦東新區陸家嘴，毗鄰黃浦江，與外灘隔江相望，是上海國際新聞中心的所在地。上海東方明珠電視塔高468米，現在是亞洲第四、世界第六高塔，是上海的地標之一。上海東方明珠塔的空中餐廳有1500平方公尺，可容納350位來賓用餐，並同時提供多款豪華套餐和中西結合自助餐，百餘種美味佳肴不間斷供應，讓遊客既能嘗到美食，又能看到美景，成為上海十大新景觀之一。

金茂大廈

金茂大廈位於上海浦東新區黃浦江畔的陸家嘴金融貿易區，樓高420·5公尺，是上海第三高的摩天大樓（截至2013年）、中國大陸第三高樓、世界第八高樓。大廈於1999年建成，地上88層，地下3層，有多達130部電梯方便人們上下進出（其中有兩部速度為9·1公尺／秒的高速電梯），是一座集現代化辦公樓、五星級酒店、會展中心、娛樂、商場等設施於一體，並融匯中國塔形風格與西方建築技術的多功能型摩天大樓。如今金茂大廈的外形之所以設計成這樣，是因為設計師考量到中國人喜歡塔的緣故。

上海環球金融中心

上海環球金融中心是以日本的「森大廈株式會社」為中心，聯合日本、美國等40多家企業投資興建的項目，緊鄰金茂大廈。環球金融中心的原設計高460公尺，但是在1997年年初開工後，受到亞洲金融危機的影響，所以工程曾一度停工。至2003年2月時工程才復工。可是當時台北和香港也都已在建480公尺高的摩天大廈，這均超過了環球金融中心的原設計高度。不過日本方面興建世界第一高樓的初衷依然不變，於是他們對原設計方案進行了修改。

修改後的環球金融中心比原來增加7層，即達到地上101層，地下3層，成為現在中國大陸第一高樓、世界第三高樓。它的 94至100樓為觀光、觀景設施，是來訪上海的遊客們所必經的地方。此外大廈內的租戶多為世界500強公司。

上海中心大廈

上海中心大廈，是上海市的一座超高層地標式摩天大樓，其設計高度超過附近的上海環球金融中心，建成後將取代後者成為中國第一高樓。由美國Gensler建築設計事務所設計。

上海中心大廈面積433954平方公尺，建築主體為118層，總高為632公尺，結構高度為580公尺，汽車停車位布置在地下，可停放2000輛。2016年3月12日，上海中心大廈建築總體完工。

2014年2月12日，名叫Vadim Makhorov 和 Vitaliy Raskalov 的兩名外國攀高愛好者，翻過上海中心大廈的工地圍牆，並在沒有任何安全保護的情況下，爬到了這座施工中的上海最高樓的頂部吊機上，高度近650公尺。

不久兩人再次挑戰禁區，不但躲過保安翻牆進入大廈在建工地，還不達最高不甘休，在未繫安全繩的情況下爬上樓頂塔吊，並在高空中拍下雲霧中的上海。

百樂門

百樂門是上海著名的綜合性娛樂場所，全稱「百樂門大飯店舞廳」。1929年，隨著戈登路（今江寧路）的兼營舞廳「大華飯店」歇業，被譽為「貴族區」 的上海西城，便沒有了與「貴族區」相適應的娛樂場。於是在1932年，中國商人顧聯承投資70萬兩白銀，購靜安寺地營建Paramount Hall，並以英文諧音取名「百樂門」。

在1933年開張典禮上，時任國民政府上海市長的吳鐵城親自出席並發表祝詞。當時前來百樂門的常客裡不乏張學良、徐志摩之類的名流，而陳香梅與「飛虎將軍」陳納德的訂婚儀式也是在這裡舉行的，國際著名表演大師卓別林及其夫人在訪問上海時也曾慕名而來。

上海大世界遊樂中心

大世界遊樂中心至今已有90餘年的歷史，它始建於1917年，創辦人是黃楚九。「大世界」曾經是舊上海最吸引市民的娛樂場所，裡面設有許多小型戲台，輪番表演各種戲曲、曲藝、歌舞和遊藝雜耍等，中間有露天的空中環遊飛船，還設有電影院、商場、小吃攤和中西餐館等，遊客在遊樂場可玩上一整天。

後來，大世界被舊上海的幫會頭目黃金榮仗勢吞沒，搞得烏煙瘴氣，成為賭場和妓女的營業場所，敗壞了娛樂業的名聲。「大世界」的建築頗具特色，而且如今的大世界遊樂中心由「遊樂世界」「博覽世界」「競技世界」「美食世界」四部分組成，推出八大系列的遊樂項目，特別是20世紀90年代推出的「競技世界」中的「大世界擂台」及「金氏紀錄擂台」賽，更是吸引了全國各地的絕技高手，創造了世界和國內眾多「唯一」和「第一」的紀錄。它那強烈的海派文化色彩，以及追求時代氣息的娛樂設施，吸引著成千上萬的海內外賓客。大世界是中國唯一一座展示創造金氏紀錄作品的場所。

楊浦大橋

楊浦大橋是上海一座跨越黃浦江的中國自行設計、建造的雙塔雙索面迭合梁斜拉橋。楊浦大橋於1991年4月29日動工，1993年9月15日建成，歷時僅2年5個月，並於同年10月23日通車。總長為7654公尺，主橋長1172公尺、寬30.35公尺，共設6車道，兩旁設有2公尺寬人行道，並有上下電梯供觀光遊覽。602公尺長的主橋猶如一道橫跨浦江的彩虹，在世界同類型斜拉橋中雄居第一。鄧小平曾親自為大橋題寫了橋名，當時他已88歲高齡，並在登上楊浦大橋後不無感慨地說：「喜看今日路，勝讀萬年書。」

上海外灘

外灘位於上海市中心黃浦區的黃浦江畔，它是上海十里洋場的風景，周圍還有位於黃浦江對岸浦東的東方明珠、金茂大廈、上海中心、上海環球金融中心等地標景觀，是去上海觀光遊客的必到之地。外灘自1943年起又名為中山東一路，全長約1‧5公里。它南起延安東路，北至蘇州河上的外白渡橋，東臨黃浦江，西面是由哥德式、羅馬式、巴洛克式、中西合璧式等52幢

風格迴異的古典復興大樓所組成的舊上海時期的金融中心和外貿機構的集中帶，被譽為「萬國建築博覽群」。

上海外灘天幕的後方已被新建的許多摩天大樓改變了不少。濱江作為一種城市資源優勢，因上海市中心的濱江在可供開發土地資源稀缺和供需矛盾加劇的雙重趨勢下而更顯稀貴。南外灘的風華絕代、北外灘的後起之秀、東外灘的處女地開發與外灘源將逐漸融為一體，彰顯「浦江第一灣」的磅礡氣勢，承載大上海浦西濱江復興的偉大歷史使命。

上海世博園

2010年上海世博會場地位於南浦大橋和盧浦大橋之間，沿著上海城區黃浦江兩岸布局。世博園區規劃用地範圍為5．28平方公里，園內分為5大場館群，分別是獨立館群、聯合館群、企業館群、主題館群和中國館群。

舉世矚目的2010世博會在上海召開，這次世博會吸引了近200個國家和國際組織參展。世博會起源於中世紀商人的集會，而今天的世博會除了商業的交流，更是科技、文化、民族的交流與溝通，是一個展示自己、了解世界的舞台，是對當時社會文明和智慧的一種記錄，以及對未來的預測。

和平飯店

上海南京東路口的兩幢大樓便是著名的和平飯店。其中和平飯店的北樓建於1929年，原名華懋飯店，是芝加哥學派的哥德式建築，樓高77公尺，共十二層。飯店位於上海的南京東路和外灘的交叉口。1929年，猶太商人Victor Sassoon構思並創建了名為「華懋飯店（Cathay Hotel）」的酒店，這便成為了後來的和平飯店。

它的最大特色是綠色銅護套屋頂，其內部諸如義大利大理石地板和古銅鏤花吊燈的裝飾，盡顯其典雅奢華，在當時贏得了「遠東第一樓」的美譽。和平飯店的南樓原為匯中飯店，1908建成，比北樓低矮許多，但是其具有文藝復興時期的建築風格，仍然獲得了顧客們的喜愛。

帶著文化遊名城：老上海記憶 ／慕小剛編著. --
一版.-- 臺北市：大地, 2019.12
　　面：　公分. --（經典書架：30）

　　　ISBN 978-986-402-324-0（平裝）

　　1.文化史 2.上海市

672.094　　　　　　　　　　　　　　108018619

帶著文化遊名城：老上海記憶

經典書架 030

作　　　者	慕小剛 編著
發 行 人	吳錫清
主　　　編	陳玟玟
出 版 者	大地出版社
社　　　址	114台北市內湖區瑞光路358巷38弄36號4樓之2
劃撥帳號	50031946（戶名：大地出版社有限公司）
電　　　話	02-26277749
傳　　　真	02-26270895
E - m a i l	support@vastplain.com.tw
網　　　址	www.vastplain.com.tw
美術設計	成樺廣告印刷有限公司
印 刷 者	博客斯彩藝有限公司
一版一刷	2019年12月

大地

定　　價：300元